财会纵论

王君彩教授会计学术实录

王保平 邱小兵 罗乐 柳元首 夏鹏 ◎ 编

中国财经出版传媒集团
中国财政经济出版社

图书在版编目（CIP）数据

财会纵论：王君彩教授会计学术实录／王保平等编
．--北京：中国财政经济出版社，2023.9
ISBN 978－7－5223－2503－3

Ⅰ.①财… Ⅱ.①王… Ⅲ.①财务会计－文集 Ⅳ.
①F234.4－53

中国国家版本馆 CIP 数据核字（2023）第 171577 号

责任编辑：闫　娟　李肇晗　　　　责任校对：胡永立
封面设计：陈宇琰　　　　　　　　责任印制：史大鹏

财会纵论——王君彩教授会计学术实录

CAIKUAI ZONGLUN：WANGJUNCAI JIAOSHOU KUAIJI XUESHU SHILU

中国财政经济出版社 出版

URL：http：//www. cfeph. cn

E－mail：cfeph@ cfeph. cn

社址：北京市海淀区阜成路甲 28 号　邮政编码：100142

营销中心电话：010－88191522

天猫网店：中国财政经济出版社旗舰店

网址：https：//zgczjjcbs. tmall. com

北京财经印刷厂印刷　各地新华书店经销

成品尺寸：175mm×250mm　16 开　22.5 印张　380 000 字

2023 年 9 月第 1 版　2023 年 9 月北京第 1 次印刷

定价：98.00 元

ISBN 978－7－5223－2503－3

（图书出现印装问题，本社负责调换，电话：010－88190548）

本社质量投诉电话：010－88190744

打击盗版举报热线：010－88191661　QQ：2242791300

编辑说明

2022年，是我们的导师——王君彩教授八十诞辰，也是她自1962年考入中央财政金融学院学习会计以来，与会计结缘的第60个年头。在这期间，她于1968年奔赴新疆开始从事企业财务工作，1979年又从新疆奉调回母校从事会计教育与研究工作。

为展现王君彩教授从事会计教育和科研工作以来的务实耕耘和持续追求，我们收集、整理了王老师从事会计教育与研究工作以来各个阶段的主要论文，结集并交由中国财政经济出版社出版。

王君彩教授的会计研究始终紧扣中国改革开放与经济发展的时代节拍。改革开放伊始出现的各种会计核算与管理现实问题，以及经济与管理实践发展对会计核算优化、财务管理升级的迫切要求，都为其学术研究提供了丰富的选题探索空间与肥沃的学术土壤。经过梳理，本文集将王君彩教授的学术研究总结成六个篇章，每个篇章集中于一个专题方面：第一篇是社会主义市场经济与会计审计转型专题，收入9篇文章；第二篇是企业制度演化与会计审计发展专题，收入12篇文章；第三篇是公司控制权市场中的财务会计问题专题，收入6篇文章；第四篇是金融工具会计准则与财务问题研究专题，收入4篇文章；第五篇是无形资产与研发投入会计问题研究专题，收入8篇文章；第六篇是双碳经济背景下企业会计问题研究专题，收入2篇文章。入选文章按照专题逻辑与历史渊源相统一的原则编纂，在同一专题中，基于内容相关性按照发表时间排列。收入的论文中也有一部分是其与学生合作的成果，每篇文章均附有初始发表的期刊和合作者标注。对所收入的文章进行的处理基本上尊重原文，但对原文中的个别语病和文献脚注的编排作了一定调整。

第一篇是社会主义市场经济与会计审计转型专题。这一篇的前后时间跨度较大，综合性较强，研究内容多在改革开放初期。在这个历史时期，市场经济的体制机制尚在努力探索实践中，入选论文在市场机制、会计核算转型、国有资产监管等方面都有涉猎。代表性的论文内容包括必须坚持社会主义会计的统一性、工业企业财务会计工作必须“转型”发展、对审计报告写作的问题探讨、再论社会主义会计的统一性、改革企业存货计价方法以及对会计委派制若干问题的思考等。此外，随着经济的发展和企业经营的进步，以科学发展观来协调十大会计关系，并基于国有企业两权分离的背景而研究出资者监管框架下的博弈现象。

第二篇是企业制度演化与会计审计发展专题。主要聚焦三条主线：第一条主线是针对不同特征企业的研究，比如关于国有企业投资链条和代理层次的研究、关于会计信息失真原因及对策的研究、关于建立国有企业与专业银行新型关系的研究、建立现代企业制度与企业会计制度创新（也包括对中小企业融资方面）的研究；第二条主线是围绕会计准则制订与修改领域，具体涉及论我国会计准则和会计制度的关系、会计准则制定基础研究、从“经济后果观”谈会计准则制定以及构建注册会计师执业责任保险体系的探讨等；第三条主线是探索企业内部管理问题，包括控股权性质映射的管理层激励与公司业绩的关系、内部控制目标与要素认同度及其现状的实证分析、国际企业集团经营报告面临的问题与改进建议等。

第三篇是公司控制权市场中的财务会计问题专题。这部分的研究主要包括企业购并的成本效应分析、高负债与企业的运行效率——兼论“债转股”、对国有企业改制“MBO”法律障碍的思考、公司管理层能力与资本投资效率、股权激励与市场反应及公司治理效果、高管联结与公司业绩等。

第四篇是金融工具会计准则与财务问题研究专题。此篇的研究主要包括投资企业的期货投资会计处理、资产证券化在我国的应用取向、金融工具计量的相关问题分析、博元投资会计舞弊行为及根源探究等。

第五篇是无形资产与研发投入会计问题研究专题。此篇的研究主要包括无形资产会计的几个问题、研究与开发支出的会计处理、知识的资产特征与权利保护、上市公司研究与开发信息披露的改进、知识类无形资产的定价缺陷探析、企业无形资产价值增值与价值止损探究、我国企业研究与开发人员的绩效评价、企业研发投入与业绩的相关性——基于电子信息行业的实证分析等。

第六篇是双碳经济背景下企业会计问题研究专题。这是近年来“双碳”政策背景下在会计方面进行的探索，主要涵盖碳披露、企业回应动机及市场反应、低碳背景下森林碳汇的资产属性及其评价方法等。在碳会计领域，王君彩教授通过系列研究，还出版了专著《中国低碳经济发展的体制机制研究》。

文集也是一面镜子。从前20年间各种前沿观点的探索到后20年间科研流程的技术规范，科研重点、方法等风格变化不小。当然，会计人生，乐在向善。

岁月流金，科研奋进！通过编辑王君彩教授的文集，我们深刻体会到会计研究在选题、设计、方法等环节上的深刻变化，充分体现了一个时代有一个时代的主题，一个时代有一个时代的使命与担当。同时，我们也再一次感受到了导师充实而丰满的会计职业生涯和执着而睿智的会计科研探索。作为学生与编者，我们期待自身能够持续受到老师的熏陶和教诲，让自己也真正实现“不因虚度年华而悔恨”。

编　者
2023年5月28日

目录

春之声：稳健执着的会计人生

夏之花：专业论著摘编

秋之果：专著教材出版

冬之藏：学生感怀出师

春之声：
稳健执着的会计人生

作为王君彩教授的学生，我们都有过与导师长时间、近距离接触的在读时光，更有着毕业后继续互动、情深谊长的持续联系。导师课堂教学时始终如一的挺拔身影、学术讨论时开放平和的循循善诱、论文审读时细腻严格的关切目光、日常聊天时低调坦诚的务实作风，始终都给我们如沐浴春风般的温暖和教导。

为纪念导师的青春岁月和会计人生，我们梳理了老师的基本职业生涯历程和日常生活的点点滴滴，撰写了本篇短文，与大家共享老师之人生教诲。

——题记　王保平

财会纵论

王君彩教授堪称会计教学科研界的一束兰花，高雅、贤惠、圣洁、持久，在人生征途与教学科研中，精力善用，自他共荣，历久弥香。她自从1962年从家乡河北宁晋县，以优异成绩考入中央财政金融学院（现中央财经大学）进入会计学领域以来，始终以会计为事业轴心，每每以“时代青年”的人生视野与事业平台出击，常常接受各种不同的挑战，在援疆建设、回校执教、科研育人的数十个春夏秋冬里，完美地诠释了知难而进、行者无疆的会计巾帼本色。可以说，她的几乎每一步人生脚印，都与祖国的发展和人民的需要相匹配，充分体现了一代会计学者的担当精神和使命意识，与时俱进，继往开来。

一、芳华青春援疆情，实践锤炼会计英

1966年王老师大学毕业时，因众所周知的原因，应届毕业生分配工作暂停。1968年，她响应时代号召，被组织分配到了新疆维吾尔自治区。她在新疆一共经历了11年的青春岁月，无论是在一线工厂还是在上级机关，始终从事会计核算与财务管理工作，从基层车间生产的经济核算到行业财务管理的统筹规划，有力地支援了新疆地区的经济发展。

（一）异域风情天地间

20世纪60年代的新疆，由于往返内地的交通与信息交流不便，内地人往往对新疆缺乏基本认识，更多的只是对其异域风情感到陌生、神秘甚至落后。初至新疆，周边都是新鲜而陌生的真实、鲜活而充满挑战的自然、人文和工作环境，王老师回忆道：“刚进新疆时，先被分配到新疆国防工业办公室（后改称新疆军事工业局）下属的一个半导体厂，厂区很小，员工也少，被人戏称为‘火柴盒’。当时该厂主要生产锗管，后来生产硅管，那会儿就我一个会计和一个出纳，负责两本账、财务会计和建设单位会计。由于业务不多，我们经常到车间劳动，学会了有的工序。”在

"建设祖国，满怀豪情"的精神激励下，包括王老师在内的一群内地青年学生，以坚强的信念支撑着自己。王老师始终和工厂工友（其中有一群上海知青）、驻厂战士一道，既建设工厂、保卫边疆，通过传播先进的生产技术和文化知识，为新疆建设和发展注入新的活力，又时不时与少数民族群众手拉手、心连心交流，增进各族群众的团结交融。追忆往昔，王老师感叹道："我们是这块土地上的第一代专业财会人、第一代母亲，我们的经历会成为激励后人的精神财富，始终是一心扑在任何一个祖国需要的建设事业和工作岗位上。"五十年弹指一挥间，曾经生产不了一根铁钉的新疆，如今已经在几代人的共同努力下，走上了一条发展进步、繁荣昌盛的康庄大道，取得了举世瞩目的辉煌成就：建起一座座城市高楼，开办一个个工厂企业，修起一条条高速公路，种出一排排绿荫景观……古老的新疆大地被持续唤醒，焕发出蓬勃的朝气。

（二）立志高远在心间

王老师进入新疆工作第一站的半导体厂，主要生产半导体元器件，包括锗管、硅管、二极管、三极管等。在当时，有关研究、设计、开发能力十分微弱，从建厂起完全依靠自己的力量，努力使产品从少到多，广泛应用于广播、电视、军事、家庭、工业、医疗等领域。后来，王老师由半导体厂调动至新疆国防工业办公室（新疆军事工业局）机关。当时的新疆国防工办（军工局）下属电子工厂 5 个（归口原四机部，后来的电子工业部）、常规兵器工厂 8 个（归口原五机部，后来的兵器工业部）以及汽车营 1 个。王老师在调任新疆军事工业局机关后，经常需要下基层前往位于山沟里的军工厂，在路上有时会遇到大风天气。当大风过境时，能见度极低，伸手不见五指，所有车辆都须紧急停车。当大风停止后一看，所乘坐的军车车身上的绿漆已被吹掉，有的同志所佩戴手表的表面被打出小坑。在艰苦的条件下，王老师没有退缩，将青春、汗水和热情洒在了天山南北，勤勤恳恳、兢兢业业地完成了各项工作，为国防工业的发展和新疆的建设贡献出了自己的力量。

（三）财务本领源车间

生产一线是会计的源泉。王老师不论是在半导体厂从事具体的会计与财务工作，还是在新疆军事工业局从事综合的会计与财务管理，始终牢记基础在一线、重点在一线，面向生产经营一线的活动请教、把关。在长期的勤奋努力，执行财经纪律和会计制度下，她坚持深入基层，不仅指导所属工厂的财务会计工作，为基层单位会计工作规范化做出了贡献，也持续提升了自己的会计管理水平与组织协调能力。

从半导体厂到军事工业局，王老师做到了“三变”“三不变”，以实际行动实践理想信念，砥砺担当作为。第一，“变的是位置，不变的是情怀”。从一线生产车间到局机关大院，所处的“经纬度”变了，但为一线服务、为人民服务的“坐标系”却始终不变。她工作中坚守的横轴始终是调查研究与会计数字。在机关跟班期间，通过翻阅过往记录文件，查看督查督办通报，了解基层生产的实际情况。不“瞎子摸鱼”，常“下马看花”。她坚守的纵轴是真抓实干。通过各种管理文件、报表数字、整理汇报、布置会、联系会等方式，在办理各类会议中进一步熟悉机关工作流程，提高办事水平。横轴定方，纵轴定向，通过二者结合精准定位，找准会计与财务管理的职业坐标。心中牢记初心使命，眼里盯着生产经营，手上办着成本收入，双脚扎根财务盈亏。第二，“变的是工作，不变的是成长”。虽然车间工作偏重执行落实，机关工作偏重顶层设计，但积极谋事，努力办事，妥善成事是不变的成长方向。在车间工作，逐步深入了解生产一线的动态；在机关工作，逐步了解机关的具体工作流程，不断提高工作效率。在深入理解上级政策的前提下，能够根据工作实际合理安排资源及完善配套制度，使工作决策做到接地气、能落地。第三，“变的是职位，不变的是责任”。从工厂财务人员变为机关干部，职位变了，努力为之，勤勉志之的责任心没有变。无论在哪里，都能“俯首甘为孺子牛”，认认真真、扎扎实实做好每一项工作。同时积极抓住轮岗的机会拓展自己的业务能力，始终保持主动性，常反思，勤总结，提炼归纳工作经验。记得鲁迅先生曾经说过：“巨大的建筑，总是由一木一石叉垒起来的。我们又何妨做这一木一石呢。”正是这种精神，把每一件简单的事做好就是不简单，把每一件平凡的事做好就是不平凡。工厂车间材料产品的一进一出、办公桌工作表格的一个数据、一个制度，都构筑其财务管理水平的微观细胞。在点滴事务中积累涓涓细流，主动汇集成汪洋大海，练就成财务管理与会计核算的行家里手。

二、奉调母校回北京，课堂内外凝深情

1977年中央财政金融学院开始准备恢复招生，王老师的人生也再次受到了时代转折的影响，从此回到北京海淀区学院南路那个紧凑有序的校园，开始了为培养财会专业人才而教书育人的生涯。

（一）初心能抵日月长

中央财政金融学院在北京恢复办学，对师资产生了极为迫切的需求。1979年7月，经学校老师推荐，远在新疆的王君彩奉调回到母校，华丽转身到会计系开始从事财务会计教学工作。从新疆半导体厂一线车间的会计核算，到军事工业局的行业会计管理，再到北京海淀区学院南路39号的会计教学基地，不同的工作模式，贯穿着一颗始终不渝的会计之心。王老师深知：在改革开放的新时代，大学教师既要积极地适应改革、参与改革，也要不断探索适合学生特点的教育方法和手段，为改革开放培养合格人才。王老师在投身于学校的学历教育之余，还积极参加了面向实务工作人员的会计培训教育，特别是为陆、海、空等军兵种及全国各行业，培养了大量军地两用人才，有力地支持了军队工作和地方经济建设。

（二）责任情怀热心肠

春秋更迭，寒来暑往。王君彩与众多老师们一样，总是“想千方百计，用千言万语，克千难万险”给渴望知识的学生们传道、受业、解惑，送去知识。作为改革开放后的第一批财经教育工作者，在以经济建设为中心的新时代，王老师始终保持这样一种信念：教师，不应是单纯的职业，也不是纯粹的事业，而是需要一辈子陶醉其中。面对横流物欲对大学校园的干扰，王君彩老师始终保持着淡定与从容，以教育者的眼光和“过来人”的姿态加以理性的审视与判断，秉承“择其善者而从之”的原则，平静面对各种误解甚至不公正待遇，坚信教育的价值，始终恪守内心深处崇高的道德法则，依旧以满腔的热情，从事着教书育人的工作。这样的一种

情怀，使得王老师无论走到哪里，心中总有一份牵挂，牵挂着自己作为教师的责任，牵挂着自己的课堂与学生，牵挂着学校里的一草一木。

（三）无私奉献不求偿

在会计教学的点点滴滴中，王老师以过硬的教学能力和扎实的理论水平带动着学生们面向新的会计领地锐意进取。她根据多年的教学经验，针对学生们学习中遇到的重点和难点，合理调整教学大纲，有针对性地完善教学计划，开发紧密结合现实情况的典型案例，充实深入浅出的教学讲义。王老师始终没有“架子”，只有“热心”的气势，在教学中侧重激发同学们自主学习的内生动力，鼓励同学们积极思考、学习、交流和提升。在日常的教学研讨中，她毫无保留地将优秀教学案例和教学经验分享给其他老师，带动教学方面的共同进步。

三、教书育人稳向前，科研领域持久战

王君彩教授始终坚持理论联系实际，科研探索结合人才培养。一方面，以会计系统是企业管理系统的有机组成部分和宏观经济的一个子系统作为出发点，进行了大量具有前瞻性的理论探索，并努力服务于有关法规和政策的制订与评价。另一方面，将科学研究和人才培养有机结合起来，培养和指导了大量的硕士研究生、博士研究生与博士后在站科研人员。

（一）教书育人求先驱

自 1979 年开始，王君彩老师先后讲授过《会计学基础》《工业会计学》《财务会计学》《成本会计学》《中级财务会计》《审计学》《会计理论与方法研究》《成本会计研究》《中西方会计比较研究》等十余门会计专业课程。王老师独自编写和主编、参编专著、教材多部，其中，2001 年主编的《中级财务会计》被教育部评为管理类专业主干课程重点推荐教材，2002 年被北京市教委评为北京市高等教育重点精品教材。她主持或参加国家及省部级课题多项，发表学术论文百余篇，很多论文受到同行专家的好评，有些同时被《新华文摘》等媒体转载，产生了良好的社会影响。

王老师1992年晋升为教授后，开始独立指导硕士研究生，已指导硕士研究生80余名，其中不少硕士毕业生已成为所在单位财务会计工作的骨干和领导。王老师2001年开始独立指导博士研究生，已指导博士研究生40余名，其中不少博士毕业生活跃在经济建设和学术研究的最前沿。此外，王老师还有博士后合作者3名，已出站1名。

（二）持续创新求进取

王君彩教授在学术研究领域，非常重视理论联系实际，从实践中来，到实践中去。她的研究选题总是紧扣经济不断发展中在会计实践方面所表现出的热点和难点问题，这在后面的专业论著摘编部分有充分体现。她的研究主要集中在企业集团财务管理研究、无形资产会计、上市公司会计信息披露、会计国际接轨与国际会计比较研究等方面。在王老师的研究中，既有基于会计实践的理论思考与深入探究，也有对重大问题的整体把握和细节方面的反复凝练，体现出独立思考的治学精神和严谨的治学态度。王君彩教授在培养研究生方面循循善诱，侧重于启迪学生思维，培养学生独立思考能力，充分肯定学生所取得的科研成果。她鼓励学生潜心钻研，做到“砥砺思想，宁静心灵”，鼓励学生努力在博览群书中掌握扎实的理论基础，鼓励学生密切关注现实世界并追踪动态发展。她的治学精神和仁厚人品深得广大师生的尊敬和爱戴。

（三）心境开阔求自趣

王君彩教授在长期的教学和科学研究实践中，一贯追求并形成了良好的心境。一是强烈的责任感和事业心，她团结周围同志和社会同仁，互帮互学共同前进。她热情指导青年教师，毫不藏私，帮助他们早日成为会计学的教学和科研骨干。二是淡泊名利，无私奉献。她认为，学问是无止境的，任何科学研究，结论只是相对的。她面对得失宠辱不惊，面对功利泰然处之，面对困难乐观向上。三是她认为大学老师们并不一定都能成为创造者，但他们至少是精神的传承者，他们通过自己的言传身教影响学生，久而久之，也就形成一种传承。因此，她不仅注重对学生传授学识，更注重对学生为人处世原则和良好治学作风的培养。众多学生在获得导师传授知识的同时，也得到了人生的启迪，彼此渐渐成为跨越年纪差异的真朋好友。

夏之花：
专业论著摘编

本书在这里摘编了王君彩教授部分发表在《会计研究》《审计研究》《投资研究》《财经研究》《财务与会计》等国内核心期刊的专业论文，并根据主题分成“社会主义市场经济与会计审计转型”“企业制度演化与会计审计相应发展”“公司控制权市场中的财务会计问题”“金融工具会计准则与财务问题研究”“无形资产与研发投入会计问题研究”“双碳经济背景下企业会计问题研究”等六大专题。

财会纵论

第一篇 社会主义市场经济与会计审计转型

在社会主义市场经济与会计审计转型的这一宏观历史背景下，王君彩教授基于自身丰富的会计实践经验，撰写论文始终围绕企业运营的现实问题，分析问题并提出解决之道，从社会主义会计的统一性到工业企业财务会计工作的转型、企业存货计价方法的改变、对于会计委派制的思考以及审计报告的撰写，再到科学发展观背景下的十大会计关系以及出资者监管下的博弈现象分析等。本篇摘要汇编了有关的 9 篇论文。

必须坚持社会主义会计的统一性*

王君彩

一

马克思指出："过程越是按社会的规模进行，越是失去纯粹个人的性质，作为对过程的控制和观念总结的簿记就越是必要；因此，簿记对资本主义生产，比对手工业和农民的分散生产更为必要，对公有生产，比对资本主义生产更为必要。"（《资本论》第二卷第152页）会计作为一项管理经济的活动，存在日久，可以为不同的生产方式服务。但是，随着社会的进步，会计为了实现其经济管理职能，必须不断发展。社会主义会计之所以更为重要，就是因为与以往生产方式相比，最大程度地"失去纯粹个人的性质"，"转化为社会的簿记"。与社会主义的社会化生产相联系，产生了社会主义会计的根本特征之一——统一性。

社会主义会计的统一性植根于社会主义的公有制。社会主义公有制排除了私有制中存在的不同所有者之间的利害冲突，为会计的统一性提供了可能性。广大社会主义劳动者，要求用统一的会计来核算和监督再生产过程，保护公有财产不受侵犯，保证按劳分配的实现。这是社会主义生产方式的特殊要求。正如列宁所指出的："如果对于产品的生产与分配不实行全面的国家核算和监督，那么劳动者的政权，劳动者的自由，就不能维护下去，资本主义制度的复辟，就不可避免。"（《列宁全集》第27卷第232页）

同时，统一计划、分散经营的社会主义经济体制，也要求有统一的会计。社会主义国民经济计划化，保证国民经济行计划按比例发展。要保证统一的国民经济计划的实现，必须对整个社会生产过程进行控制、调节、指挥、监督。这就要借助于会计核算，提供有关资金、成本、利润等综合性指标，这对于检查计划的

* 本文发表于《中央财政金融学院学报》1984年第4期。

完成情况，对于制定新的计划，都是必需的。而且，这些指标必须真实、及时、具有可比性，这些都要求有统一的会计核算制度、方法、程序。

从会计核算本身来看，也为统一提供了最大的可能性。会计核算对象是社会主义经济资金的运动，再生产过程中的形形色色的物质流转化为资金流。它是通过费用、成本、价格、盈利等一系列价值指标来反映和监督再生产过程的。商业、物资等企业的资金运动除了没有中间的生产过程以外，也与此基本相同。各种企业的经营资金运动有着相同或相似的过程，这表现为它们的共性。这种共性，是会计统一性的技术业务方面的基础。

总之，会计的统一性，既有其客观基础，也反映了社会主义生产方式的特殊要求。二者的统一，产生了社会主义的新型会计。

二

新中国成立以来，根据经济管理的要求，在会计的统一性方面作了大量的工作，建立了各部门的统一的社会主义会计制度，取得了显著的成绩。可是，毋庸讳言，目前不管在范围上，还是在深度上，都有一些该统一的没有统一。随着经济的发展和管理体制的改革，这方面的问题，暴露得越来越明显。这些问题主要表现在以下几方面：

会计科目不统一。目前是工、交、农、商的会计科目各搞一套，同样的经营资金，资金循环中的同一个阶段，却用不同的形式反映，引起内容上的混乱。例如，反映扩大再生产的，有的用专用基金开支，有的则直接进入生产费用，使得准确计算社会国民收入简直不可能。反映企业实行权责发生制要求的预提、待摊科目，有的部门有，有的部门无，有的预提、待摊分别反映，有的则混在一起，有的只有待摊费用一个科目，里面却又包含了预提，名不符实。不管设一个科目还是两个科目，内容都很不一致，带有很大的随意性。这就造成了乱提乱摊，权责发生制与收付实现制并用，有的干脆用单一的收付实现制。

记账方法不统一。现行制度规定，除了采用全世界通用的“借贷记账法”外，还可以采用我们自己发明的增减记账法、收付记账方法。不同行业有不同的方法，同一行业、同一类型的企业，也可以采用不同的记账方法。与此相适应，也带来了科目分类的不同，有的分为两类，有的分为三类，造成理论上和思想上的混乱。

会计报表的内容、形式不统一。目前，不但反映的内容口径很不一致，就是在形式上也是多种多样。就资金平衡表来说，有两栏式，还有三栏式的，在两栏式中，一般是左边反映资金运用，右边反映资金来源；可是，有的却与此相反。

会计处理方法不统一。比如，同样的低值易耗品，可以一次计入成本，可以五五摊销，还可以分期摊销，净值摊销；同样的固定资产折旧，可以采用个别折旧率，也可以采用综合折旧率、分类折旧率；同样的固定资产维修，可以一次进成本，也可以预提；同样都存在期末在制品的企业，可以每月盘点，可以每季盘点，也可以年末一次盘点，还有的搞“永续盘存”，原材料同样采用计划价格，材料成本差异，有的在采购当月计入成本，有的按消耗数量摊入，而有的干脆不摊贷差，成了截留国家收入的“防空洞”，等等。总之，无可无不可，怎么干都行。

以上问题，有的是会计制度不统一造成的，有的是实际执行中的问题。归结到一点，都没有达到社会主义会计统一性的要求。上述种种不统一，主要害处有：

首先，会计处理、成本核算既可以这样，又可以那样，口径不一，假设成本很大，这就大大影响了会计核算指标的真实性、及时性、可比性，大大限制了会计核算在企业管理和国民经济计划管理中的作用。

其次，增加了国家监督的难度。在目前，这方面的矛盾尤为突出。一些企业乱挤成本，截留国家收入，与会计工作的混乱状况有关。会计的混乱，又给审计、财税部门的会计检查带来困难，增加了工作量。

此外，不利于学习，不利于干部交流。学习会计，有几种记账方法就要学几种，有几门专业会计学就得学几门，增加学习负担，妨碍了更快地培养专业人才。各行各业各行其是，造成了会计界同行不同业，也常有隔山之感，妨碍学术交流，也不利于干部交流。

最后，不符合系列化、标准化的要求，不利于核算和核算资料汇总为自动化。

三

应该总结经验教训，从以下几个方面加强会计制度和会计工作的统一性：

第一，制定统一的企业会计科目。

会计科目的系列化、标准化，是会计发展的必然趋势。这样，有利于统一经济活动资料的归纳整理口径，克服混乱状况，便于监督，便于对会计核算资料进行系统分析，从整体上把握国民经济各部门生产、分配、交换、消费。同时，也有利于核算和数据处理的自动化。

统一的企业会计科目应原则适用工、交、建、商企业，其中凡是共同的都必须使用。确实为某些行业专用的，也须编入，但要注明使用范围。统一会计科目包括一级科目、二级科目，各部门各单位不许增减简并。根据一级科目、二级科目的内容，中央主管部门结合本部门各个行业的特点，规定明细科目，严格分清各科目之间的界限。通用科目的名称要科学抽象，有概括性。要统一编号。要在统一会计科目的基础上统一会计报表。

第二，把记账方法统一为借贷记账法。

作为经济管理科学组成部分的会计学，是既有科学性又有阶级性的。而记账方法是没有阶级性的，可以为不同生产方式服务。当初，改革记账法的动机是为了简化，便于群众和领导掌握。结果，适得其反，反而搞得复杂化，领导和群众不经过学习还是看不懂。主管部门要克服软弱状态，下决心突破闭门造车的藩篱，为我国会计事业的发展做件好事。考虑到目前的情况，可以分期分批采用借贷记账法。

第三，规定各部门的各类企业标准成本计算方法。

在深入开展调查研究的基础上，针对不同类型企业生产技术特点和管理要求，选取该类企业中最优成本计算方法，作为标准成本计算方法在同类企业中推广。企业主管部门要对企业推行标准成本计算方法进行指导，并负责成本会计的培训工作。

第四，统一会计核算规程。

在分类优选的基础上，区别不同情况，为不同类型企业规定统一的固定资产、原材料、低值易耗品、在制品的核算方法。要强调科学性，避免随意性。

第五，加强会计立法。

要贯彻有关会计统一性的各项规定，克服目前的政出多门、门户林立状况和对不遵章守纪者奈何不得的局面，根本的办法是加强会计立法。

试论工业企业财务会计工作的“转型”*

王君彩

党的十二届三中全会《关于经济体制改革的决定》（以下简称《决定》）指出：“增强企业活力是经济体制改革的中心环节。”“要使企业真正成为相对独立的经济实体，成为自主经营、自负盈亏的社会主义商品生产者和经营者，具有自我改造和自我发展的能力，成为具有一定权利和义务的法人。”工业企业财务会计工作，是企业管理信息系统的基本环节之一，具有重要的管理职能。经济体制改革要求企业财务会计工作的工作重点、工作方法，都要有一个重大转变。

一

在经济体制改革中，我国的企业管理正在由单纯的生产型向生产经营型转变，通常称作企业转型。这是我国企业管理方式的重大变革，是增强企业活力的要求。

单纯生产型企业，是以生产为中心，以单纯完成上级下达的生产任务为目的，是封闭式的。这是指令性计划体制的要求，反映了产品经济的特点。转型就是要转向以提高企业的经济效益为中心，以满足社会需要为目的，开放式的生产经营管理。这是社会主义公有制基础。

企业的转型是整体性的。但是，作为企业的一个重要综合部门的财务会计部门，必须首先转变，必须作为转变的重点。这是因为：

第一，旧的企业财务会计工作体系，是作为国家财政的基础环节存在的，是纯执行性的核算型。国家实行“统收统支”，企业财务会计工作被局限在落实国家财政计划，向国家报送一本清楚明白的账这样一个框子里。这种状况不能适应

---

* 本文发表于《中央财政金融学院学报》1985 年第 5 期。

经济体制改革的新形势，与《决定》关于“要使企业真正成为相对独立的经济实体”“各级政府部门原则上不再直接经营管理企业”的规定，是不相适应的。改革以后，企业不能像原来那样仅仅把自己的活动建立在“上级”观点上，而是在遵守国家计划的同时，还要面向市场、面向消费者，要参加企业之间的竞争。经济效益高的企业，就能得到发展，如果相反，其发展就要受到限制，甚至在竞争中被淘汰。显然，企业财务会计工作必须适应这种转变，告别统收统支的旧的一套作法，把工作重点转移到提高企业的经济效益上来，发挥其管理职能。

第二，旧的企业财务会计工作制度与企业以生产为中心相适应，是单纯的生产核算型的，仅仅满足于计划、核算、分析企业的生产过程、产品成本。体制改革之后，企业成为自主经营、自负盈亏的社会主义商品生产者和经营者，企业财务会计工作必须把自己的工作范围，由生产领域扩大到广泛的生产经营活动的各个方面。

因此，与企业的转型相适应，企业财务会计工作也必须转变，即由原来的单纯核算型，向经营核算型转变。

企业财务会计工作的转型，是企业转型的落实和保证。企业财务会计工作转型是根据企业转型的要求进行的。作为企业管理的一个子系统，财务会计部门不可能脱离企业整体。在企业没有转型需要的时候，它只能按旧章法办事；在企业要转型的时候，它还想因循守旧，是不能容许的。同样，也只有企业财务会计工作实现了由单纯核算型向经营核算型转变，才能保证企业转型的实现和巩固。事实上，作为整体与部分的关系，企业转型与企业财务会计工作转型，必须同步进行，同时实现。

二

工业企业财务会计工作由单纯核算型向核算经营型转变的实质内容是什么？换言之，“转型”的标志有哪些呢？我认为，以下几点是必须首先考虑的。

第一，由单纯执行转向参与经营决策。

扩大企业自主权以后，企业有了一定的经营决策权。经营决策是对企业总体活动以及各项重要的经营活动的目标、战略、方针所作的抉择工作。企业经营目标、战略、方针的正确与否，关系到企业经济效益的高低，从而关系到企业的生存与发展。在经营决策过程中，企业财务会计工作担负着重要任务。一是要为决策提供信息。财务会计部门提供序时的、准确的关于企业资金来源与运用、财务收支、产品成本诸方面的信息资料，是任何决策工作都必需的。二是参与决策方案的可行性研究。作为相对独立的商品生产者和经营者，企业的任何决策都应该围绕提高企业的经济效益这个中心，这是企业和职工的物质利益所系。因此，任何方案都必须进行财务可行性研究。显然，财务会计主管人员，不仅具有进行这种研究所需要的知识与经验，而且，他们观察问题的角度与方法，也是方案论证中所必不可少的。

第二，由封闭式的核算转向经营。

产品经济时代的企业的最高目标是“优质、高产、低消耗”。这就决定了企业财务会计工作，只能关起门来围绕这个目标算账。改革以后，尽管不能笼统地否定原来的这个做法，但它是不全面的。它忽视了这样一个基本事实，即企业的生产必须与社会环境相适应。核算经营型财务会计，要面向社会，运用投资的机会成本、资金的时间价值等商品经济中通用的观念与方法，把企业的账算活。例如，库存物资，是采用大批进货长期储存呢？还是现用现买？前者可能得到价格优惠也更保险，后者得不到上述好处但少占资金。又如，时令性商品生产，是生产追逐市场需求有起有落呢，还是长年稳定生产季节销售呢？这都需要用算账说明。

第三，由单纯核算转向管理。

核算经营型就是指会计工作不仅仅是个核算系统，同时也是经营管理系统。要对企业的生产经营过程进行控制和监督。控制包括：事前控制，如审查企业生产经营计划的效益、经营目标的优劣；事中控制，如控制费用的发生；事后控制，如企业经营目标的实现情况、劳动生产率情况、各项定额的完成情况等。

企业实行经济责任制以后，财务会计工作出现了核算单位分散化的趋势，车间和部分科室成了实际的或模拟的利润中心。这样，企业财务会计部门的核算任务减少，管理职能加强。企业财务会计部门应该用更多的人员和时间，研究企业内部核算责任单位的划分，核算类型的选择，设计企业内部考核、控制指标，组织检查和考核。同时，要更多地深入下去，协助、指导基础的核算工作。

第四，更多地参与国家与企业的分配工作。

《决定》指出：“确立国家和企业、企业和职工这两方面的正确关系，是以城市为重点的整个经济体制改革的本质内容和基本要求。”经济管理体制改革以后，尤其是第二步利改税之后，企业经营成果由原来的全部上交，改为在企业的所有者国家与经营者企业之间分配。给企业留下与其经济效益相称的自我改造、自我发展和改善职工生活的财力。这种分配工作是由企业财务会计部门与国家财税部门进行的。这是一项政策性强、技术性要求高的工作。企业财务人员必须改变以往的埋头核算工作的状况，应精心钻研和坚决贯彻国家有关经济法规和税收条例。大中型企业的财务部门，都应该有自己的这方面的专家。

三

企业财务会计工作由单纯核算型向核算经营型转变，是我国社会主义财务会计有史以来的最重大的转变，我们必须以改革的精神，以改革的步伐，在思想、组织、工作方法诸方面尽快适应这种转变。

首先，必须实现观念上的转变。

为了适应企业转型，企业财务会计工作转型，我们必须树立经营战略观念、信息观念、竞争观念、市场观念，并用以指导我们的工作。

当然，在树立这些与商品经济相联系的观念的同时，我们还必须反对资本主义的经营思想，坚持社会主义道路。我们的企业是建立在社会主义公有制基础上，国家实行有计划的商品经济，我们要自觉遵循社会主义基本经济规律和有计划、按比例发展规律的要求。企业必须接受国家的宏观经济指导与控制。

国家为实现宏观控制的目的，制定的财经法令、财经纪律，是必须遵守的。在我们抛弃了统收统支的旧财务观念之后，需要进一步强调我们的财务会计工作的社会主义特征，强调无产阶级的党性原则。

其次，要再学习。

财务会计人员少，素质也差，这是我们实现财务会计工作转型的严重障碍。我们面临着繁重的培训在职财会干部和培养新的财会专业人才任务。

目前的财会队伍存在严重的青黄不接。对众多的年轻财会人员来说，主要的学习内容仍然是工业企业财务会计基本知识，保证把账记对、算准。要在此基础上对新老专业干部进行财务会计工作转型的再教育，有针对性地进行工业企业生产经营管理、管理会计、经济法等课程的教育。

无疑，在培训，培养财会专业干部工作中，高等、中等财经专业院校担负着光荣而艰巨的任务。可是，像目前这样下去，很难保证全国三千八百万个国营工业企业的人才需求。现在的高等财经院校企业经济管理、财会专业的规模，连《决定》要求的经济师、会计师的补充、更新需要都很难满足，更不要说尚需实际工作中锻炼，还有他们担负此种重任的概率问题。而且，他们的知识结构不适应工作需要，也将越来越严重。因此，国家必须下决心改变目前财经教育的落后状况，在人力、物力、财力上给予更多的扶植。在政策上鼓励高等财经院校挖掘潜力，多办一些投资省、收效快的在职干部专修班。同时，财经院校也必须根据企业财会工作转型的要求，下力量加深师资、教材和教学条件建设，更新教学内容。

再次，应该努力实现财务会计工作核算手段现代化。

逐步推广应用电子计算机，实现核算手段现代化是企业管理现代化的必然趋势。计算机运用于管理，决不是像有些同志想象的那样，仅仅是有了个计算速度更高的算盘。其实这是一场革命，我们的管理思想、组织、制度、方法都要随之改革，随之变化。电子计算机应用于财务会计核算和管理，这就要求核算体系、核算形式、核算方法要做到规范化、标准化，不仅仅企业内部是这样，而且必然带来一个核算的社会化，也必将形成整个社会的财务会计网络，要求实现全国的财务会计工作规范化、标准化。这与扩大企业自主权是完全一致的。我们要扩大的是企业支配自有资金的权力，而不是使我们的核算与管理回到手工业方式上去。相反，先进的管理手段将促进企业经济效益的提高，从而增加企业自我改造、自我发展的能力。对于这一点，我们必须有个清醒的认识，早做准备，早打基础，避免以后再走弯路。

关于审计报告写作的几个问题*

王君彩

审计报告是在审计活动结束之后，由审计人员撰写的向委托单位或有关领导部门汇报情况和结论的一种总结性文件。它反映审计任务的完成情况，审计过程中发现的问题，以及审计人员提出的意见和建议。审计报告的写作，则是审计工作的一个重要环节。因此，写好审计报告十分重要。这里，拟就审计报告的作用、撰写审计报告的原则和要求谈一些粗浅认识。

审计报告往往涉及对被审单位工作的评价，有的审计报告还在对有关单位和人员的处罚上具有法律效力，这就决定了审计报告是一种很严肃的文件。审计工作从单纯的财务审计发展到效益审计，其职能由小变大，从批评性转到兼有建设性，这又进一步提高了审计报告的必要性。

目前，对审计报告的作用，说法不一。我认为可以概括为以下几点：

第一，审计报告是提供审计主管领导及被审单位主管部门和领导了解和处理审计事项的主要依据。因为审计报告是由第三者来编制的，他们能以充分的证据和公正的立场，对审计事项做出结论性意见，并能够确切地反映被审计单位的财务状况、经营成果和存在的问题，因而审计报告具有的客观性，有助于审计主管部门和审计委托单位准确分析和判断，他们可依据审计报告的结论，对有关问题作出合理的、正确的处理。

第二，审计报告中提出的改进措施和合理建议，可作为企业改进经营管理，提高经济效益的重要依据。审计人员以其专门的知识、丰富的经验与旁观者的地位，以其对经济发展全局的了解，从局部与整体的联系上观察问题的方法，有利于对被审单位经营管理和财务的历史、现实状况，以及对其将来的发展趋势作出科学性的评价，因此，审计人员根据被审单位的具体情况提出建议，往往具有更充分的依据，更大的现实可行性。

---

* 本文发表于《中央财政金融学院学报》1986年第6期。

第三，审计报告是检查审计工作和衡量审计人员工作质量的手段。通过审计报告，可以检查审计工作完成情况，明确审计人员的责任，同时，审计报告的编制可以反映审计人员的业务技术水平的高低和经验的多少，是鉴定审计人员素质的主要依据，也是衡量其工作质量的重要依据之一。

第四，审计报告可以为财税部门和经济司法机关提供资料，以作为他们处理问题的参考和依据。

以上所述审计报告的作用，是就总体而言的。具体到每一份审计报告，常常只具有某一方面的作用。写作前必须根据有关文件和审计结果进行研究，作出判断。

审计报告的作用决定了审计报告的编写原则。审计报告是审计主管部门和被审单位领导机关处理问题的依据，应切实保证审计报告的公正性、独立性和权威性；因此，必须根据确凿的证据，实事求是地提出适应的报告。报告是否适应，事关重大。如果依据错误的审计报告做出错误的结论和处理，将会贻误工作，以至于造成不可挽回的后果。为此，编写审计报告时必须遵循以下原则：

第一，审计报告中的证明资料、审计结果和结论都应有充分的证据，而证据必须是客观的、准确的。比如，引用的数字资料要以账册记录为依据，对于结算往来中的问题，必须取得对方的书面证明，并经多方查证落实。对于那些未经证实或未查清的问题，不应编入审计报告。

第二，审计结果、结论和建议必须符合客观实际。报告中的审计结论，必须以客观事实为基础，符合事物内在的客观联系。比如审查舞弊，必须对其舞弊手法、主要情节、牵涉的人、造成的后果等，查出确凿的证据并如实地加以说明。要特别注意不能凭主观臆断、一面之词，乱下结论，不允许歪曲事实真相或任意扩大错误性质和情节的现象发生。

第三，审计报告的内容必须全面完整，对其中关键问题和重要情节要突出；必要时要写详细报告。审计报告应对审计结果、结论和建议提供足够的资料，决不能带有偏见，从而回避矛盾、断章取义。还应该避免差错和遗漏。凡应该报告的事项，都应编入报告内。对一些主要问题和重要情节还需要作详细报告。对于与本题无关的资料，则应少写或不写。如法纪审计报告，对与舞弊作为无关的会计技术方面的问题，就不应该过多地占用报告的篇幅。

第四，审计报告切忌长篇大论、过于冗长。审计报告不同于其他调查报告或工作总结，内容要简明扼要，叙述要精练，力求通俗易懂。比如，对得出结论证明用的材料，要加以组织、分析，使之确切说明问题，不致使读者感到混乱，产生错觉。

第五，审计报告中提出的意见和建议要具体，切实可行。比如，审查经济合同的执行情况时，因牵涉到合同双方的利益，审计人员如果不公正或语言表达含糊，就会造成双方争执，降低审计报告的效力。对被审事项提出批评性意见时，必须对改进过去的工作提出切实可行的意见和建议，对被审查单位才会更有价值。

编写审计报告，表达审计执行情况、审计结论和意见，还要借助于正确地组织和运用文字。撰写审计报告必须注意以下结构和文字方面的要求：审计报告是一种公文，要求特别注意其结构，研究其格式和主旨表达样式。公文的文种不同，结构也不尽相同。审计报告属总结性报告，其格式主要包括标题、主送机关、编号、机密程度、机关印章、附件、发文日期、抄送单位等。主旨表达样式要涉及根据什么，有什么问题，有什么意见，怎样处理，今后建议等。不管是简式审计报告或详式审计报告，结构都应完整。审计报告的公文属性决定了它的严肃性，不允许进行艺术夸张或修饰，需要的是利用真实情况，说清要说明的问题。

审计报告不但要求有完整的结构，而且对于文字表达要求也特别严格。首先，列举证据要有说服力和逻辑性，要分清主次，详略得当，不能一味堆砌材料。要突出重点，对主要项目要详细说明，对一般性的内容应删繁就简，有的可列作附件作为补充，以防止正文拖沓，使阅读者费时费力而不得要领。其次，语句应明确通畅，通俗易懂，防止词不达意。审计报告的语言，不求华丽，要求实在。比如，审计依据的来源出处要明确表达出来，不能拐弯抹角，或用“据了解”“据反映”等模糊字眼。又比如：某事项违反了什么文哪一条哪一款规定，不应用“违反规定”“犯法”等笼统字眼。对于那些“官腔”文字，在审计报告中是绝对不允许的。再次，对于关键性的结论文字要特别注意推敲，应该实事求是，措词要恰如其分。因为审计报告是上级作处理决定或司法机关量刑的依据，如不真实确切，可能导致错误决定，后果不堪设想。要特别强调表达的准确性，避免使读者产生模糊的，甚至与作者表达意思相反的结论。

再论社会主义会计的统一性 *

王柯敬　王君彩

1984 年本文作者之一发表了《必须坚持社会主义会计的统一性》的论文。作者在以后的一些文章中，又对此有了进一步的阐发。目前，这一问题已经引起经济管理部门、会计理论界的重视。但是，从我国会计改革和会计工作的现状来看，这个问题都有进一步研究和讨论的必要。本文拟从问题的提出、统一的必要性和统一的道路诸方面谈一些粗浅认识，欢迎批评指正。

一

增强企业活力是经济体制改革的中心环节。要增强企业的活力，使企业具有自我改造和自我发展的能力，就必须扩大企业对自有资金的支配和使用的权力。否则，搞活大中型企业的战略目标就很难实现。从目前情况来看，我们离实现这个目标还差得很远，企业支配和使用自有资金的权力还没有得到落实，起码在一部分企业，尤其是部分大中型企业当中还没有得到落实。企业在缴纳各种国税、地方税之后，往往还要被“调节”一番，可供支配的自我改造和自我发展的资金所剩无几，有的甚至微乎其微。毫无疑问，这种状况是必须改变的。随着各种形式的承包经营责任制的推行，我们将在搞活企业方面迈出新的具有决定性意义的步伐。

与此同时，在经济体制改革中，在我们探索搞活企业的道路的过程中，企业在财务管理、会计核算方面，也出现了一些混乱。企业自我改造、自我发展资金正道来源不足，就走邪路。在使用上，“官盐变私盐”，无法控制，方向不正，损失严重。

---

* 本文发表于《中央财政金融学院学报》1988 年第 3 期。

从连续几年的财务税收大检查情况来看，在会计核算方面，旧的不统一没有解决，新的不统一在发展。不少企业视国家财务制度为不应有的条条框框，有章不循，乱挤成本，乱摊费用，偷税漏税，截留国家收入。国营企业如此，乡镇企业的财务管理、会计核算更是既无统一制度，也无统一开支标准和核算方法。乡镇企业财务会计工作的混乱状态又影响了县办的、省办的、部管的企业，“农村包围城市”。不但动摇了社会主义的会计核算体系，同时也败坏了社会风气，搞乱了社会主义市场。

应该承认，这种状况在经济体制改革的过程中，在两种体制转换新旧交替之际，是难以完全避免的。但是，这并不意味着可以听之任之。我们必须在改革过程中，作为完善新体制的运行机制的一部分，进行研究实验，以制度化的会计科学方法，制止混乱，疏浚正规渠道，堵塞漏洞。

财务会计工作中出现的有章不循、各行其是的混乱状态，其根本原因是在社会主义社会长期存在的局部利益与整体利益、眼前利益与长远利益的矛盾。因此，维护财经纪律、坚持社会主义会计统一性，也不能就事论事，必须坚持不懈地进行爱国主义、社会主义教育，把它作为企业的社会主义方向的重要内容来要求。要在坚持思想教育的同时，完善组织措施，选拔任用那些顾全大局的思想觉悟高的干部，坚决撤换那些惯于采用不正当手段，化大公为小公的人。用完善的组织手段，保证企业的社会主义方向，这是社会主义制度所特有的。在这方面，东欧一些社会主义国家的经验是可以借鉴的。

影响实现社会主义会计统一性的，也有其思想根源。在扩大企业经营自主权，尤其是推行各种形式的承包经营责任制之后，企业拥有支配和使用自有资金的权力。在这种形势下，如果仍坚持诸如“打酱油的钱不能买醋”之类的信条，就必然要捆住企业自我改造、自我发展的手脚，束缚生产力的发展。但是，我们批判这种胶柱鼓瑟的做法，是否就意味企业会计核算工作可以各行其是，他人不得问津呢？

由于会计核算要保护公有财产的安全完整，反映经营成果的分配情况，因此企业的财务活动、会计核算，既关系到企业和职工的利益，也关系到国家的利益，必须接受国家的监督。这种监督，一是以所有者的身份进行的监督，当然只能施行于全民所有制企业，二是行使国家行政权力的监督，保证国家政策法令的贯彻实施，保证依法应上缴国家的那一部分收入不被侵占，所有企业概莫能外。这就要求，所有企业都必须使用统一的会计语言，用公认的会计方法来记载企业的经济活动，清晰反映资金来源、资金运用的来龙去脉。

强调会计的统一性并不影响企业支配自有资金的权力。相反，有利于保证我国经济生活的正常秩序，有利于经济体制改革的顺利进行。从这种意义上讲，会计的统一，也是搞活企业，增强企业自我改造、自我发展能力的必要的社会条件。

二

社会主义会计的统一性，有其历史发展过程，是社会主义经济管理的客观要求。

第一，这是管理社会化大生产的需要。

马克思在《资本论》第二卷中指出："过程越是按社会的规模进行，越是失去纯粹个人的性质，作为对过程的控制和观念总结的簿记就越是必要，簿记对资本主义生产比对手工业和农业的分散生产更为必要，对公有生产比对资本主义生产更为必要。"马克思在这里讲的，会计作为生产过程的一个部分，随着生产的社会化而不断地发展，会计的发展与生产社会化的发展趋势是一致的。

社会化的大生产，企业规模一般较大，生产过程复杂。企业生产过程中投入的材料、人工、种类繁多，转换幅度大、速度快。在这种情况下，投入与产出的控制与比较，盈亏的计算，都变得十分复杂。而且，经营者往往不一定是企业的所有者。要求能向企业所有者报清账。

显而易见，代表经营者的一方，如果不用科学的会计核算方法，是很难把如此复杂的经营过程反映清楚的，如果不采用公认的会计语言，也是很难为企业所有者所接受的。不仅如此，随着企业形式的发展，出现了股份制企业，产生了资金金融市场。如果以前的企业经营者面对是某一个所有者的话，那么现在他面前就往往站着一群所有者，纯粹向个人报账的簿记就更加无地自容了，会计也彻底社会化了。在这里，我们还没有考虑税收的发展对会计社会化的影响。

经济发达国家会计发展的历史，也都有一个由分散到统一的过程。在1929—1933年的资本主义经济危机中，美国最大的纽约股票交易所倒闭了。其直接原因是投机造成股票的混乱。而造成这种混乱的原因，是当时美国各个企业会计的处理方法是各行其是，各自为政。就一个企业来讲，也没有一个一贯的标准，这样就造成企业与企业之间，一个企业的不同会计年度之间，根本没有统一性，也没有可比性。这就使投资者、资金拥有者没有办法对企业的财务状况和经营状况作出正确的判断，有可能造成决策的失误，这样也造成了金融市场的混乱。在以后，在西方各国政府的支持之下，就出现了一些会计师组织制定的各种类型、各种层次的公认会计原则或会计标准。会计的统一性在经济危机以后迈出了第一步，以后越来越完善。作为管理大生产的一种手段，实际上被各国在采用。

日本是在1948年国会通过《公认会计师法》之后，确定了统一会计标准制度的。在日本政府关于法案的提出理由说明中有这样一段话："在企业会计日益复杂、财务报表基本上是企业和投资者之间唯一联系的今天，确保企业会计的公正性和财务报表的真实性，已经成为确立民主合理的经济基础之不可缺少的要求；而且，今后我国在计划引进民间外资时，这一点将成为必需的前提条件。"

社会主义生产是社会化的大生产。这种大生产，是在资本主义的基础上建立起来的。而且，如果说外国资本主义企业的经营者面对的是几个所有者几个财团的话，那么我们的国营企业的经营者则面对着全国人民。随着我国经济体制改革的健康发展，一些在资本主义条件下产生的经济组织形式，也被借鉴采纳，如企业间的横向联合、中外合资企业等。既然如此，客观上就决不允许我国的会计回到手工业和小农时代的手工业方式上去。各行其是、各自为政是没有出路的。

第二，是管理现代化的需要。

电子计算机进入了会计核算领域，要求会计核算内容必须规范化。各行其是就很难采用社会上作为商品的通用的软件，必然一个企业一个企业设计自己的软件，这显然是不经济、不可能的。尤其是我国企业规模相对较小，不可能要求每个企业具有很雄厚的软件设计力量，即使有也是浪费。

随着计算机的应用，为了提高效率必然形成联机。现代的信息系统与通信系统联系在一起才能形成网络，才能形成信息的收集处理系统。大范围高度的自动化，信息资源才能得到充分的利用，才能发挥它应有的效益。我国目前会计上应用软件尽管比发达的资本主义国家落后一些，但就我国经济发展水平来讲，相对于西方相应发展阶段来讲，也是比较发达的，对我国会计核算工作必将起到良好的促进的作用。

我们在一篇论文中曾经呼吁过这个问题，要从现在开始做这一方面的准备，使我们的会计核算规范化，使我们的会计在其主要方面，如会计原则、会计方法规范化，在已有工作基础上，建立我国的社会主义统一的会计。如果我们忽略了这项十分重要的基本建议，走了回头路，以后再来搞规范化，再来抓统一工作，就要犯历史性的错误。

第三，是公有制的要求。

我国社会主义的公有制，是我国会计统一性最根本最基本的基础，我们的会计统一性是植根于社会主义的公有制之中的。尽管目前为了解决企业的动力问题，对公有制提出了很多改革的设想，但是，我们国家所有制是占绝对的统治地位的。这就决定了，我们的国家政权，既是政治权力的代表，也是企业的所有者。国家对经济活动、对企业的影响力，是资本主义国家政府所无法比拟的。同时，我们实行的是有计划的商品经济。国民经济计划的制定和执行结果的检查，都有赖于会计报表来提供大量的信息资料。这就要求有统一的会计制度来保证会计核算口径一致，保证会计报表的准确、真实。

三

在西方，会计统一的道路，是在政府的同意、支持下，根据大生产的要求和社会化管理的要求，走民间统一的道路。这是由他们的历史条件决定的。在西方，不仅仅会计是这样，甚至有些技术标准、生产定额，都是通过工程师协会，在政府同意和支持下由民间搞的。在资本主义生产资料私有制下，私人资本家各自为政，唯利是图，管理被看成是企业所有者的私事。但是，社会化大生产又客观上有统一的要求，结果走了这样一条道路。

中国则不同，我们有统一的基础。新中国成立以来，我们在建立社会主义的统一的会计方面做了大量的工作。当然以往的制度中有统收统支的东西，这主要是当时的财务制度的要求，是能够分清，能够剔除的。应该说，我国的会计制度，在很大程度上是适合我国的社会主义大生产管理要求的。我们应该在总结经验的基础上，用适合新的经济管理体制需要的统一的会计，来保证大生产的进行，保证社会主义经济机制的运行，保证宏观控制的实现，保证信息的畅通。

建立具有中国特色的统一的社会主义会计的任务，应该由政府来承担。前面已讲过，我国公有制永远是占绝对优势的。作为公有制企业的所有者的国家政府有权保护自己财产的安全与发展，作为政治权力代表的国家政府，必须采取措施，保证国家财政收入。因此，政府不仅应该是会计统一化的倡导者、支持者，而且应该是主要的组织实施者。另外，在社会主义条件下，企业经营者与所有者之间没有根本利害冲突，我们这样做是行得通的。

当然，会计统一化并不是简单的问题，头绪比较多。在统一会计制度方面应该分出层次：

（一）国家的立法。如现有的会计法、成本管理条例等，具有立法性质，是高层次的，应强制施行。会计立法，必须具有稳定性，但也不能过于原则化。

（二）政府有关部门规定的具体制度。涉及一些会计处理的原则、方法，保证核算口径的统一，保证社会主义国有的财产不受侵犯，保证劳动人民按劳分配的权利不受侵犯。

（三）更进一步的可有两种情况，一是仅仅适应行业特点，加强行业管理，由企业主管部门、大企业公司来制定统一的规章。二是会计具体处理方法，不涉及利益分配的技术性问题，应通过会计师组织，以公约章程，甚至通过学术交流，统一认识，统一做法。

总之，中国会计应是具有社会主义中国特色的，既统一又分级管理的，由国家立法和行政法规、公司规章和民间约定等组成的完整体系。建立统一的中国会计，还必须包括保证统一的会计制度得到实施的检查、监督体系，要使这个体系常年正常运转，而不是临时抽集人员搞运动式检查。鉴于我们已经否定了统收统支的财务制度，靠原来的预算、决算审批制度已经行不通。鉴于经济体制改革后，要更多地借助物质利益原则发挥作用，各种利益关系错综复杂，完全靠自觉，也难以办到；鉴于企业数量多，工作浩繁，完全靠现有财政、审计部门，也是杯水车薪，不解决问题。因此，在会计检查工作上，有必要借鉴西方国家的经验，走政府与民间审计机构相结合、以授权的民间机构为主的道路。

改革企业存货计价方法*

王君彩

一、没有必要固守原有的存货计价方法

长期以来，会计核算采用计划成本、实际成本计价方法计算存货价值，被认为是社会主义的。西方工业国家采用的其他存货计价方法，则被贴上资本主义的标签。

实际成本计价方法并非天生就带有社会主义属性，它产生于封建社会，是与小商品经济相联系的。在小商品生产、交换的条件下，一般规模较小。一旦经营规模扩大，存货的品种、数量增加，供货渠道扩大，货物的收入、盘存、发出计价工作量大到难以承受的程度，而且几乎无法防止差错。在这种情况下，采用此类计算存货价值方法的会计报表，还以其准确性、真实性自许，并得出优于其他依一定规则确定存货价值计算结果的结论，是难以成立的。

更重要的是，小商品经营，是以独资或合伙为特点，业主往往就是经营者，很少发生经营者频繁易人的情况。他们自己将本求利，自己考核自己，自己承担风险，一般不存在转嫁风险问题。

计划成本是伴随僵化的计划模式产生的，适用于产品经济。在那时的计划经济体制下，产品的价格由政府部门决定，同种类产品同一价格。这就为企业采用企业内部计划价格计算存货价值创造了客观条件。

但是，国家定价毕竟只能局限于生产厂的产品出厂价和商业、供销企业的商品、物资批发价等几种类型的价格，生产厂、零星企业的进货渠道更为广泛，采购地远近不一，采购成本不一，这就决定了企业对其材料物资，必须制订自己的计划价，产生这种需要的动因就决定了企业的计划价与国家定价的不一致，存在

---

* 本文发表于《会计之友》1988 年第 12 期。

着“价差”。当前改革中，多种价格并存，不论从观念上，还是会计处理上，都突破了原有的计划价，“价差”越来越难以计提，变成了一个可以人为的数据。“价差”可大可小，企业的生产、销售成本也就可高可低。有的企业甚至出现倒轧的“价差”，为了夸大盈利或掩盖亏损，竟少摊借差或多摊贷差，为了少报盈利，又多摊借差或少摊贷差。“价差”变成了“防空洞”。

生产厂的产成品，由于采用实际成本计价，高亏滞销产品存在仓库，就能掩盖企业的亏损。而当它们必须与消费者见面时，才发现企业有很大的亏空。

因此，我国企业原有的存货计价方法，并不具有社会主义本质属性，是被人为地拴在社会主义身上的。

随着改革的深化，计划价格、浮动和自由价格并存的逐步形成，计划价格的范围在逐步缩小，企业内部价格的客观基础已经动摇，且将随着产品经济的被否定，化为乌有。

在经济体制改革中，工商、工贸、城乡、农贸、农工商等经济组织大量涌现。原有的国有企业也实行多种形式的经济责任制，实行承包、租赁经营。总趋势是企业所有权与经营权分离，这就要求企业实行更精确的会计核算，划清不同期间，尤其是不同经营者之间的责任与风险。

实行经济联合、经济责任制的实践证明，原有的存货计价方法，已经不能适应有计划的商品经济的需要。在联合时，常因某一方库存商品有问题无法解决而联合告吹，在承包时，常因存货计价有争议搁浅；即使有的勉强承包了，也常因转嫁风险与责任，使新的经营者背上包袱，陷入困境。

总之，为了有计划的商品经济的巩固与完善，为了经济联合、经济责任制的发展，也为了我们会计事业的未来，我们会计界不能固守强加给社会主义会计的存货计价方法。

二、市价与成本孰低是商品经济下通行的会计估价原则

改革存货会计估价方法，可借鉴采纳西方工业国家通用的“市价与成本孰低”原则。我们先看其内容：

“市价与成本孰低”是在编制会计报表时确定企业存货的价值的原则，即：如果存货的市价低于成本，就按根据一定规则计算出来的“市价”计算；反之，

如果成本低于市价，就按成本计算。对于市价低于成本而产生的差价，计入本期损益。它适用于企业流动资产中一切有形资产，一般包括：（1）在通常营业过程中执有以便出售的；（2）处在生产过程以便制成后销售的；（3）供生产商品或服务中消费的。就工业企业来说，就是产成品、在产品和原材料。

对于“市价”，存在不同的解释。有的解释为“可变现净值”，即预估售价减去为适销对路而发生的加工改制费和销售费之后的净值。而在美国，“市价”是指当前购入或重制的重置成本。

存货按成本和市价孰低计价，有三种计算方法，即按逐项比较、按大类比较、按存货总额比较。

“市价与成本孰低”的估价原则是属于什么性质呢？

长期以来，我国会计理论界对这个原则采取完全否定的态度。说它是掩盖剥削的，几乎是资产阶级会计学虚伪性的同义语。《会计原理》教科书通常就是以这个估价原则作为唯一例证，来论证资产阶级会汁的虚伪性的，说它是资产阶级会计师们制造的掩盖剥削真相，歪曲伪造会计资料的专门方法。不错，正如“一系列的最丰富的科学成就”可以被资产阶级用来加强对无产阶级的剥削一样。“市价与成本孰低”的估价原则，也可能被资本家用来伪造账目和决算书。但是，方法本身和它被利用，毕竟是两码事。而且，资产阶级是否弄虚作假，也绝不是以这个原则的有无为转移的。

就“市价与成本孰低”这个会计估价原则本身，是起不到压低企业盈利，从而掩盖剩余价值量的作用的。要知道，“一贯性”正是西方国家会计标准的重要原则。在连续经营的企业中，本期的期末库存，就是下期的期初库存。在一个稳定经营并且规模不变的企业中，上期转入本期的数，与本期转入下期的数，应该是接近的。如果上期转入本期的存货很值钱，在上期被“掩盖”了，那就应该在本期的经营利润中“暴露”出来。当然，在由其他估价原则转而实行这个原则的转换中，经营者倒是可以做些手脚的，但这只能是一次性的。

是不是像有些书上所说的，采用“市价与成本孰低”，实际上是“没有任何估价规则”呢？实际情况并非如此。例如，美国的会计师组织就在自己的研究公告中规定，市价不应超过可变现净值，不应低于可变现净值减一般利润的近似值。用公式表示，可变现净值 - 一般利润≤市价≤可变现净值。假如某项存货的可变净值为100，一般利润为10，那么，市价就应该确定为90和100之间，一般利润的大小，就是它的波动范围。

“市价与成本孰低”这个会计估价原则，有其产生和发展的历史条件。在资本主义商品经济条件下，市价波动大，经营中的不可预测因素多，随时面临着经营风险。要使自己在风云变幻的市场角逐中站住脚，经营者采取一些“稳健”的做法，是理所当然的。因为对未来的市价没有把握，对自己的存货价值低估一些，把不利给予过去，以便为今后留有更大余地，应该说是明智之举。当然，这个原则是有利于资本主义企业制度的发展，有利于资本主义商品经济发展的，否则，又怎么能被采用呢？

我国今天的社会经济条件，与产生上述会计估价原则的历史条件是不同的。但是，在社会主义商品经济中，起主导作用的仍然是价值规律。作为商品经营者的企业，同样面临多种因素交汇的市场，有竞争，有风险。从这方面来看，产生上述估价因素的经济条件还是存在的。因此，研究、借鉴这个原则，制订适合我国特点的规定，在一定情况下采用类似的原则，不但有可能，而且有必要。

三、关于改革存货估价原则的意见

我国现行的存货估价方法与原则，不能适应有计划的商品经济的需要，影响着经济联合和经济责任制的实行，已经到了必须改革的时候了。但是，改革必须考虑国家、企业的承受能力和现有专业干部队伍的实际状况，要尽力避免因新旧转换给经济生活带来新的不稳定因素，造成混乱。因此，改革必须有组织、有计划地进行。

首先，要把“市价与成本孰低”的会计估价原则的适用性及适用范围、使用方法，纳入国家有关法规。这是一个牵涉面广、涉及利益调整的重要原则。我国目前的状况，又很难以民间组织规范的方式推行，没有相应的法规是不行的。

其次，要明确监督执行部门。我国经济法规不全，经济管理队伍适应市场经济的观念的养成、能力的培养尚需时日。因此，即使在依法实行这个原则的过程中，仍需必要的监督。按目前经济管理分工，应由财政、物价部门和企业上级主管部门担任监督执行之责。

另外，要明确确定“市价”的方法，在多种价格并存的条件下，“市价”应以各方都易于接受的平均价为准。确定“市价”的权限要有必要的审批。

最后，作为推行新的会计估计原则的第一步，应限于存有高亏存货的企业参加企业集团、实行经济承包和租赁承包前的存货估价，限于此类企业经营责任转嫁前的存货估价。这样做，既考虑到国家财政的承受能力，又有利于亏损企业扭亏责任制的推行。目的在于不转嫁经管失误，让新的经营者不背包袱，轻装前进。

对会计委派制若干问题的思考*

王君彩　王砚书

目前，我国不论是理论界还是实务界，对会计委派制的看法存在较大分歧。鉴于此，本文拟就会计委派制的理论基础、会计委派制的监督机制和会计委派制与现代企业制度的关系问题谈谈自己的看法，以期抛砖引玉。

一、会计委派制的理论基础

会计委派制的理论基础是委托代理理论和所有者财务理论。

委托代理理论认为，在现代企业制度两权分离的情况下，所有者将面临逆向选择和道德风险。所谓逆向选择，是指由于委托人无法及时识别代理人的真实禀赋，而导致条件低劣的代理人占据了经营者岗位；所谓道德风险，是指代理人利用自己的信息优势，通过减少自己的要素投入或采用其他机会主义行为，来损害所有者的利益，满足自己的需求目标。为了最大限度地防止逆向选择和道德风险，所有者有必要采取各种方法对经营者进行监督。

所有者财务理论是以委托代理理论为基础的。所谓所有者财务，是指所有者以其对资本或资金的所有权为基础，对其所委托的经营者进行监督和调控，以维护和获得自己利益的一种机制。根据委托代理理论，所有者面临着逆向选择和道德风险，为了维护自己的利益，降低经营者背离所有者目标的可能性，所有者就必须对经营者进行约束、监督和调控，由此便产生了所有者财务。

* 本文发表于《中国财经报》2000 年 6 月 1 日。

二、会计委派制的监督机制

根据委托代理理论和所有者财务理论，国家采取各种措施对各级行政事业单位、国有企业等进行监督和调控是必然的。因为，在社会主义初级阶段，在社会主义市场经济体制下，国家、集体、个人的利益存在差异，政府和企业经营者的目标、中央和地方各级政府的目标并不完全一致。国家将国有资产委托给国有企业经营者经营、将财政资金交由各级政府使用和管理，同样也面临逆向选择和道德风险。这就要求国家从所有者角度对有关单位和人员进行监督。

然而，在传统会计管理体制下，由于会计人员受单位负责人领导，会计的监督机制在事实上无法实施于单位负责人，或者说，会计的监督机制并未完全发挥作用。为了改变这种状况以强化会计的监督职能，有必要对传统的会计管理体制进行改革。

会计委派制便是国家为加强会计监督而采取的一项措施。在会计委派制下，由于会计人员由委派单位委派，其代表委派单位在受派单位工作，因此，会计委派制实际上将国家的外部监督通过会计人员转移到了受派单位内部，形成了国家对受派单位的内部监督。换言之，会计委派制是国家为了防范逆向选择和道德风险，以所有者身份通过会计人员对国有资金使用单位实施监督和调控的一种制度。该制度实现了国家外部监督的内部化，因此提高了对单位负责人监督的有效性，强化了会计的监督职能。

三、会计委派制与现代企业制度

在会计委派制试行阶段，许多人认为，该制度与现代企业制度的要求相背离。对此，笔者不敢苟同。

现代企业制度的核心是“产权清晰、权责明确、政企分开、管理科学”。对会计委派制持怀疑或否定态度的人认为，会计委派制违背了现代企业制度“政企分开”的原则。然而，事实上，在会计委派制下，受派会计人员并未影响经营者的正常经营管理权。法律赋予企业法人代表的各项职权仍由法人代表所享有，受派会计人员侧重的只是对受派单位经营情况的监督。如果受派单位存在违法违纪行为，受派会计人员必然进行干涉，以维护国家利益；如果不存在违法违纪行为，受派会计人员的工作只是会计工作，不会也不能干预企业经营。换言之，会计人员监督管理的是违法违纪行为而不是企业的正常经营；受派人员作为单位会计，也无权干涉企业正常合法的经营管理。因此，实行会计委派制不存在以政代企问题。退一步讲，如果会计人员干预了企业正常合法的经营，受派单位也完全可以申请委派单位撤换该会计人员。

在强调现代企业制度“政企分开”的同时，还必须考虑“管理科学”原则。从我国目前经济领域的状况看，会计信息失真、国有资产流失等腐败现象十分严重。这种现实说明我国当前企业的管理并不科学，甚至存在严重问题。国家无论采取何种措施，都必须从这种现实出发，致力于现实问题的解决。实行会计委派制，强化了会计的监督职能，有利于加强企业的经营管理，有利于“管理科学”原则的实现。因此，实行会计委派制不仅与现代企业制度不存在矛盾，而且有利于现代企业制度的建立和完善。

学者眼中的财会改革与发展 *

王君彩

改革开放25年来，会计改革适应我国经济体制的改革，成为中国市场经济体制改革的一个重要方面，我们的会计理论和会计方法发生了重大变化。我们不妨也对会计改革进行一番盘点。

一、会计改革起步阶段（1978—1992年）

1978年党的十一届三中全会，提出把工作重点转移到社会主义现代化建设上来的战略决策，提出经济工作要转移到以提高经济效益为中心的轨道上来。适应新时期经济发展和经济管理的要求，会计改革开始起步。

在这期间，恢复和重建了注册会计师制度，制定和颁布实施《中华人民共和国会计法》，使会计管理工作走上法制化的轨道。尤其是1991年财政部发布《会计改革纲要（试行）》，明确了新时期会计改革的总体目标：建立适应社会主义商品经济发展要求的会计体系。基本内容是：

1. 会计法的实施，使会计工作有法可依。逐步实现以会计法为主体，建立统一的会计法规体系，会计基础工作逐步走上了规范化的轨道。建立了一系列的制度，如会计核算制度、会计人员管理制度、总会计师制度、会计档案管理制度、会计电算化管理制度等。

2. 建立管理型会计。为了适应转换企业经营机制的要求，企业会计工作的职能由单纯核算型向经营管理型转变。许多企业建立了责任模式，使会计工作成了工厂的参谋，并参与企业经营管理。

3. 开展会计电算化。促进会计管理的深化，提高了效率，增强了科学性，节

---

* 本文发表于《中国财经报》2004年2月13日。

省了人力，为会计人员参与管理提供了手段，创造了条件。

4. 会计人员的地位逐步提高，会计人才受到重视，开展大规模的业务培训。同时，实行了会计专业职务聘任制度、会计人员持证上岗制度以及奖励制度等，大大激发了广大会计人员的积极性。

5. 注册会计师制度全面恢复。随着经济体制改革和对外开放，注册会计师的地位和作用日益提高，其服务领域也在扩大，从查账验资发展到报表审计等。

二、会计的根本变革（1993—2000 年）

随着我国经济体制改革的不断深入，从明确经济体制改革的市场化取向，到正式确立建立社会主义市场经济体制的改革目标。会计改革进一步深化，是对传统会计制度的重大突破。

1993 年以前，我国的企业会计核算行为基本是由分行业、分所有制形式、分部门的会计制度与财务制度来加以规范的。其基本特征是条块分割、一统到底。这与我国当时实行的计划经济体制密不可分，并基本相适应的。但是，随着我国社会主义市场经济体制的建设与发展，尤其是实行对外开放政策，大量引进外资，这种条块分割的会计制度已显得难以适应形势发展对会计信息的需求，许多新的经济业务得不到应有的制度规范。因此，对旧的会计制度进行改革就是一种必需，已成当务之急。

1992 年 12 月发布了《企业会计准则》，并于 1993 年 7 月 1 日在全国范围内实行。1994 年起，陆续出台具体会计准则（目前已正式出台 16 项），逐步构成我国企业会计核算规范体系。这是一场会计革命，使会计核算工作发生了根本的变化。可以说是会计由计划经济迈向市场经济的一场革命。会计核算的原则变了，核算方法变了，服务对象也变了。这一阶段是对传统会计核算制度的重大突破。

1. 改革会计核算管理模式，使会计准则和行业会计制度成为指导会计核算工作的基本规范。新的会计核算管理模式主要特点，一是会计准则由国家统一制定，打破了历年来按所有制分部门、分行业制定统一会计制度的做法，这样有利于我国企业进行会计核算的统一规范；二是会计准则统驭所有会计制度，是制定会计制度的依据。

2. 改革会计平衡等式，由“资金占用 = 资金来源”，改为“资产 = 负债 + 所有者权益”的会计平衡等式。这一适应企业建立资本金制度的改革，使会计报告既能反映企业的商品生产者和经营者的地位，又能为企业外部提供适用的信息，满足多方面对会计信息的需要。新的会计平衡等式把会计核算置于新的理论之中。过去企业产权关系单一，资金来源主要是国家拨付，几乎没有商业信用，这就产生了“资金平衡表”，企业的一切经济活动，都被严格限定在这一框框内，不可越雷池一步，打酱油的钱不能买醋。随着企业经营机制的转换，企业成为独立法人，资金来源多元化，企业要对业主和债权人负责，采用严格区分企业“负债”和“所有者权益”的界限的平衡等式，有利于维护投资者和债权人的合法权益。

3. 会计核算原则实现了根本的转变。会计核算原则引入了谨慎性原则和实质重于形式原则。这一又称为稳健性原则的会计原则，是指入账的原则。在有不确定因素的情况下根据要求作出预计时，在判断中加入一定程度的谨慎，不得虚计资产或收益，少计负债或费用，也不得计提秘密准备。与计划经济时期会计核算的一些僵化、琐碎的框框相比，与当时会计人员算死账、死算账相比，增加了更多的理性。比如存货计价采用后进先出法和成本与市价孰低法，适应了市场经济条件下的企业经营，不但有利于更加准确地核算企业的资产，而且也简化了核算工作。

4. 成本计算方法由原来的完全成本法改为制造成本法。利用制造成本法使当期净收益和当期销量的关系更加合理，使当期净收益和当期销量相匹配，以此为基础确定的各期经营成果更加合理和真实，并能在一定程度上解决成本核算不实和潜亏的问题，同时也简化了期间费用的分配工作。

5. 确立了资本保全原则。与计划经济时期的缺乏资本概念、投资可以被侵蚀不同，企业合法筹集的资本依法享有经营权，在企业经营期内投资者不得抽回资本，不可随意增减。只有在符合规定的条件，按规定的程序办理增资或减资手续后，方可进行增减资本的处理，以保持企业资产的完整性和稳定性。资本保全原则的确立，是工厂成为真正企业的基础，是建立现代企业制度的起点。

6. 会计信息披露满足更为广泛的需要。会计信息除满足企业主管机关、财政、税务等国家政府部门的需要外，还满足了企业各个方面投资者及潜在投资者、债权人及潜在债权人，以及广大公众等的需要，向他们提供反映经营状况、产权关系、偿债能力和收益分配的各种会计信息。改革会计报表体系，与国际通行的会计报表相一致，规范对外报送的会计报表，主要包括资产负债表、损益表、财务状况变动表或现金流量表。有利于会计信息的统一，有利于国际交流和促进经济的发展。

7. 企业可以选择会计政策。对企业会计制度进行相应的简化，并赋予企业一定的会计核算自主权。会计政策是在企业会计核算时所遵循的具体原则以及企业所采纳的具体会计处理方法。在实际工作中企业应采用哪种方法核算，在我国主要取决于国家法律、法规和国家统一的会计制度的规定。企业可在规定的范围内选择最恰当的会计政策反映其经营成果和财务状况。在选择和使用过程中，不允许滥用会计政策和会计估计及其变更，以防止企业利用会计政策、会计估计及其变更作为操纵利润的手段。

三、会计改革的发展趋势——会计规范的国际协调

2000 年底公布 2001 年 1 月 1 日执行的《企业会计制度》，使会计准则与会计制度并行。会计规范必须能适应我国市场经济发展计对外开放的需要。从这一要求出发，我国的会计规范应该国际化，应尽可能符合国际会计惯例。但同时必须考虑我国国情，我国还必须保留具有中国特色的会计规范，在现阶段，则是使会计制度继续发挥作用。会计制度的执行，为规范我国会计核算行为，真实、完整地反映企业的财务状况、经营成果和现金流量，提高会计信息质量具有深远意义。

自 20 世纪 30 年代以来，世界经济一直朝着日益国际化、全球化方向发展。随着国际经济交流与合作的日益频繁、全球经济一体化进程的加快，企业、国家及区域经济国际化等经济实体扩展形式逐渐演变成经济全球化发展的格局。在经济全球化的进程中，会计作为国际通用商业语言的地位被最终确立下来并逐渐成为经济全球化的前提与基础。全球化的货币资本市场要求贷款人或筹资者提供在国家间可比、相关且可靠的会计信息，跨国公司开展国际经济活动需要全球化的通用会计信息，国际会计报表的合并与外币折算、国际物价变动影响的调整、衍生金融工具以及国际税收的会计处理等会计难题需要进行全球范围的协调与通力合作，进行会计规范的国际协调势在必行。

论科学发展观下的十大会计关系*

王君彩　王保平

科学发展观强调全面、协调和可持续发展，系统阐述了政绩观、人才观和群众观，赋予了我国新时期各项工作新的活力。本文将依照科学发展观对当前会计领域的十大关系的协调与统筹进行初步探讨。

一、国家标准与国际标准的关系

会计标准是维护本国企业经济利益的需要，也是与本国经济发展的特殊历史阶段相适应的，这就是会计标准的国家化。同时，经济全球化必然要求和带动作为商业语言的会计标准的国际化。客观地看，国际会计准则都是以英美等发达国家的会计模式为蓝本的。我国作为一个发展中国家，制定合适的会计准则是完善市场体系、规范市场秩序的关键，因而必须运用全球战略眼光，统筹国内发展和对外开放，保证我国的投资环境具有竞争力，以便吸引更多的直接投资，使我国企业逐渐融入国际资本市场。同时，必须立足于我国经济发展的现实情况，既不放弃主权国家对会计政策的"话语权"，又不忽视经济国际化的客观要求。

对于会计标准的国家化和国际化，必须坚持实事求是，区别对待，分类指导。在对比分析我国会计和国际会计交易对象特点的基础上，对形式和实质都相同的交易事项，可积极借鉴甚至直接套用国际标准；对在发达国家已经普及而在我国尚未发生或处于萌芽、起步阶段的交易事项，应积极准备，待时机成熟时向国际标准靠拢；对形式相同而实质不同的交易事项，应从实际出发进行处理；对国际标准中没有涉及的交易事项，则应专门制定相应的会计标准。同时，应积极参与国际会计准则制定机构的相关事务，促使其更加关注新兴经济并加强与各国的沟通。

---

* 本文发表于《财会月刊》2005 年第 3 期。

二、原则导向与规则导向的关系

原则导向和规则导向孰优孰劣，目前尚无定论。从基本特征看，原则导向有利于国家间会计准则的统一和协调，有利于各国会计标准的兼容和趋同，有利于保持会计标准在执行中的相对稳定性以及防止因过分拘泥于细节而造成的政策的明显漏洞。但是，它对使用环境的要求比较苛刻，如要求从业者具备较扎实的专业知识和较强的判断能力等。而规则导向包括基本规则、例外情况、解释说明和执行指南等多个层次的规范，具有很强的可操作性、实用性和针对性，容易使从业者在对会计处理结论的认识上达成一致。

在我国会计环境下，我们应立足于现实情况，审慎抉择。要在理性认识我国会计环境“三低二弱一强”（市场机制发育成熟度低、会计队伍整体素质低、商品交易与社会诚信度低，会计队伍职业判断能力弱、报表使用者鉴别能力弱，整体会计信息操纵欲望强）的基础上，确立富有一定“弹性”和“柔性”的规则导向模式。这种基于我国国情的规则导向模式是以人为本思想在我国会计准则选择上的体现。它既解决了会计师知识不足的问题，又提高了会计准则的执行效率，提高了会计信息的可比性、可靠性和可验证性，也使得会计报表容易被信息使用者所理解，从而有助于其进行决策。

三、实证研究与规范研究的关系

在会计研究方法上，实证研究和规范研究的主流与非主流之争由来已久。事实上，实证研究与规范研究各有千秋。实证研究回答会计“是什么”，它超脱或排斥了一切价值判断，只考虑建立在现实会计数据基础上的规律探寻；而规范研究则回答会计“应该是什么”，含有价值判断，提出某些准则作为会计处理的标准。实证研究力图用有限的事实去证明普遍命题，过分强调定量化和模型化，经常由于忽略某些“扰动项”而导致研究对象过于简化。同时，由于实证研究完全排除了价值判断而在事实上否认了会计信息的经济后果，所以常常陷入个人偏好所设置的“先入为主”的干扰之中，且往往存在时间滞后性。规范研究则可能忽略了对作为演绎逻辑推理起点的假设或前提的判别和检验，忽视会计信息具有一定的经济后果，不重视影响会计主体行为的因素，缺乏经验支持。

当然，客观地看，二者也是相互依赖、相互渗透的，规范研究要依赖实证研究进行经验检验，实证研究也要依赖规范研究进行分析。单纯依靠某一方法都将导致其自身所无法克服的系统缺陷，并且违背了人的认识过程是从特殊到一般、又从一般到特殊的不断循环往复的客观规律。因此，科学的会计研究观应该是具体问题具体分析，统筹使用两种方法，在会计研究过程中根据研究对象的具体特点来选择具体的研究方法。

通常情况下，单一实证研究法有过于注重定量化和模型化的倾向，而在会计基本理论的研究方面往往强调态度与判断，因而用规范研究法比较适合；在对会计应用领域即对现实问题进行经验研究时，则用实证研究法比较适合。

四、应计基础与现金基础的关系

对一定经营期间收支的确认，应计制强调按照权责发生的时间标准来确认，而现金制则强调按照现金实际收付的时间标准来确认。以权责发生制确认的企业盈亏称为会计利润，而在收付实现制条件下实现的企业盈亏称为企业的现金实力。通常，企业经济效益的提高表现为会计利润的增加和现金实力的增强。就整个企业存续周期而言，会计利润的增加与现金实力的增强应该是一致的。但就一定会计期间来说，会计利润尤其是会计账面利润与现金实力又常常存在一定的时间差异。这种差异的根本产生原因在于，会计利润是以权责发生制为基础，现金流量是以收付实现制为基础，两者在确认的时间上必然存在着一定的差异。

不过，一些企业经常把会计技术作为其实现不当目的的工具，人为扩大和利用这种差异。一般来说，这种差异主要是由于在收入既定的情况下，预提费用、待摊费用、固定资产折旧、无形资产摊提、递延资产处置等使企业的会计利润与现金流量呈反向变化而产生的。然而，从近年来不断发生的上市公司会计舞弊案来看，权责发生制已经在某种意义上成为了一些企业进行盈余管理的工具。

从企业的运行质量来看，对会计利润和现金实力两者的权衡要掌握各自的特点，注意兼顾使用，不可偏废。一味追逐会计利润而无视现金实力，或者单纯讲求现金实力而废除利润指标，都可能会使企业处于两难境地。理智的选择是充分考虑企业所处的发展阶段和有关市场环境等因素，从而做出最优的决策。

就会计标准而言，在处理权责发生制和收付实现制的抉择问题上，有效的途径就是在采用权责发生制的同时，对一些比较特殊且容易造成差异和误解的会计事项明确规定采用收付实现制，以此作为补充来防范企业的造假行为。

五、有形资产与无形资产的关系

企业长期使用但没有实物形态的无形资产（如专利、商标、著作权、土地使用权、非专利技术、商誉等）都能够长期在企业生产、经营、服务等过程中持续发挥作用并带来经济利益。许多企业通过对其所拥有的无形资产合理开发、组织管理和有效利用，取得了较好的经济效益。但从总体来看，我国企业都或多或少地存在着重视有形资产而忽视无形资产的现象。比如，在当前国有企业产权改革过程中，企业的有形资产容易受到人们的关注，而无形资产则相对容易被忽视。国有企业无形资产的流失渠道主要有对以前没有进行会计确认的无形资产不予认可、对已入账核算的无形资产价值严重低估等。这既与无形资产自身无实物载体、无确定标准的特点有关，也与各利益相关主体关注不力、无形资产价值认定困难以及专业监督机制薄弱等有关。

因此，在经营活动中，要善于把无形资产和有形资产进行优化组合配置，品牌、管理和营销机制等无形资产的优势就完全可以去弥补有形资产的不足，整体资产形态的效能就会大大提高；在管理对策上，要建立无形资产管理体系，强化依法保护无形资产的观念，探索无形资产核算的新方法，并将无形资产纳入企业经营业绩考核的视野；在改制重组中，要本着对整体国有资产负责的原则，认真把好每一关，进行扎实深入的无形资产内部审计和全面客观的无形资产专业评估，并对流失的无形资产进行跟踪监督。

六、资本控股和经理控制的关系

对于企业的控制问题，从法律上看无疑是资本的权威控制着企业，而从实质上看则是由内部经理层具体操纵着企业。这种格局就导致了资本控股权与经理控制权之间的博弈。从表面上看，似乎拥有控股权就拥有了所有的权力和利益，其实不然。例如，在合资企业中，不论是对外合资还是境内合作，以前多强调合资必须控股的原则。然而，始终牢牢把握控股权的中方是否真正掌握了企业的控制权呢？答案是否定的。随着 WTO 架构下诸多持股限制的不复存在，市场壁垒将逐步取消，中方要真正在合资企业中掌握控制权，必须依靠自身综合实力的提高。

同时，在控股权与控制权的博弈中，大股东对控股权的争夺也需要引起人们的关注。目前，一些大股东关注的是上市公司的控股权，而忽略了公司自身的发展。相应地，高度分散的股权结构所导致的“弱势股东、强势经理”以及由此带来的“内部人控制”现象，对经济发展都是极为不利的。

七、内部控制与外部监管的关系

构造激励与约束的制衡机制是委托代理关系下的必然产物，也是造就出资人与经理人双赢局面的必由之路。就约束机制而言，以内部控制系统为代表的内部约束和以出资人为代表的外部约束各有分工，二者缺一不可。

企业的正常经营有赖于内部控制制度的有效实施，内部控制系统并不是各种管理制度的简单堆砌，而是纵向监控和横向制约交织为一体的系统。内部控制一般涵盖了控制环境、风险评估、控制措施、信息沟通、监督纠偏等五个有机组成部分。从其功能的有效发挥来看，内部控制强调系统完整，渗透到生产经营和资本经营活动的整个空间、时间范围。这种全过程、全方位的控制措施的触角在纵向延伸到底、在横向延伸到边，既要确保内部控制系统的适用性，又要确保内部控制系统的经济性。企业内部控制的根本宗旨就在于内部控制制度在执行中的有效性。

近年来，企业的内部控制从实际效果看，其关键问题的解决有待突破。学习科学发展观就是要奉行以人为本，分析作为内部控制制度的制定者、执行者以及被控制者的人，从人性出发，控制人性的弱点。从内部控制制度的制定者的行为出发分析，内部控制属于企业内部的一种控制行为，而制定内部控制制度却应该以“外部专家”（即与企业内部某一控制环节没有直接利益关系并在这方面有专门研究的个人或组织）为主，以避免自定内部控制制度使得内部控制结果违背外部控制的规定，也可避免产生对企业职员的控制较为严格而对制定者个人却存在自我控制的盲区的状况。

在强化企业内部控制的同时，外部监管也不可缺少。这种外部监管除了在企业法人治理结构范围内的监督外，主要依赖于出资人的日常监管以及政府有关部门、社会力量的监管。其中，出资人的监管显得尤其重要，主要包括：授权经营约束、资本预算约束、股权管理约束、财务运行约束以及审计监督约束等。他律是自律的基础，一个健康的企业离不开必要的监督，且不能总是事后监督，而应体现在日常监督上，体现于事前、事中和事后的全过程。企业必须在逐步使出资人“到位”的同时，确保监督人“入位”，才能解决内部人“越位”的问题，才能保证企业在以产权关系明确为前提、企业自主经营为主体、外部有效监管为保障的框架下稳步发展。因此，加强对国有企业监管制度的建设，创造性地设计外派监事会、财务总监等监管模式势在必行。

八、财务收益与发展态势的关系

科学发展观强调的是全面、协调、可持续的发展观，办实事、务实效、求实绩的政绩观，人才第一资源、人人皆可成才、人才寓于大众的人才观以及权为民所用、情为民所系、利为民所谋的群众观。具体到财务工作上，协调财务收益与发展态势的关系就显得极为重要。

一般而言，财务收益是企业一定经营期间的运作结果，是盈是亏，直接关系到企业现实财力的强弱。发展态势是企业孕育于目前而展示着未来发展前景的特征。透视企业业绩的方方面面，出资人、经营者和职工的根本利益是一致的，这是一个基本出发点。从科学发展观出发，在公司业绩考核上，需要正确处理财务收益与发展态势的关系，大胆废除滞后指标，改良传统指标，构建企业考核与分析的综合指标体系是大势所趋。社会经济的发展和会计自身的进步使传统财务指标的局限凸显出来，尤其是收益指标容易被人为操纵，不利于真实反映企业的盈利水平。同时，传统经典模式是工业化时代分析企业获利能力的产物，在当今“现金为王”的时代势必会受到冲击。

因此，必须融合传统财务指标与现金流量指标的设计，创建在新经济环境和新经营理念下的财务考核指标体系。既要考核企业在一定时期的盈利能力和偿债能力，又要在把握运营能力的同时，讲究发展潜力，关注企业未来的发展，尤其要关注员工生存质量和企业发展环境。从某种意义上看，这种非财务指标是企业发展态势的生动写照，是对财务信息的有机补充，对企业的影响是更深层次、更大范围的。通过对非财务指标的评估和判断，适当修正和完善考核指标，无疑将有助于构建科学的综合业绩评价体系，主要包括企业领导素质与员工团队意识、主导产品市场份额与高新产品开发能力、技术装备更新与信息处理能力、企业战略目标与持续发展能力等。正确处理和协调财务收益与发展态势的关系，无疑是确保企业能够走上全面、协调和可持续发展道路的关键。

九、规则至上与以人为本的关系

市场经济的两大基石，一是规则，二是信用。规则是一系列用于约束人们行为的法律、法规、制度和办法所组成的体系，而信用是人的品性、德性和精神支柱。市场经济实质上是法治与德治相统一的经济，规则是市场经济的法制基石，信用是市场经济的道德基石。不论是制度规则、执行规则，还是追求坦诚、讲求信用，关键都是在于“人”。因此，以人为本才是真正协调一切关系的精题和灵魂。

会计法律法规等正式规则的确立是市场经济下会计活动的前提条件。当然，客观局势的变化决定了会计规则的缺陷，如难以适应市场经济的多样性，无法完全适应市场经济下利益要求的多样性和利益结果的复杂性等。在这种情况下，活动于人内心深处的非正式制度安排就成为了一种必然的选择。在现实经济生活中，道德约束是十分必要和重要的。信用是道德约束的核心，要求具有独立经济利益的主体在经济往来中讲信用，杜绝欺诈行为，要求以信用为核心来构建道德秩序。市场竞争必须是在规范的经济秩序中进行的，它拒绝欺诈与虚假，排斥投机与取巧，鄙视一切不讲信用的行为。企业是市场竞争的主体，在我国经济过渡时期，影响企业经济效益的因素呈现多样化，企业信用在市场竞争中的地位及其对经济效益的影响日渐突出，并成为一个企业成功、成熟的重要标志。

我国会计处于市场经济发展初期，一个重要而现实的课题摆在我们面前，整顿和规范会计行业活动秩序，归根结底就是要按照规则办事，树立从业者、监督者的信用观念。为此，我们要树立以人为本的思想，推动规范、有序的会计制度体系的形成，制定有利于提高企业竞争能力并与国际接轨的会计标准，加强信用建设，大力提倡遵守规则，使规则至上、以人为本的观念深入人心。

十、国有资产与国有资本的关系

在不断强化国有企业出资人理念的背景下，必须思考国有资产与国有资本在内涵、外延及其使命等诸多方面的区别与联系。

从资产与资本的本来面目看，二者是泾渭分明的。资产是指以实物或货币状态存在的财产和债权，它能够反映所有者的静态财富，但不能反映其与利润之间的动态关系，也即资产具有产生利润的可能，但没有产生利润的必然。资本是可以生产出更多财富的财富，是通过不同形态的循环和周转运动实现利润的资产，其本质特点是通过自身运动而增值，它与利润之间是一种必然的关系。也就是说，资产在被赋予了要求增值、盈利的使命时，就演绎成了资本。我们知道，资本具有增值的基本属性、竞争的市场属性和流动的内在属性，会不断地向行为主体传导市场压力，迫使他们按照市场导向做出运作方式和投资方向上的选择。伴随着连绵不断的流动，资本实现了行业、地域、主体以及形态之间的转移和演变，其增值的性能也就自然孕育其中了。

国有资本是由政府配置的通过不同途径参与资本运动的国有资产，即经营性国有资产。也就是说，国有资产一旦被用于生产经营牟取利润，就自然而然地演绎为国有资本了。这些在第一、第二和第三产业中用于生产经营活动的资产和其他经营性国有资产就构成了国有资本的主体。对于国有资产管理，传统的理解一直局限于对资产实物进行静态保管和使用，而不十分重视对资产价值形态的管理和动态上的把握，普遍缺乏资本经营的观念。即使是在现有市场经济条件下，某些部门也仍然将对资产的保管功能与对资本进行再投入以谋求经济效益的经营功能混为一谈或相提并论。因此，尽管具体改革措施中有了一些促进资本运动的因素，但从总体上看，由于观念的滞后及其他因素，国有资本的理念及其运营亟待进一步强化。

区分国有资本与国有资产的概念，可以帮助我们进一步树立和强化资本经营的观念，确立牢固的国有资本增值理念，建立以搞活资本为中心的改革思路。同时，国家能够更大程度地通过资本流动来调整产业结构，落实产业政策，实施有进有退的战略；还可以对国有企业进行股份制改造，通过对国有资本的控股，使国家可以控制比国有资本更多的资金的运营，从而发挥“乘数效应”，大大增强国家控制经济的能力。

出资者监管框架下的博弈现象探讨*

王君彩　王保平

在国有资本出资者身份日益明确、集中的时代背景下，出资者与经营者的责任边界也日渐明晰了。委托人对代理人的监管活动因为有了不同的责任与利益主体而越来越强烈、越来越深入。出资者监管必然涉及相关主体之间的经济利益、心理活动和管理协调等纷繁复杂的配置与应对。其实，这种人际关系的对抗与接应，是完全遵循博弈法则的。本文将围绕国有独资企业要不要股东的监管、国有控股公司要不要控股股东的监管、会计信息供求、投资决策博弈等企业运营领域的现实乱象，进行博弈理论和机理的阐释。

一、国企股东监管的博弈分析

在两权分离的情况下，为防止经营者严重背离所有者的目标，必须实施有效的财务监督。根据委托代理理论，投资者作为监督人，成为博弈一方，而经营者（包括会计）作为被监督人，成为博弈另一方，双方博弈主要依据便是国家会计制度。当然，会计制度也是政府与社会组织在“多次博弈”后逐步形成的社会契约，随着博弈次数的增加，完善程度也越高，并日渐趋向于纳什均衡。委托人与经理人之间的博弈用博弈树表示如图 1 所示。

所有者先行动，经营者在知道所有者选择后再行动。所有者只有一个策略集，即两种选择［监督、不监督］；经营者有两个策略集，每集又有两种选择［作假、不作假］，从而形成了四个战略组合，分别为：［作假、作假］，［作假、不作假］，［不作假、作假］，［不作假，不作假］。经过分析，此博弈有三个纯战略纳什均衡：［监督，（不作假，作假）］，［监督，（不作假，不作假）］，［不监

---

* 本文发表于《中央财经大学学报》2006 年第 1 期。

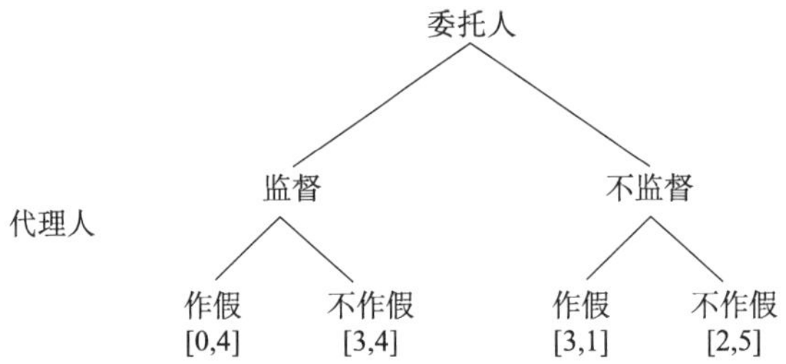

图 1　委托人与代理人的博弈树

督，(作假，作假)]。现在我们来对博弈提炼出的二个纯战略纳什均衡逐个加以分析：

首先，分析组合［不监督，(作假，作假)］。之所以是纳什均衡，是因为在所有者看来，不论自己选择监督或者不监督，经营者一定作假，所有者相信了经营者的这个选择，故不监督是所有者的最优选择。

同理，如果经营者认为所有者选择不监督，在此假设条件下，［作假，作假］是经营者的最优选择。然而，所有者为何要相信经营者的威胁？毕竟，若所有者真的选择监督，经营者的信息集是［作假，不作假］，此时经营者选择作假得到的将是 0 单位的效用，选择不作假则可得到 3 单位的效用，显然，经营者的最佳选择是不作假。如果所有者知道经营者是理性的，则选择监督，迫使经营者选择不作假，自己得到的效用就可以达到 4 单位，而不是选择不监督，让经营者作假，从而使自己得到的效用仅为 1 单位。从博弈观点看，纳什均衡［不监督，(作假，作假)］是难以置信的，因为这是经营者的一个不可置信的威胁战略；经营者的战略是不可置信的，因为如果所有者选择监督，经营者就不会实施威胁。

其次，来研究纳什均衡［监督，(不作假，不作假)］，看起来好像［所有者监督，经营者不作假］是合情合理的，但均衡战略本身并不合理。若所有者选择监督，经营者的信息集是［作假，不作假］，最佳战略是不作假，但若所有者选择不监督，经营者的最佳战略是作假而不是不作假。因此，［不作假，不作假］不是一个可置信战略，也不是经营者的合理战略。

显而易见，只有［监督，(不作假，作假)］才是合理的均衡，因为双方的均衡战略都是合理的。若所有者策略是监督，经营者的最佳策略是不作假；若所有者策略是不监督，经营者的最佳策略就是作假。经过深思熟虑之后，所有者能预见自己的策略对经营者策略的影响，监督就成为所有者的最佳策略。可见，经过多次博弈之后，均衡结果的必然趋势日渐明朗化，即所有者选择监督，经营者选择不作假，所有者可以得到的效用为 4 单位、经营者可以得到的效用为 3 单位。因此，事实上，［监督，（不作假，作假）］是财务监督博弈中唯一的子博弈精炼纳什均衡。这就告诉我们：只有加强财务监督，所有者与经营者之间才能保持一定的均衡状态。

二、控股股东监管的博弈分析

对于在证券市场上扮演公开亮相角色的上市公司而言，近年来对国有大股东的微词颇多，主要是一些控股股东与上市公司之间，没有做到人员、资产、财务的“三分开”，大股东一手遮天，内部人控制下的“一股独大”现象比较严重。我们并不否认这些问题的存在，并应该继续努力改善、改进和改变这种局面。但是，在中国证券市场尚欠规范、“内部人控制”严重、中小股东“有话没法说”的情况下，要通过分析，辩证看待大股东的监管。也就是说，拒绝大股东的“一手遮天”并不等于反对大股东的“严格监管”。为什么大股东要挑起监督经理人的重担呢？我们来简单地分析一下。

考察现代企业制度，“智猪博弈”是大股东和小股民的角色差异和行为差异的绝佳例证。在一个股份公司里面，股东应该承担监督经理的职能。但是监督经理的工作是很不容易的，需要花费很大的精力和很多的时间去搜集信息，并作出分析。一句话，“监督成本”是很高的。但是股东有大有小，别人向一家公司投资一个亿，是这家公司的大股东，你买了这家公司几手股票，也是这家公司的小股东，在法律上，谁也不否认你的说话权。

假定公司运营得好、盈利较多时，分红可能会是运营不太好时的几倍，那么虽然小股东和大股东都希望公司运营得好，但是利益关切程度却相差很远。设想公司运营得好，大股东的分红可以增加 1 千万元，小股东分红可以增加 1 万元。增加 1 万元分红当然是好事，但是如果这需要你密切监督经理的工作才能实现，而密切监督经理的工作，本身的代价就差不多相当于 1 万元，甚至超过 1 万元，那么你就没有多少积极性去密切监督经理们的工作。

对大股东而言，情况就不同了，哪怕花几万元甚至十几万元的代价雇人监督经理的工作，对他也是很值得的：几万元、十几万元代价的监督可以换来近千万元的分红增加，何乐而不为？可见，大股东相当于“智猪博弈”中的大猪，小股东相当于小猪。在大小股东是否密切监督经理工作的博弈中，大股东因为利益攸关会担当起搜集信息和监督经理的责任，小股东也可以因大股东密切监督经理的工作而得益。在我国经济体制改革的进程中，也可以看到搭便车的情况，总是得益最多的一方最乐意力促其成。这是很正常的现象，我们很难因此而责怪谁。

三、会计信息供求的博弈分析

会计信息是企业经济活动中的核心情报，它包括了反映企业价值运动状况的主要数据、资料。会计信息作为一种特殊的商品，也存在着特定的市场供给和市场需求。会计信息使用人，包括投资者、债权人、监管者、企业员工等利害关系人，需要以企业提供的会计信息为依据，做出投资、督导、信贷、服务等经济决策。会计信息的供给方与需求方既密切联系，又相互排斥，会计信息体系正是在两者相互联系、相互影响、相互制约的不断运动过程中实现均衡，并得以发展完善的。

如前所述，会计信息主要是企业对外报送的财务报表及相关资料，既然这些资料都是由企业管理部门所提供的，而管理者出于各种动机（如隐蔽企业机密、节省披露成本、塑造企业形象等），往往不能做到完全、充分地提供信息，从而在会计信息的供给者与需求者之间就产生了“信息不对称”问题。具体表现在供给者知道的信息远远多于信息需求者，即供给者占有优势，而需求者处于劣势。很自然，在效用最大化的驱使下，信息优势方便会利用有利的信息使自己获利，而信息劣势方则会采取各种手段去获取更多的信息，以便做出更为于己有利的决策。在这一信息的隐蔽与搜集、限制与利用的博弈过程中，每一方不仅要考虑到自己可能采取的各种措施，还要考虑到对手可能采用的对策。这就是一个典型的博弈过程。同时，不同信息需求者对信息有着不同的要求，他们分别从各自的利益角度出发，关注信息的某些方面。如：投资者比较关心企业的盈利能力、分红政策及发展前景等状况；债权人更关注企业的偿债能力、资产流动等；监管者更关心企业对国家相关政策法规的执行情况、税收和社会经济影响等方面；供应商关心企业的偿债能力、收益能力、发展潜力等较为全面的信息；企业员工出于自身利益的考虑，会较关注企业有关职工待遇、福利保险等信息。这样，信息供给者与不同的信息需求者之间因侧重点的不同，就具有不同的博弈基础和过程。以下简要地具体分析几种主要博弈情况。

（一）投资者与经营者之间的博弈

先来假定投资者与经营者之间经常呈现非合作博弈状态。面对投资者，经营者可采取两种战略，诚实报告信息或歪曲披露信息；面对经营者，投资者同样有两种战略，购买公司股票或拒绝购买股票。

在这个博弈中，由于信息不对称，假设每个参与人都是在不知道对方所做战略选择的情况下做出自己的战略选择的。首先，我们可以明确地排除［拒买，诚信］和［购买，歪曲］这两种战略。因为，若经营者选诚信，投资者易推断出选择购买更合适；同理，若经营者选歪曲，投资者可推断出选拒买较好。然后，我们来看一下［购买，诚信］战略组合；若投资者选购买，则经营者倾向于选歪曲，而［购买，歪曲］组合如前所述，已被淘汰出局，所以［购买，诚信］组合也被否定了。最后，只剩下［拒买，歪曲］组合了，若经营者选择歪曲，投资者会倾向于拒买，反过来，若投资者选拒买，经营者也倾向于选择歪曲。因而，［拒买，歪曲］是唯一的能在给定其他参与人的战略选择时，每个参与人都能对自己的战略选择满意的一组战略组合。此时，该博弈达到了纳什均衡。

然而，在这个博弈中，［拒买，歪曲］的组合显然不是一个令人满意的结果。这一结果对社会经济的发展显然是不利的，将会导致企业提供虚假的信息，投资者也不购买公司的股票。实际上，［购买，诚信］才是这个博弈的最佳选择，双方都获得了较大的效用，又有利于社会经济的发展。因此需要促使［拒买，歪曲］向［购买，诚信］转化。一般可采用两种措施：一是各参与人达成一项有约束力的协议；二是中央权威机构进行干预，制定有关规章制度，规定信息披露要求，并对违反规定的企业进行处罚。在实际运行中，基本上是采取后一种措施，而且，其效果也较好。另外，从长远角度来研究博弈还有另一种方法，如上述博弈进行了多次，企业经营者总是选择诚信，那么，企业诚实的信息逐渐建立，投资者也会选择购买。

现在来分析投资者与经营者之间合作博弈的状态。现实中合作博弈广泛存在，投资者与经营者通过签订管理合约，产生了委托代理关系。如前所述，契约双方的信息是不对称的，而且双方也有着不同的效用追求。这样，通过代理合约，投资者与经营者的合作博弈便产生了。对经营者而言，其利益与企业所有者利益并不完全一致，因而，经营者的行为有时会背离所有者利益，产生“道德风险”问题。经营者受雇后有两种行为选择：努力与偷懒。假设该企业年度经济状况有两种情况：经营状况好时收益500，经营状况不好时收益250。经营者勤奋工作时，出现收益好的概率是0.6，出现收益差的概率是0.4；经营者偷懒时，出现收益好的概率是0.3，出现收益差的概率是0.7。我们来计算投资者的期望收益（假设投资者给经营者的年报酬是25）。

在勤奋经营时，投资者期望收益为：$0.6\times500+0.4\times250-25=375$

在懒惰经营时，投资者期望收益为：$0.3\times500+0.7\times250-25=300$

显而易见，投资人当然希望经营者努力工作，这样可获得较高的期望收益。但经营者却不一定是这样想的，如果经理人年收入25元为其固定性平均期望收入，经营者可能就不会努力工作，特别是在其收入与工作努力没有直接联系时，经营者一般不会选择勤奋努力而会偷懒，此称为正常的选择。除了上述情况外，所有者有以下方案可供选择：

一是直接监控经营者。若所有者能观察到经营者的行为，并决定在其努力时支付25的报酬，偷懒时仅支付10的报酬，这样，经营者一定会选择努力工作，所有者也可获最大利益375。这就是最佳方案，此时据此订立的合同被称为“最优合同”。但不幸的是由于信息不对称的存在，这种情形在现实中无法实现。

二是间接监控经营者。经营者的努力程度虽然不能直接观察，但对其进行推算是可能的。假设在经营者偷懒、收益差时，企业收益是300，而不是375（因为在经营者偷懒时，企业的收益应该下降）。也就是说，当经营者选择的行为发生变化，企业的收益也会随之变动。通过这种方式，所有者就可观察到经营者的努力程度，从而根据其工作努力程度决定相应的报酬支付方案。

三是把企业租给经营者。若所有者将企业租给经营者，每年收取一定数额的租金。那么，租金应当定为多少呢？假设是375，此时所有者获得了最大收益，而经营者却承担所有的风险，这不符合风险共担的原则，显然经营者不会答应；若租金定为300，此时，经营者获得了最大收益，却是所有者期望收益的最低水平，显然所有者不能接受；把租金定为300与375之间，这个数额比较适中，也符合风险共担的原则，这是双方都能接受的价格水平。租金与300的差额就是所有者承担的损失，也是其所支付的“代理成本”。

四是让经营者分享回报。在“代理合同”中，所有者规定经营者的收入与企业利润挂钩，企业净利润越高，经营者的收入就越多。这种激励机制是较为有效的，但同时也易导致经营者的一些短期行为，片面地追求当前利润而采取对企业长期发展不利的行动方案。

（二）政府与经营者之间的博弈

政府肩负着宏观经济调控与管理的职能，代表国家对企业等微观经济主体行使宏观权利。政府的这一特有职能使其与企业的关系具有特殊性：第一，两者的地位不对等，这是最重要的区别。政府代表国家机器，可对企业行使各种强制权力，而企业对此只能是遵守。第二，政府对企业具有很大的依赖性。政府的主要收入来源是企业上缴的税金，这种依赖关系的存在限制了政府滥用对企业的特权。政府与企业间的这种复杂关系，使两者能进行博弈，达到均衡，现以政府对企业征税为例来说明这一过程。

政府对企业征税有两种选择，或较高税率或较低税率。企业纳税也有两种行为选择，或纳税或偷漏税款，一般说来，高税率条件下依法交税的概率较低，而低税率条件下依法交税的概率则较高。从政府角度看，政府为增加财政收入，显然会选择高税率行为。但观察企业依法交税和偷漏税两种行为在不同税率下的发生概率，不难发现：高税率时，企业为了减轻沉重的税务负担，会冒险选择偷漏税行为：而在低税率下，企业基本有能力承担较低的税负，而选择正常交税。因而，在高税率与低税率之间，政府倾向于选高税率，而企业则希望政府能实行低税率。两者之间的矛盾应如何协调呢？下面，我们再来考虑一下政府实行中等税率的情况。这种适度税率下，企业在有能力承担的条件下，正常交税的概率会提高，偷漏税概率自然降低，从而使政府期望税收收入上升。可见，中等税率情况下，政府收入增加了，企业冒险的概率也大为降低。所以，适度税率是双方都可接受的，这样，政府与企业之间就达到了博弈均衡。

当然，在这一博弈过程中，企业偷漏税自然是不能让政府知道的，而政府税收政策是公开的，即企业知道政府的税收信息，而政府却不知道企业的应对对策，这种信息不对称使得政府很难合理确定适中的税率，只能靠人为地分析和估计。

四、对外投资决策的博弈分析

投资决策是企业经营的重要一步，涉及投资方向、投资目标的确定，对整个投资过程中起着统驭和先导作用。现对投资决策过程中的主要博弈现象分析如下：

（一）股东与经营者之间的博弈

传统投资理论总是假设经营者利益与所有者利益是一致的，只有这样，投资决策才能实现利益最大化。但实践表明经营者往往容易背离委托人意愿去选择那些符合自身利益的投资政策，因为所有者往往看重公司的生存与发展，关心长期内公司未来现金流量的价值，而经营者往往顾及自身工薪收入与执业声誉，倾向于自己任期内旺盛的现金流量，关心任期内投资能否收回与增值，加上有的极富长远价值的投资可能在早期没有收益甚至亏损，有的投资项目，其价值可能不体现在具体收益上，而是体现在企业声誉、总体形象、客户资源、市场份额等整体价值上，而现行业绩评价并未将这些潜在的难以量化的价值考虑进去，使得经营者在确定投资政策时只考虑眼前利益，忽视了长期效益和潜在价值，短期化行为严重，背离了股东的要求和真实利益；从投资风险看，投资者在某一公司的投资收益只是其总收入的一部分，他可以通过分散投资来减少风险，而经营者的大部分收入与其所在公司的成败密切相关，如果投资失败，不仅会使他个人收益受损，还会造成执业声誉下降，影响他未来的求职。而即使投资获得成功，管理者从中获得的收益与股东相比要少得多，因而他回避风险的动机更为强烈，在制定政策时往往较为保守，对于可以增加股东财富但同时增大风险的方案多采取回避态度。

由此可见，所有者和经营者由于各自利益和价值取向的不同，造成了投资政策的倾向不同，投资政策确定的过程就是双方博弈的过程，由于信息不对称的客观存在，经营者往往借助信息资源优势直接主导投资政策，因而股东必须通过设计适当的激励和约束机制，将投资效益与管理者的报酬和责任直接挂钩，使经营者个人利益与股东利益协调起来，采取激励措施的指导思想是既让经营者分享超额盈余，又要让经营者承担与决策有关的风险。

（二）债权人与股东、经营者之间的博弈

债权人给企业提供资金的目的是到期收回本息，他更关注资金的安全性而不是盈利性，公司的投资决策成功与否直接关系到企业财务状况的稳定和经营业绩的好坏，关系到债权人的切身利益；而企业借入资金的目的是利用低成本的借款

增加每股收益，他们更看重资金的盈利能力，因此企业与债权人之间就发生了矛盾。此时，股东与经营者往往站在一起，共同与债权人进行利益的争夺，他们一方面倾向于投资高风险、高收益的项目，投资成功的收益由企业独享，如果投资失败，公司无力偿债，债权人与股东将共同承担由此造成的损失。尽管破产法规定债权人优先于股东分配破产财产，但多数情况下破产财产不足以偿债；另一方面，股东为了提高公司利润，不征得债权人同意，而迫使管理当局发行新债，加大了公司负债率，使破产可能性增加；如果企业破产，旧债权人和新债权人要共同分配破产后的财产，使旧债权人的风险增加，价值下降，从而使旧债权人蒙受损失。信息不对称一般总使债权人处于被动地位，出于对自身利益的保护，债权人往往通过间接手段如在借款合同中设定一些条款等影响与制约企业的投资政策。

（三）政府与股东、经营者之间的博弈

政府作为宏观调控者，虽然不直接参与投资政策的确定，但它关心企业的投资方向是否符合产业发展政策，是否改善社会就业状况、保护生态平衡、扩大出口创汇，是否促进社会技术进步等。而企业往往考虑得比较单一，即投资收益最大化。这样，政府与企业之间就发生了矛盾。虽然政府利用税收、信贷、利率等宏观调控手段和法律手段间接影响企业的投资政策，引导和鼓励企业投资于对国家、对企业自身都有利的项目，但政府还需进一步协调与企业之间的矛盾，最终使彼此的博弈达到均衡。

从以上论述可以看出，投资政策制定过程就是各方不断协调利益的博弈过程，各方都尽力利用能掌握的手段来影响投资政策的制定，使它最终符合自身的利益，博弈的最终结果就是达到一种均衡的状态——帕累托最优状态，即各方都不能在损害别人利益的情况下增大自己的利益，投资决策尽可能实现各方利益的均衡化。

第二篇 企业制度演化与会计审计相应发展

现代企业的经营管理包含两个基本问题：一个是经营问题，另一个是管理问题。“经营”就是关注企业中的“事”，而管理则是涉及企业中“人”的问题，“经营”和“管理”的内在关联也就构成了组织进化的基本逻辑，进而驱动企业战略目标的实现。

针对企业的制度演化进程，王君彩教授的研究集中在：根据代理问题研究国有企业集团投资层次过多、链条过长的积极效应和负面效应；关于会计信息失真的原因分析和对策；关于国有企业和商业银行新型关系的探讨；关于现代企业制度和企业会计制度创新的探讨；关于我国会计准则和会计制度互动关系的分析以及会计准则制定基础；从经济后果观谈会计准则的制定；中小企业融资问题；国际企业集团经营报告面临的问题；注册会计师责任保险；企业控制权问题；内部控制的相关问题；等等。本篇摘要汇编 12 篇论文。

关于国有企业集团投资链条冗长衍生问题的初步研究：来自 OR 集团的证据*

王君彩　王保平

任何一个企业集团，在其生存和发展进程中，始终存在着对外投资的横向扩张（即多元化投资）和纵向延伸（即多层级延伸）现象。学者们已对多元化投资的利弊得失进行了一定的实证研究，人们也从众多知名企业由于过度多元化而“猝死”中得到启迪，并逐步形成共识，即适度集中于主导优势产业，构建能支撑企业基业长青的核心竞争力，才是企业集团长盛不衰之路。而关于投资链条纵向延伸即多层级问题，则更加复杂和隐蔽一些，尽管也偶见一些顺带之笔，但精辟专注者不多。对投资链条冗长的衍生问题进行比较系统、深入的分析，探求适度的纵向组织层级问题显然是一个值得探索的课题。

一、引言与分析基础

现代经济理论认为，随着社会分工的细化，当委托别人代为生产经营的所得收益在扣除必要代理成本后的净收益大于自己亲自出马的所得收益时，委托人与代理人都会由此获利，委托代理关系自然就会产生。委托代理理论认为，委托人授权代理人为增进自身利益而从事经营活动，代理人则从代理活动中得到一定报酬，由此形成一个委托代理契约。当然，代理人的“经济人”本能会引发自利行为，即代理人也是自身效用最大化的追求者，并不总是以委托人最大利益作为自己行为的最高准则，代理经济始终面临着“道德风险”和“逆向选择”。对委托人而言，为增进自身利益，要使代理人的目标偏离得到最大可能的“矫正”，就需要设置恰当的激励机制，并配套监督措施来限制代理人的“变异”行为。委托

* 本文发表于《会计研究》2008 年第 1 期。

人发生的监督成本、守信成本以及剩余损失都是代理成本。进一步的分析还发现，在由初始委托人到最终代理人的整个代理链条中，每多一个代理环节，由初级产权所产生的原动力就会衰减一次，到最终代理人那里可能所剩无几，其代理的风险与损失也随之越来越大（张维迎，2000）。

学者们从上市公司的角度出发，早已关注了公司中的代理问题。自 Berle 和 Means 在 1932 年通过其专著《现代公司和私有财产》开启了公司治理研究中股权结构及其集中程度对企业价值影响的话题之后，许多研究人员通过对美国市场的观察，发现上市公司的所有权趋于分散后，控制权掌握在了代理人手中，而他们的利益与外部股东并不一致，这种冲突加大了代理成本，降低了公司价值。Jensen 和 Meckling（1976）指出，由于股份公司内部持股股东与外部股东利益不完全一致，会产生代理成本，而这是导致公司价值无法最大化的最根本原因。研究也发现，随着内部人持股比例的上升，他们的利益与外部股东趋于一致，代理成本下降，公司价值提高。此后，学者们在股权结构、控制权结构等领域不断有新的发现，其中 La Porta 等人（1999）研究上市公司现金流权与控制权分离现象后，发现此类公司在投资项目、规模扩张以及控制权转移方面的代理成本，就是实质控股股东常常为掠取控制权私人收益（private benefits of control）而对中小股东进行利益侵害。国内苏启林和朱文（2003）、邓建平和曾勇（2005）、谷祺等（2006）也先后对中国家族企业控制的上市公司的现金流权、控制权、现金流权与控制权分离等问题进行了研究，发现普遍存在着私人公司通过金字塔结构、交叉持股、双重持股来构建一个复杂的投资链条以控制上市公司，谋取控制权私人收益，从而增大上市公司的代理成本。Jensen 和 Meckling（1976）从代理理论、企业理论和财务理论的结合视角，研究和开创了企业代理成本理论，他们指出，其中对于绝对代理成本的计量，必须以零代理成本为参照，即以一家经理人与所有人具有全部同一性（即 100% 持股）的公司（即私人公司）作为对比基础。国内平新乔等（2003）通过建立模型，采集综合统计数据，对国企一般性代理成本进行了经验研究。不过，现有文献的计量分析主要侧重于一般性代理成本分析，而没有涉及代理链条延长与代理成本相关性的分析。此外，这些研究大多是基于上市公司背景的，而对在国有资本控制下的非股份制公司，情况则有所不同。

本文认为，国有企业的代理成本同样由委托人监督成本、代理人守信成本和剩余损失等三部分组成，其特定内涵与外延则需要具体分析：所谓委托人监督成本，是为了满足委托人计量或观察代理人行为的必要成本，以及对代理人实施必要控制所发生的成本。比如，为了监督和考核不同层次国有企业的代理人行为及经营业绩，在政府层面，可以说是多架机器同时运转，各级政府专设国资监管机构进行监督与管理，设立审计机关进行专门审计；各级党委也要通过组织纪检机关进行监控。与此同时，基于这种行政管制的惯性需要，国有企业集团总部甚至于二级企业或三级企业也同样上行下效地存在着这些花样翻新的监督系统；此外，大大小小的公司内部还要依法设立董事会和监事会。在这种制度安排下，每一层面的国有企业，都不可避免地承载着数额不菲、名目繁多的委托人监督成本。在国有企业集团金字塔链条下端的企业需要经常性地接待和应对来自其上级的带有行政约束力的各种检查、考核、督导、审计甚至评比达标活动，势必会发生相应的人力、物力和财力耗费，如会议、材料、接待、往来等活动，所支出的费用支出都无一例外地计入企业法人的运行成本。所谓代理人守信成本，常常表现为代理人实施自我约束，以保证为委托人利益尽职勤勉的必要费用。如企业定期或专项需要聘请社会中介机构进行财务报表审计的费用、进行资产评估的费用，企业对各层次经理和主管人员的权限进行约束的成本，以及在企业日常经营活动中针对销售回款、采购付款、投资、贷款、担保等现金流入与流出环节设立控制流程、实施控制程序的相应成本；如对会计与出纳、审批与执行等不相容岗位实施职责分离、对重大事项实施集体会签或逐层上报审批等制度。消耗于这些环节的成本通常也需要计入企业的运行费用。所谓委托人剩余损失，指委托人因代理人进行决策而产生的一种价值损失，即代理人决策和委托人在具有代理人信息和才能情况下采取效用最大化决策之间的价值差异。这项剩余损失，既包括显性损失，如各层次代理人在职公款消费以及由于领导决策失误或内部控制缺陷而造成的损失；又包括隐性损失，如代理人偷懒怠慢，生产技术水平不高或营销手段落后而导致市场份额萎缩所造成的损失。可以说，这种剩余损失在经济上是难以直接计量和观察的，却经常导致更加严重的负面影响。

结合国有企业集团投资链条环境下能够计量与观察到的代理成本问题，上述分析侧重于一个概念化框架，计算绝对代理成本几乎是不可能的，当然，本文也没有采用 James 等（2000）的管理费用评价概念。我们将从多个方面综合判断其代理成本高低：选择集团旗下三家主业均为外贸、下属层级互不相同的公司，综合比较其年度管理费用、经营费用和各类奖金汇总计算的综合经营成本总额与出口创汇产出比率的差异，以此代表投资链条长短对代理成本高低的相关影响；对集团旗下不同层级下企业投资决策规范差异、投资收益差异的分析来判断投资链条过长的负面影响；同时，还将通过对集团旗下不同层级企业的贷款担保风险与官僚风险等权责失衡态势、不同层级企业出资者监管与公司治理态势的差异，以及其他外部负面溢出效应的分析来综合评价由于投资链条层级不同而表现的不同代理成本问题。也就是说，本文拟着眼于相对成本的差异比较来判断国有企业集团投资链条冗长所衍生的种种问题。我们相信，作为一种次优选择，这种相对成本理念也能在一定程度上解释和披露投资链条过度延伸而衍生的问题。

二、框架设定及样本选择

本文将研究视角锁定在直接体现国有资本出资者职能的国有企业集团层面，通过能够获取内部深度资料的国有企业集团公司主体，对属于非上市公司范围内国有资本代理链条问题进行案例研究（case study）。这主要是基于研究的目标集中性与案例研究的可获得性考虑。本文选取了浙江省国资委下属的 OR 集团为研究样本，资料来源分成两类，其一是尽可能利用从集团总部所掌握的相关财务数据、投资信息和管理情况；其二是在对此类数据进行整理和分析的同时，本着对投资链条上各层级公司相关问题尽可能量化测度的思路，设计了专门设想问卷，并通过该集团总部统一发放和回收，所有调查表由被调查企业遵循问卷打分标准对照核实填写，集团财务部专人协助审核。通过集团投资管理部与财务部的配合，我们对第二层公司发放问卷 15 份、回收 15 份，第三层公司发放问卷 20 份、回收 17 份，第四层公司发放问卷 50 份、回收 21 份。在收回问卷的初始阶段，项目研究组现场抽查了其中 70% 的回收问卷。之后，我们与身处该集团不同层面的投资、财务、企管人士以及部分董事长、总经理等进行了多视角的沟通与座谈。研究工作的整体推进严格依照规范的逻辑思维模式，采用科学归纳法，通过调查、观察及核查，对事件材料进行比较分析，探求某个现象背后的原因，从中发现隐藏在偶然现象背后的必然规律，在探索某类部分对象与其属性之间因果联系的基础上，通过不完全归纳和推理来概括出初步结论，寻求出国有企业集团过长投资链条所引发问题的基本轮廓，为将来探求适度投资层次问题奠定可能的基础。

在研究思路上，我们主要是基于经济学与管理学的理论考虑，即在市场交易和企业运营中，由于代理成本增加和控制半径延长而可能衍生的效率损失。同时，也考虑到我国现实国有企业集团框架下的社会学和政治学解释。比如，在经济转轨和社会转型的背景下，国有企业投资领域所隐蔽的事关社会稳定、人际关系、传统文化的内生现象。我们期待此类定性研究能为后续的大样本研究提供基础性的假设。

OR 集团是 1998 年在政府主导下，以由原省级外贸公司改制上市的 OR 股份公司为主体，吸收合并相关国企组建的，现为省级国有资产授权营运机构。随着企业的快速扩张，子孙公司层出不穷。到 2003 年年底，OR 集团旗下拥有子公司 38 家，其中全资 8 家、绝对控股 4 家、相对控股 3 家（含在沪上市的 OR 股份）、参股 23 家；通过子公司持有的孙公司 65 家，其中全资 8 家、绝对控股 24 家、相对控股 13 家、参股 20 家；处于第四层级的曾孙公司多达 235 家，其中全资 10 家、绝对控股 45 家、相对控股 75 家、参股 115 家。这些第四层级的公司也同样存在对外投资。其投资关系的顶部区域描绘见图 1。

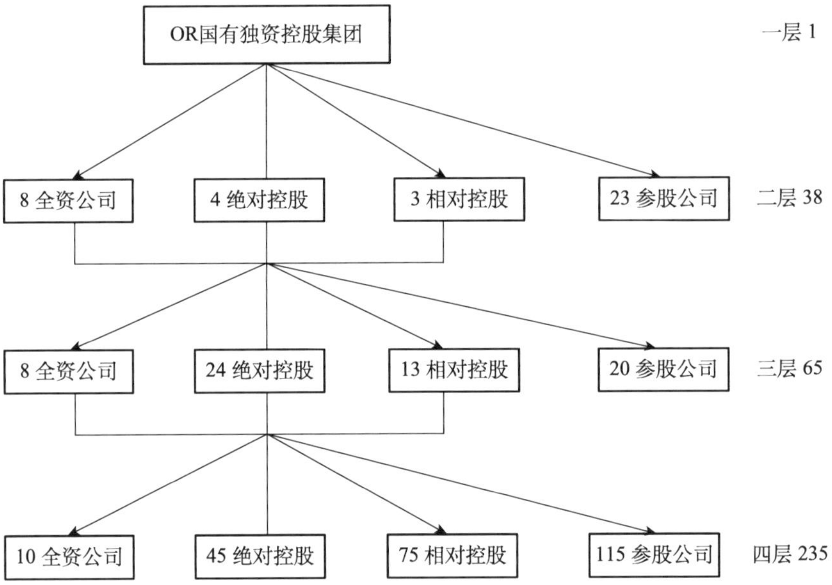

图 1　OR 集团股权投资企业组织示意图

OR 集团对第四层之下法人繁衍情况难以掌握，对所有子、孙公司对外参股企业的投资情况也知之甚少。据 OR 集团为此曾经做过的专项调查反映，总层级至少在 6 层以上，旗下直接或间接存在资本关系的公司至少在 300 家以上。如果将这种投资链条绘成图形，呈现集团 1 家、二层 38 家、三层 65 家、四层 235 家的金字塔形状。

三、投资链条冗长所产生的主要问题

数据分析认为，随着投资赶“潮”追“风”所形成的投资链条非理性延伸，OR集团图谋“做大做强”的计划并未实质性地得到实现，在总户数、总资产快速增长的同时，其盈利能力、竞争能力和发展能力并未相应提升，而随之衍生的负面效应却渐进强烈。

（一）过长投资链条，迅速引起经营成本的裂变

选定OR集团下属三家主营外贸的子公司数据来分析其经营成本。四年前的经营规模、资产家底、管理团队相近，但其投资上各有其招：光明公司致力于内部作精作强，实行经营部门模拟考核制度；而飞达公司先后以原5个部为基础分别设立了国有控股、经理持股、骨干参股的五家子公司；湖光公司则不仅把原来5个部分别升格为国有控股、职工持股的五家子公司，而且各专业子公司又纷纷负债收购了产品生产厂家，大大小小变成了10个法人单位。经过组织层级的变化，绩效、成本开始逐年拉开距离，同样的国有资本，其负担的管理费用、激励成本也不同。三家公司在2002年的相关数据整理见表1。

表1　　2002年OR集团下属三家公司单位创汇成本比较分析表

对比单位	管理机构	非经营岗位职工（人）	经营岗位职工（人）	职工合计（人）	出口创汇额（万美元）	管理费用（万元）	经营费用（万元）	各类奖金（万元）	代理成本总额（万元）	人均创汇额（万美元）	单位创汇成本（元）
光明公司	1	13	45	58	2951	401	302	303	1006	50.9	34.09
飞达公司	6	37	56	93	3200	383	367	408	1158	34.4	36.19
湖光公司	10	65	91	156	3735	467	458	509	1434	23.9	38.39
合计	17	115	192	307	9886	1251	1127	1220	3598	32.2	36.37

通过此表，相关成本差异一目了然：按管理费用、经营费用和各类奖金汇总计算的经营成本总额（分别为1006万元、1158万元、1434万元）、人均创汇数额（分别为50.9万美元、34.4万美元和23.9万美元）、单位创汇成本（分别为34.09元、36.19元和38.39元）都出现了强烈的反差。尤其是湖光公司，由于投

资链条随着公司层次的增加而延长了2层，管理机构总数从1个增加到10个，直接导致其创汇成本高达38.39元。很显然，对二层结构的光明公司、三层结构的飞达公司和四层结构的湖光公司而言，随着投资层次的增加，其人均创汇呈现下降趋势，每美元创汇的综合成本呈现逐级上涨趋势。

（二）过长投资链条，容易诱导投资态势的混沌

1. 投资决策随意性浓烈。为描述投资决策质量，我们选取投资项目“论证独立性”和“决策规范性”为测度指标，计算其描述性统计指标见表2。从投资论证独立性测度指标的均值看，第二层、第二层和第四层公司分别为39.63、20.95、26.47，其规范决策性测度指标的均值分别为47.50、34.28、35.88，结合各层级公司在独立论证和规范决策方面的中位数、标准差、最大值和最小值指标来看，在投资链条的不同层级上，其投资决策的论证独立性和程序规范性存在着明显的差距，即层级越多，则其相应的性能指标越差。不仅如此，随着投资层级的加长，在独立性减弱、规范性降低的同时，其标准差越大，指标分离度越高，表明越是金字塔末端的企业，独立性越弱、规范性越低。同时，即使是同一级的末端企业，相互之间也在论证独立性和决策规范性方面存在着显著差异，公司间有时处于强烈的反差状态。

表2　　2002—2003年OR集团旗下公司投资决策态势测度表

测度指标	测度对象	样本数	均值	中位数	标准差	最小值	最大值
独立论证	第二层公司	14	39.64	40	16.53	35	45
	第三层公司	17	20.95	35	62.75	0	45
	第四层公司	21	26.47	25	50.79	0	35
规范决策	第二层公司	14	47.50	47	22.08	40	55
	第三层公司	17	34.28	35	58.40	0	55
	第四层公司	21	35.88	40	72.55	0	55

分析认为，一些末端公司对外投资普遍没有进行独立、科学、严谨的可行性论证，有时仅凭公司领导主观臆断或公司领导先定“调子”，投资部门后凑“数字”进行所谓论证；越是处于末端的公司，越普遍地存在着各种“面子”项目、“人情”投资和“政绩”工程。在低层企业，经常会按上级企业意愿“点名式”被动投资，越是底端企业，其投资决策的程序性、投资论证的严谨性、投资调查的独立性越差。同时，越是四、五级末端的公司，常常是经理个人一时冲动而设

立，行业涉足五花八门，如洗衣店、面包房、餐饮业与杂货店等，没有比较优势和投资效益。

2. 投资企业运营无效性明显。在体现企业运营质量方面，本文选取企业运营“营业正常度”“投资分红比”“审计师意见”为测度指标，计算其描述性统计指标见表3。从营业实现程度看，第二层、第三层和第四层公司分别为27.86、21.47、19.50，表明在按照投资论证能够实质性开展营业活动的能力方面，越靠近投资母体的下属公司，其情况越好；从投资分红比看，第二层、第三层和第四层公司分别为30.00、27.06、26.67，表明年度内以现金形式上交投资主体收益分红的情况，没有太大的差距，但据反映，越是末端企业，固定比例或固定数额上交利润的情况越普遍，即不论绩效如何，事前确定上交分红指标，这种投资收益的“硬伤”现象是值得注意的；从审计师意见的均值看，第二层、第三层和第四层公司分别为20.00、10.29、9.76，表明越是处于投资末端企业，中介机构的认可度相对越低。

表3　　2002—2003年OR集团旗下公司运营态势测度表

测度指标	测度对象	样本数	均值	中位数	标准差	最小值	最大值
营业正常度	第二层公司	14	27.86	30	28.91	15	35
	第三层公司	17	21.47	20	29.80	15	35
	第四层公司	21	19.50	20	37.72	0	30
投资分红比	第二层公司	14	30.00	30	31.62	20	40
	第三层公司	17	27.06	30	30.85	20	40
	第四层公司	21	26.67	30	35.45	20	40
审计师意见	第二层公司	14	20.00	20	37.42	10	30
	第三层公司	17	10.29	10	40.90	0	30
	第四层公司	21	9.76	10	49.22	0	30

访谈掌握的信息，使我们有理由认为，许多投资企业尤其是第四、五层级公司，基本上是个别内部人控制，出资者在子公司权力结构中缺乏决策权，或实际经营权旁落他人。据对出资在2000万元以上的三户参股企业调查，OR集团或者持股较少而没有资格参与决策和管理，或者出席年度董事会也是例行公事，不能实质性地掌握企业运营，而所投资的企业尽管资本规模不小，但主业不明，先后在四年间重点投资过房地产、证券业，兼并过三家生产厂，由于战线越拉越长，主业更换频繁，内部管理混乱，并没有产生效益，“馅饼”变成“陷阱”，经营困

境也越陷越深。

（三）过长投资链条，蕴藏着权责失衡的风险

1. 货款保证人风险。提供经济担保自然存在着潜在风险。OR 集团与下属企业相关担保情况见表 4。

表 4　　2001—2003 年年底 OR 集团与下属企业经济担保情况表　　金额单位：万元

项目	母公司（一级）					子公司（第二层）		孙公司（第三层）		曾孙公司（第四层）		
	对子公司担保	对孙公司担保	对曾孙公司担保	接受子公司担保	接受孙公司担保	对母公司担保	对孙公司担保	接受母公司担保	对曾孙公司担保	接受母公司担保	接受子公司担保	接受孙公司担保
2001 年	45030	35897	86540	35000	0	35000	65000	50300	45000	65000	12000	25000
2002 年	48270	39850	87600	45000	0	45000	68000	48270	39800	68000	13000	26000
2003 年	48690	40000	89600	39800	0	39800	75000	48690	25000	75000	17500	35000
三年平均	47330	38580	87933	49933	0	49933	69333	49087	33660	69333	14166	28667

从表 4 可见，随着层级延伸，集团作为出资人肩负的担保责任与享有的股权利益越来越不对称，母公司对子公司（第二层）提供担保额为 47330 万元、对孙公司（第三层）提供担保额为 38580 万元、对曾孙（第四层）公司提供担保额为 87933 万元，而接受其子公司提供的担保仅 49933 万元，孙公司及其下属企业通常不可能对母公司提供担保。这样，担保风险集中于集团总部，收益与风险不对等。

2. 管理官僚化风险。一些扩张极为迅速的企业，在传统经营业务切块交给下层企业后，自身则只承担所谓结汇、核销、会计、劳资等管理工作，大有演变为第二层甚至第三层集团公司的势头。中间层次企业的集团化，在对外形象增加所谓“光彩”的同时，已经内生了严重的隐患，无疑增添了出资人与经营主体之间的层次，影响了运营效率，加大了经营成本。

（四）过长投资链条，容易滋生监管缺位的祸患

在体现公司监管与治理方面，选取企业运营“母公司财务集中控制”“董事与经理分离度”“监事会独立”为测度指标，计算其描述性统计指标见表 5。从

投资主体对下属公司的财务控制度来看，第二层、第三层和第四层公司的均值分别为24.29、16.47和19.05；从董事经理重合度来看，第二层、第三层和第四层公司的均值分别为18.57、12.94和11.00；从监事会监管独立性看，第二层、第三层和第四层公司的均值分别为11.75、9.71和5.00，表明整体监管情况都处于一种低效率状态。

表5　　2002—2003年集团旗下公司监管与治理态势测度表

测度指标	测度对象公司	样本数	均值	中位数	标准差	最小值	最大值
母体财务控制度	第二层公司	14	24.29	20	30.71	20	40
	第三层公司	17	16.47	20	31.43	0	20
	第四层公司	21	19.05	20	52.73	0	40
董事经理分离度	第二层公司	14	18.57	20	4.31	10	30
	第三层公司	17	12.94	10	18.76	10.00	20
	第四层公司	21	11.00	10	35.58	10	30
监事独立监管度	第二层公司	17	11.75	15	43.36	0	30
	第三层公司	21	9.71	0	47.15	0	30
	第四层公司	21	5.00	0	32.40	0	15

2003年，OR集团曾集中组织了特定目的审计，其中本部和二层企业全面审计、三层企业抽审70%、四层企业抽审50%、五层企业抽审30%，共查出被审企业资产不实2.5亿元、权益不实1.52亿元、利润不实1.5亿元。其中，虚盈实亏的19家企业中，越是投资链条末端的企业，其发案率越高；我们追踪分析表明，人为操纵利润现象的发生比例分别为第一层0、第二层8%、第三层21%、第四层29%，第五层竟然高达42%。可见，越是远离集团母体的企业，其会计信息失真现象越多。另外，在专项审计中发现的账外账问题，亦有四分之三发生在第三、第四层次，多头开户、多套立账、收入多渠道分流、开支多层次划分，多套账表同时存在等混乱现象，随着企业投资链条的加长而随之趋于严重。

（五）过长投资链条，容易造成溢出效应的畸形

在产权改制中，不少企业原先的经营层都先后持有了改制后企业的控股权，而国有资本则成为参与性股份。我们发现，个别国有公司原来的经理层在改制之后持续发生资本运营性动作，他们通过“体外公司”或类似于“特殊目的实体”

（SPE）的操作平台，产生了改制后公司控制权与现金流权的明显分离。这类原公司的管理层在披着合法外衣变成控制人后，可以用较少的现金流权而掌握较大的控制权，自身利益与其他外部股东包括国有股东逐渐分离，因而导致更大的代理成本。通过关联交易与担保等内外勾结方式，采用“明修栈道，暗度陈仓”的“隧道挖掘”行为，直接损害包括国有股东在内的外部股东的权益。调查了解到，一家第四层国有企业，通过改制变成原经理个人控制的企业，个人拥有股份150万元（实际现金出资80万元），通过压缩国有资本份额（股转债后挂账免费使用3年），实质控制高达2500万元左右，连续三年实际其个人现金分红即达230万元。可见，某些末端企业的非国有股份，其现金流权和盈利支配权之间的关系接近1∶1，无疑是国有资本“为他人做嫁妆”的现实版本。

四、初步思考与相关建议

（一）投资链条冗长的产生背景

追溯调查认为，导致国有资本框架下投资链条冗长的原因可谓多种多样，除了将对外股权投资作为其规模扩张、寻求发展的“救命稻草”，在上行下效的模式下形成一层一层的投资链条外，一些特殊情况也值得关注：一是政府在追求企业“做大做强”过程中，主张通过企业合并来培育大集团，而这种行政主导性的非市场化合并如果没有真正将产业资源、资产负债、人员组织完全整合融为一体，结果就会在原有各自实体运转的基础上，增添了一个形式上的持股性集团法人；二是一些企业内部在改制进程中，为追求所谓“做专做精”而将企业内部的二级业务机构通过国有控股、个人参股形式变成独立企业法人，原来的公司却不再是经营性实体，而蜕变成了管理性机构；三是一些原先的政府机构成建制改为总公司或集团公司，存在着先有子孙公司，后有集团总部的情况，历史传承的管理链条过长，二级、三级甚至四级更低层级法人偏多的现象根深蒂固。

（二）初步研究的政策建议

基于本文的研究结论，建议适度缩短投资链条。从目前的情况看，需要国有企业集团对其越来越长的投资链条实施“瘦身”，大刀阔斧地裁减中低经营组织层级，将原有6—7层的金字塔结构压缩为2—3层的扁平式组织结构，以第二层企业为经营实体，对可以构成主导产业的核心领域可适当设立第三层企业，但一般情况下，均不得设立层次更低的企业。基于这种思路的现实选择是，对与整个企业集团优势产业或主导产业关联度极低的链条末梢公司，应完全放弃股份，实现彻底脱钩；而对于产业相关度高、增长潜力好的公司，应通过适当的股权重组，收编整合成为二、三层级企业。通过这种剥离与收编，在适度的国有资本投资链条框架下，真正打造出最优化的国有企业集团控制力、影响力和带动力。

关于会计信息失真原因及对策的研究*

王柯敬　王君彩

管理的作用尽人皆知，作为管理活动重要组成部分的企业会计工作，对企业的主要经济效益指标的形成、反映，担负着重要的职能。面对改革开放的新形势，我们强调其预测、决策、控制功能（笔者也发表过这方面的言论），无疑是对的。但是，忽视其应有的反映、监督作用，却酿成了苦果。

本文拟从管理体制上研究探索会计信息失真的现状与成因，并试图提出改革设想。

一

从我国建立社会主义经济制度的时候起，我们就建立了相应的、严密的企业会计制度。尽管在历史上有过曲折，但从总体上讲，通过不懈的努力，我们建立了由国家财政部门、地方财政部门，到企业主管部门的财务工作部门和企业的财务会计部门，这样一个完整的组织系统。在企业内部经营管理信息系统中，会计信息是最严密、可靠的。每处理一笔会计业公务，都有规章制度作为依据，每一笔业务都要留下各种凭证、记录。会计科目由财政或企业主管部门规定，记账、核算有一套完整科学的方法。

可是，近些年来的现实情况，却向人们敲起警钟。原来认为最可靠的，变得值得怀疑了，本应最真实的，却常常是虚假的。会计信息失真，已经不是个别企业的个别现象了。据财政部公布，在 1985 年至 1990 年的税收、财务、物价大检查中，全国共查出各种违纪金额 664 亿元（见 1991 年 8 月 20 日《人民日报》）。1991 年 12 月底，又查出应交违纪金额 54. 1 亿元（见 1992 年 1 月 16 日《人民日

---

* 本文发表于《中央财政金融学院学报》1992 年第 3 期。

报》）。据分析，每年大检查中所查出的问题，一般只占被查企业存在问题的一部分，有的问题被掩盖了没有查出。如个旧市磷化工总厂，1988 年获省级先进企业称号，1989 年晋升国家二级企业，1991 年却查出该厂在 1988 年至 1990 年 12 月的三年中，违反财经纪律总金额为 201 万元，其中漏税 101 万元（见 1991 年 12 月 25 日《光明日报》）。在财务大检查中，有时检查出问题，往往有某上级单位指示，领导人的批示，种种原因致使未能作为问题处理。同时，在大检查视野以外，存在的问题还很多，有些情节更严重、金额更大。因此，实际存在的违纪问题，不论从范围上，还是从规模上，都比公布的要严重得多。

上面论及的违纪问题，多属于侵占应上缴国家收入和企业积累。事实上，还存在另一种类型的作假，那就是为了完成利税指标，骗取工效挂钩工资，通过会计处理，掩盖企业的亏损，即所谓“潜亏”。据财政部工交司典型调查，在 257 户工业企业中，有潜亏的 202 户，占户数的 78.6%，它们 1990 年年末累计潜亏总额为 13.65 亿元，为同期账面亏损 7.5 亿元的 1.8 倍。按此估算，1990 年全国国营工业企业共有潜亏 500 多亿元（见《财政》1991 年第 10 期）。

财政部在全国税收、财务、物价大检查中发现，60%—70% 的违纪金额是会计在账面上做了手脚的（见 1991 年 8 月 20 日《人民日报》）。在一部分单位，为了个人或小团体的利益，似乎一切戒律都可以破，一切手段都可以用。现列举几种：

第一，从乱挤成本到倒轧成本，成本变成可以随便捏的软面团。企业的产品成本是在生产耗费记录的基础上，根据国家规定的口径和科学方法核算出来的一个重要经济指标。它不仅是计算企业经营成果的依据，而且是计算国民收入、制定产品价格的基础。可是，有 70% 左右的企业，都存在不同程度的乱挤成本问题。主要表现有：不顾国家规定，把本来属于职工福利基金、职工奖励基金或企业留利开支的项目挤入成本。无视会计原则，有的把不相关，甚至未用的材料费用，把基建工程用料、贷款利息也挤了进来，有的则相反，把生产耗费转入专项工程，采用不提或少提折旧、大修理费用的手段掩盖亏损，有的不顾党纪国法，请客送礼、行贿，并巧立名目打进成本。更有甚者，有的承包者以完成承包指标为目标，令会计人员倒轧成本。现在，有些企业的“成本”变得面目皆非，甚至与生产实际耗费无关，耗费高“成本”可以低，耗费低“成本”可以高，是“捏估”出来的。

第二，利用“防空洞”账户造假账，随意“修改”企业的经营成果。企业的经营成果，是企业当期销售收入扣除产品生产成本与销售费用后的剩余部分，是企业劳动者在报告期新创造的价值，是反映企业经营业绩的最重要指标，是正确处理国家、企业、职工三者利益关系，进行剩余产品分配的基础。正确核算和报告经营成果，是对经营者、会计人员最基本的要求。

目前，企业的经营成果严重不实，有的隐瞒或虚报利润，有的多报和掩盖亏损。手法是多种多样的，最常见的是利用一些过渡性账户打埋伏，人们称这些账户为“防空洞”。这类“防空洞”有生产费用类的，如用“待摊费用”“预提费用”“材料成本差异”“低值易耗品摊销”等账户多摊多提费用，然后伺机转为账外资金，也有财务成果核算类的，如在“营业外收支”内，任意扩大开支范围、提高开支标准，列入不准开支的福利性费用，把联营收入、承包收入等隐藏到“其他应付款”账户中去，等等。

第三，造假账偷税漏税。税收是国家凭借政治权力，按法定比例收纳企业的部分纯收入。国家把集中的收入通过财政预算有计划地进行经济、文化建设，用于创造和平劳动条件和合法经营的社会环境的支出。其中不仅包括马克思在《哥达纲领批判》中所说的“和生产没有关系的一般管理费用”“用来满足共同需要的部分”，而且包括部分“用来扩大生产的追加部分”（《马克思恩格斯选集》第二卷，第9—10页）。人们一方面希望政府为企业创造更加良好的社会、经济、文化环境，另一方面又自觉不自觉地追求“不折不扣的劳动所得”，把税收看成额外负担。

目前，企业偷税漏税现象比较普遍，有的企业甚至以此作为“增加收入”的途径。偷税漏税的手段多种多样，除了上面论及的通过在成本、利润上做手脚，减少应纳税收入外，有的还做假账，任意“调整”销售收入中的免税产品、不同税率产品的结构；有的弄虚作假骗取出口退税；更有甚者，竟采取销售产品不入销售账的手段逃税。

第四，搞账外账，私设“小金库”。企业的会计账目既是管理活动的记载，也为企业管理提供连续的、全面的信息。有的企业不但置整体利益于不顾，造假账欺骗国家，而且也违背经营常识，以假乱真，搞得企业账目混乱，漏洞百出。目前，有的企业不仅有厂级的“小金库”，企业各个生产、经营环节、单位也有“小金库”，把企业的钱变成集体、小团体的，以至被个人侵吞。进“小金库”的，由出售废品边角余料收入，到零星加工收入，到转让材料、工具甚至设备收入，发展到整批产品销售收入，等等。

二

会计信息失真问题发展到今天这样严重的程度，是有其深刻的社会经济原因的。

实行改革开放政策以来，我国的经济体制发生了重大变化。工业企业普遍进行承包经营责任制，以企业的自主经营、自负盈亏，取代了原来的财政统收统支制度。企业只要完成了承包的利税指标，剩下的利润可以用来发展生产和改善职工生活。而且，很多企业的承包指标采用的基数环比方法和其他的依据基数计算的方法，利税基数愈低愈有利。

与承包经营责任制度相适应，是分配上的利益中心多元化，由过去的一切服从国家整体利益，到强调兼顾国家、企业、职工三者利益。从宏观上讲，三者利益是统一的不可分割的。但在三者内部，却事实存在着此消彼长的关系。从企业角度看，宏观效应是模糊的，微观物质利益却是现实的。

商品经济本身的存在与发展就是以分工与利益的差异性为前提的。改革的初衷，是要通过这种利益的差异性，作为企业和职工发展生产、改善经营管理的动力。但是，在现实经济生活中，这种差异既有企业和职工努力程度的因素，又有原材料、产品价格等外部因素的影响，以及地理位置、资源条件、企业物质技术基础带来的级差收入的因素。这些客观因素带来的差异造成的与按劳分配原则的背离，又往往滋长了人们的攀比心理，淹没了主观努力因素，加上改革不配套，约束软化，有可能造成局部利益膨胀，损害整体利益。

从总体上看经营承包责任制是成功的。而且，不管今后企业经营管理体制如何改革，这种企业独立经营和利益中心多元化的状况，都要继续存在下去，会计工作只能适应这种现实。马克思说："过程越是按社会的规模进行，越是失去纯粹个人的性质，作为对过程的控制和观念总结的簿记就越是必要，……"（见《马克思恩格斯全集》第24卷，第152页）。在这里，马克思是动态地、与社会生产关系发展相联系地来看待会计的。会计作为一种管理活动，只能随着"过程"和"观念"的发展变化，来改变其"控制"和"总结"的方式方法。

改革开放以来，尽管国家有关部门发布了大量的文件，三令五申加强会计、审计工作，但会计信息失真问题却愈演愈烈。根本原因在于，会计、审计改革与经济体制改革不衔接，经济管理体制目标模式是有计划的商品经济，而会计、审计却仍沿用产品经济的老办法。

在产品经济条件下，国营企业是国家所有、国家经营，经营者属国家公务人员，受政府机关委派去经营企业，目标是通过等价交换形式为国家提供产品、以税收和利润形式上缴企业的纯收入。经营成功者，受到称赞、褒奖，有的可能被提拔到政府部门委以重任；经营失败者，损失由政府承担，经营者除声誉可能受到影响外，仍不失其公务人员身份，大都可以易地重新委派。企业财务人员也像政府机关工作人员一样，严格按规章制度履行职责，记账、算账、向上级报账。在这种体制下，企业只是政府职能的延伸。这一切，都被迅猛发展的有计划商品经济冲垮了。会计信息失真，只是其表现形式之一。

有计划的商品经济，正在培育着新型企业制度，传统管理方法无可奈何。企业以完成承包指标为中心，除了利税指标是硬的，别的都是软的，预、决算审批制度徒具其名。由于企业点多而广，会计业务具体浩繁，无论是财政、税务，还是审计、监察、司法部门，都难以深入到每个企业内部，及时检查纠正不合法的会计处理。每年都要进行的财务、税收、物价大检查，虽有一定作用，但时效差，法不责众，“自查从宽”，年年查年年有，屡禁屡犯，绝非长久之计。

近几年来，国家立法、行政部门和政府有关部门也发布了一些法规，但囿于认识水平和多方面的制约因素，往往成了传统模式下的指导工作文件，造成有法可不依，违纪不违法，法律约束软化。

经济管理制度和办法属经济范畴。它们作为认识的阶段性成果，在历史上产生发展，发挥作用。当社会经济条件发生了变化，它的作用范围与效力也要随之变化，以至于失去作用。在分析研究我国的会计体系、会计制度的时候，也必须具有辩证的、历史的态度。目前存在的问题，不是哪个人、哪个企业、哪个部门的过错，也不能单纯从道德上寻找原因。

三

对会计信息失真的对策研究，并非自今日始。在五六十年代，会计界就曾探索过有效地进行会计检查问题，还曾设想过把会计部门从企业中独立出来，由财政部门管理。改革开放以后，又有同志建议借鉴外国的做法，成立统一的社会簿记局。这些设想，都具有较浓厚的强化行政管理的倾向，与商品经济下企业作为法人独立经营、自负盈亏的发展趋势相悖。在党的改革开放路线指引下，会计界又把注意力转向了注册会计师制度。

注册会计师制度是伴随着商品经济的发展而产生和发展的。注册会计师既不代表国家政府，也不代表企业或业主，只是受委托执行法定的会计查账验证。他们超脱于各经济利益关系者之外，恪守独立、客观、公正的原则，从而使其从事的查账验证活动得到社会的公认。资本主义商品经济借助注册会计师制度，协调了政府与私人企业的关系，在一定程度上保证了社会经济的正常运行。事实证明，借鉴资本主义经济发达国家的经验，建立有中国特色的社会主义注册会计师制度，解决会计信息失真问题，协调政府与各个独立的或相对独立的利益中心的关系，是我们的唯一选择。

为了适应对外开放和对内搞活的经济管理工作需要，我国从 1980 年开始考核批准注册会计师，并陆续成立了一些会计师事务所。1986 年 7 月，国务院发布了《中华人民共和国注册会计师条例》，1991 年又成功地进行了全国范围的注册会计师考试。但是，注册会计师制度在我国还处于起步阶段。已有的实践既证明了它的可行性，又为我们进一步改革完善提供了经验。目前存在的主要问题是：

第一，活动范围狭小。目前的会计师事务所，主要担负三资企业的验资、查账、解散清算等业务，对国内企业的会计查账验证工作，虽已开始，尚不规范。

第二，投入不足。尽管会计师事务所如雨后春笋般地发展，但规模都比较小。据财政部统计，全国已有会计师事务所 500 多个，注册会计师 6700 多人，平均每所仅 13.4 人。而且会计师兼职的多，老年人多。靠目前这支队伍，很难担当起覆盖面广的艰巨任务。

第三，领导分散，力量弱。对于会计师事务所的管理机关，注册会计师条例虽有明文规定，但目前除了按规定批准成立的会计师事务所之外，还出现了大量的业务内容与其相近、相似的机构，如审计师事务所、税务事务所、经济事务所等。似乎人们都想在这方面争一席之地。更为严重的是，有的甚至变成了为其上级政府机关“创收”的单位，上级利用权力保护其垄断地位，事务所则投桃报李。相反，却忽略其内部管理，多数没有设置复审部门，有的虽设置了，但没有认真履行职责，致使部分会计师在查账验证过程中，根据委托人要求乱出证，有的甚至为了蝇头小利不惜损害国家利益。

四

建立有中国特色的社会主义会计、审计制度，必须根据有计划商品经济的理论与实践，突破产品经济观念，首先必须划清政府与企业的职能。政府作为政治权力的代表，依法征税，作为国营企业的投资者，依企业经营状况承担经营风险，获得利润；企业依据国家法律、宏观经济政策和国家计划，努力经营，并依法获取企业和职工的物质利益。与新的企业制度与利益格局相适应，应建立超脱于经济利益关系之外的社会监察审计机构，它既超脱于国家政权机关，也超脱于投资主体——政府机构、企业集团、企业、集体、私人，超脱于作为投资客体的企业，通过依法查账验证，维护各方面的利益。

改革开放以来试行的注册会计师制度，为我国会计、审计工作改革探索了路子，积累了经验。但是要建立真正适应社会主义有计划商品经济的社会监察体系，还必须采取更大规模的改革措施。

第一，把监察审计范围扩大到一切企业、一切使用国家预算资金的事业单位。显然，监察审计的重点要由目前的三资企业发展到国营企业。要通过立法，强制企业接受监察，并保证监察活动的客观、公正。要建立、健全以保证国家税收和维护业主权益的会计准则，并用法律手段保证其贯彻执行。要改变财务、税收、物价大检查的年终突击作法为日常的定期查账，实行会计报告的验证会签制度。对使用国家预算资金的事业单位，则通过监察审计与会计报告，保证国家资金按规定用途使用，反映其使用效果。

实行这种改革的必要性是显而易见的，问题在于可能性。有同志担心，这样会增加企业负担。当然，社会监察审计机构的费用，必须由其服务对象负担。但是，这决不意味着进一步加重企业负担，而只是改变目前多方伸手乱摊派、乱收费为规范化的收取服务费。相反，还可以通过监察查账，制止乱摊派、乱收费，减轻企业负担。还有同志担心，现在检查评比已经让企业不胜其烦，再立章法开新的检查项目，会不会干扰企业正常的生产经营活动？一方面，这也是以规范化的监察活动，取代无章法的检查评比。应该指出，现有的不少检查活动都是没有划分清政府与企业的职能造成的。需要减少以至取消的是把企业视为政府附庸的干扰，而不是这种保证各方面权益的必不可少的监察。同时，企业经营者也必须明确，不论是实行经营承包责任制，还是别的什么经营方式，企业只能依法经营，依法监察是依法经营的必要保证，而不能看成是对正常经营活动的干扰。在资本主义条件下是这样，在社会主义条件下更应如此。上海斯米克拉丝模有限公司，合资前，厂长要有三分之一以上的精力用在应付各种检查和评比上；合资后，代之以每年两次的例行审计，大大减轻了企业负担。可见，只要配套改革，规范化的日常监察审计是企业可以接受的。

第二，建设一支浩大的社会监察审计队伍。要适应广泛开展社会监察审计工作的需要，必须建立一支与我国数百万个监察审计对象相称的专业人员队伍。他们必须是既懂得企业经营、财务会计业务，又熟悉国家政策法令的专门队伍，通过会计师事务所把他们组织起来，形成纵横交错的监察审计网络，要把注册会计师看成一种职业，把会计师事务所作为一种社会事业来办。从一定意义上讲，有计划商品经济体制的确立与完善，在经济管理上还有赖于一支政治上、业务上都过硬的职业会计师队伍的形成。

经过几十年社会主义经济建设的锻炼培养，几十所高等财经院校和数百所中等专业学校的培养教育，我国已经拥有了与经济发展程度相适应的会计人员队伍。目前存在的问题是，分布不合理，多集中于机关与大企业，使用不当，不少单位人浮于事，有的甚至改行干非专业性工作。只要我们下决心，并有相应的政策保证，完全可以把政府机关、大中型企业和社会上多余的会计人员组织到社会监察审计机构中来。这样，不但解决这方面人才的急需问题，而且还能使机关精兵简政，为企业减少非生产人员，开辟一条全新的、前途光明的道路。还应该指出的是，实行这种多种职能分离的办法，也为机关减少检查监督人员和企业内部会计、审计人员创造了条件。据报道，1991 年全国财务、税收、物价大检查，投入重点检查的人员达 53 万人。可见，专业人员是有的，也是能够抽出来的。另外，我们还应该根据需要，通过各级各类专业院校，培养更多质量更高的后续力量。

第三，要加强领导与监督。要采取强有力的法律、行政手段，解决目前存在的政出多门、乱立章法的不良倾向。按照世界各国通行的做法，注册会计师制度的建设，只能由政府财政部门领导，有关全国性的法律、法令，应由最高立法机关和最高行政机关发布，财政部门依法实施行政管理。应该明确的是，不论由谁管理，会计师事务所都是独立的社会监察审计机构。政府机关依法管理，会计师事务所依法独立执行业务，二者各司其职，不存在产品经济条件下的依附关系，二者之间没有直接的财务关系。除了法定的税收与规费之外，政府机关向会计师事务所收取的任何资金、实物，都属于受贿、行贿行为。

要建立、健全对会计师事务所的内部管理制度。要明确，会计师事务所是非盈利性的社会化服务机构，实行无限责任制度。不管是谁出具的证明，如有违法违纪，都须追究其所在组织的责任，以此为杠杆，促使其内部严格纪律，严格管理。同时，为保证会计师事务所的公正性，对其违法违纪活动，必须从严查处。根据我国的现实情况，还必须建立、健全对会计师事务所的监督体系。这个监督体系，应该具有对会计师事务所的审计活动和经济来源、收入分配等进行复查及有关案件立案侦察、起诉的权力。

本文提出的会计、审计体制的改革设想，既考虑到其历史延续性，又要求有重大的突破性的改革措施。实践证明，由政府审计部门包揽政府机关、各类国营企业、事业单位全部审计工作的做法，既包不过来又包不起。受编制、预算等方面的限制，我们又不可能把政府审计机构搞得无限大，也难以要求所有单位都接受政府审计。切实可行的办法是，现有审计部门除继续担负不宜由社会审计机构承担的政府部门、特殊国营企业、事业单位的审计之外，还要赋予对社会审计单位这种特殊机构的监察职能，通过监察监察者达到事半功倍的效果。同时，这样做又有利于把行政管理职能与监督职能分离，防止社会监察机构与行政机关发生依附关系，预防不正当经济行为的发生。

关于建立国有企业与专业银行新型关系的探讨*

王君彩　牟　宁

目前，我国专业银行对非国有企业贷款，一般是按盈利性、安全性、流动性的原则发放，四大专业银行之外的金融机构也已基本与企业形成了合理的关系。但是国有企业与四大专业银行之间的关系还存在着一些弊端。为了适应社会主义市场经济的要求，必须建立新型的关系，实现模式转换。

一

目前我国国有企业与专业银行关系（以下称银企关系）的现状及其弊端主要有以下几方面：

第一，银企之间的关系是包资金的关系。

包资金是一种供给制。企业有什么资金需要，银行就要贷什么款。例如，在很长一段时间内，银行主要负责工商企业的流动资金供应，当企业技术改造任务加大时，银行便接受了技改贷款的任务。八十年代以来，由于基本建设规模膨胀，资金缺口很大，银行又大量参与新建企业的固定资产投资贷款。目前，我国四大专业银行的业务量占全国全部业务量的90%左右，处于垄断地位。从某种程度上可以说，四大专业银行包下了全国绝大部分企业的资金需要，扮演资金供给者的角色。银行对单个企业也是如此。目前一些企业经营不善，之所以还能勉强维持，主要是依赖银行贷款的支持。例如，据有关资料，1992年对某省100家大中企业进行调查，这些企业的固定资产净值为45亿元，而贷款余额竟达到了547亿元。

---

* 本文发表于《中央财政金融学院学报》1994年第9期。

从企业方面看，企业是资金的接受者。因我国金融市场不发达，企业资金来源单一，虽然有股票市场，但大约也只有150家企业股票上市。企业虽然也委托银行发行债券，但数量非常有限，并且一般只有国有大型企业才有这种可能。企业虽然也可向职工发行内部股票和债券，但数量也很少。

由于银行与企业这种包资金的关系，必然产生以下弊端：

1. 资金单向流动。单向的资金流动造成企业对银行的依赖关系，根本不可能选择银行。银行可对企业发号施令，借行政力量垄断企业。有时企业需要资金时得不到贷款；不需要时，银行可硬塞给贷款。例如，银行为保住下年“盘子”，在年末硬把资金贷给企业，企业不敢得罪，不用也只能付息，到下年初，再全部还给银行。

2. 风险转嫁。银行包下企业资金，等于也将企业经营风险包了下来。企业经营出现问题，首先损失的是银行。比如，1989年银行三年期固定资产贷款利率为11.52%，而同期国营预算内工业企业资金利润率仅为7.18%。这样，借款企业连利息都付不出，贷款就成为问题贷款。企业如果维持原有的生产规模，就只能向银行借新债还旧债，银行这笔贷款不是用于企业扩大再生产，而是填补企业的资金缺口，强行承担下了企业的经营风险。

风险转嫁还在于信贷资金来源和运用双方的软硬约束程度不对称。一方面，目前我国银行信贷资金来源主要是居民储蓄存款，到期必须还本付息，这是一种“硬”债务，另一方面，银行的债权都是“软”的。信贷资金绝大部分是向企业发放的，在企业行为中，奖金是刚性的，利税是硬性的，只有贷款是软性的。由于金融法规不健全，企业和银行又都是国家的，银行也无可奈何。

第二，政府（包括中央银行）管理银行与企业间的关系，不是利用市场手段，而是利用行政手段，典型的方式是点贷。接受贷款的企业是政府指定的，银行对企业进行资信调查、项目评估只是形式，贷与不贷，贷多贷少，都由政府决定。这样，由于政府考虑到对地方经济及社会安定的影响，往往是效益好的企业得不到，亏损企业反而能得到贷款。结果是，不但银行贷款无还贷保证，而且社会经济效益低下。

第三，我国金融体制改革滞后，专业银行商业化步伐缓慢。长期以来，我国专行承担着国家宏观调控的任务，专行首先要根据国家产业政策、经济计划考虑贷款对象、用途等，然后才考虑银行资金的效益。政策性贷款在各专行贷款总额中的比重占15%—45%。现在的低利和优利都是由国家按计划项目来确定的，而不是根据市场对资金的供求情况来确定。国家的计划项目往往是一些建设周期长、资金需求量大、收益比较低的项目，大大占压了银行资金，影响了银行效益。目前，我国近三分之二的大中企业处于亏损和潜亏状态，这种状况如不改变，有可能拖垮专业银行。

从企业方面看，这种政策性优惠贷款也并不是只有好处。因为，国家优惠贷款后面相应地有许多非市场化的义务，国有企业的负担远远重于非国有企业。此外，优惠贷款也不利于国有企业发展，因为一部分国有企业本应按市场需要进行兼并、改造，但从银行得到了优惠支持，就放慢了或根本不再进行改革。其实，国有大中型企业是有相当的经济基础的，倘若放开政策的束缚，能与三资企业、乡镇企业和民营企业进行平等竞争，其中绝大部分是会有很强的市场竞争力的。

二

为了适应市场经济的发展，使银企关系符合市场经济的要求，应从以下几方面建立新型的银企关系。

一是建立资金往来信用关系。这是建立新型银企关系的基础。作为社会中介组织的金融机构，应通过其存贷活动，调剂社会资金的余缺。不仅企业能从银行取得融资，银行也可以从企业取得资金，并且形成良好的资金循环，发挥最佳的资金使用效果。建立资金的往来关系，资金的流向由市场决定，也就是通过市场来实现资源的合理配置。

二是建立银行和企业双向自由选择关系。这是市场经济中的正常关系。银行不能借行政力量来垄断企业，企业也不能借政府力量来吃银行的“大锅饭”，这是市场经济交易自由原则在信用领域的延伸。银行可以自由选择资助，它不是站在资金垄断者、供给者的角度上，而是与企业平等的关系上，选择企业、确定与企业关系的程度。政府不得利用行政手段对其进行干预，只能由中央银行利用货币政策对银行的行为进行规范和调节。银行与企业关系的程度由银行自己确认，体现为商业银行有权给开户企业评定信用等级，并按信用等级来决定与企业交往的方式，像贷款利率水平、方式、种类等。银行对企业评定信用等级有一套客观标准，它通过对一系列指标的考核，确定企业信用度。同时，银行还必须对企业的贷款项目进行贷前调查，要有实事求是的可行性报告，本着安全性、流动性、盈利性的原则，决定是否贷款。企业有权自由选择银行，在不同银行存款，从不同银行取得贷款以及办理其他业务。企业对银行的选择，主要是看银行的信誉、贷款条件、利率差别、服务质量等方面。

三是利率市场化。商业银行与企业都是经济主体，都要自主经营、自负盈亏，它们处于市场竞争中，利益分配也应该由市场来决定。银行和企业之间的利益分配是通过贷款利率和存款利率来实现的，利率水平高低直接关系到银企两方面的利益。所以利率水平不应由一方确定，而应由双方决定，应充分反映市场上资金供求关系的变动。

总之，银行、企业应该摆脱行政上的血缘关系，形成建立在平等互利基础上的新型关系。

三

如何实现向新型银企关系的转换呢？首要问题在于转换银行与企业双方的经营机制。否则，银行和企业就不能成为真正的市场主体，也就不可能建立符合社会主义市场经济要求的银企关系。银行转换经营机制的必由之路是专业银行商业化。我国的四大专业银行逐渐向国有商业银行过渡，按照商业银行的经营目标、原则组织经营，与其他商业银行平等竞争。专业银行向商业银行过渡的关键，是专业银行由承担的宏观调控直接责任转变为执行国家货币政策的间接责任。而这种责任的落实方式主要是经济性的而非行政性的，银行与其他企业一样，必须保证其资本的保值与增值，对投资者承担经济责任，并有独立的物质利益。转换企业经营机制的讨论、试行也已经进行了十几年，1992 年 7 月国务院发布了《全民所有制工业企业转换经营机制条例》，赋予企业 14 项经营权。1993 年 12 月 29 日，八届人大常委会第五次会议通过了《中华人民共和国公司法》，规划了两种形态的公司，即有限责任公司和股份有限公司。这些为我国企业经营机制的转换提供了法律依据，也指明了方向。工商企业只有当它们真正成为自主经营、自负盈亏、自我约束、自我发展的法人实体的条件下，才可能成为社会主义市场经济的市场主体，才可能成为新型银企关系的主体。这样的企业不仅需要从银行获得贷款，而且在其经营过程中，有处于间歇状态的资金，经营结果又产生数量可观的留用利润，都可以成为银行信贷资金来源，为银行发挥社会中介、调剂作用创造条件。

其次，要加快步伐建立、健全新型银企关系的外部环境。包括：(1) 解决好政府、企业、银行的关系。政府应该采用经济手段而不应采用行政手段对银行和企业进行管理，这样才能为银行和企业创造自主经营的外部条件。做到这一点，政府必须转换职能。另外，银行可以从自身设置来减少政府直接干预的可能。它可以按自己划分的大区来设立分支行，而不按行政区划来设立分支行。(2) 确定中央银行与专业银行的关系。中央银行为保证其货币政策的执行，运用存款准备金率、再贷款利率和公开市场业务等手段对专业银行进行管理，不再直接下达指令性计划，也不再是专行的资金供给者。(3) 建立、健全银行与企业的法律、法规，建立社会保障制度。只有以法律的形式确定银行和企业的权利、义务，才能使银企关系规范化。没有社会保障制度，《破产法》就不可能顺利实施，银行和企业也就不可能成为真正的经济主体。

此外，发展金融机构，开拓筹资渠道。我国目前的商业银行是以交行为代表的九大商业银行，它们中有全国性的，也有区域性的，它们依靠良好的服务、严格的管理、灵活的经营、高质量的资产，取得了良好的信誉，业务迅速发展，特别在深圳和广东，其市场份额已达到了一半。在努力扩大这九大商业银行业务时，我们也应考虑成立一些新的股份制商行，使商行之间形成竞争关系，促进形成多元的银企关系。对于非银行系统的金融机构，也应鼓励发展。这样，可为企业提供全面服务，提高资金使用效益，也可使企业有较为灵活的筹资渠道。同时，应该尽快健全证券市场，使企业可直接从市场中筹措到资金。这样，也可使直接融资与间接融资展开良性竞争，有利于新型银企关系的形成。

根据目前我国情况，向新型银企关系转换应区分不同类型企业，采用不同的对策。

1. 全国行业性公司或集团公司。银行可将总公司及其分公司的贷款汇总起来，改为集团贷款形式，银行只与总公司发生联系，切断与总公司下的分公司的联系。这样，银行不必管与分公司众多贷款的性质、种类等，只是总行与总公司建立信贷关系。分公司还本付息时，到原贷款银行付款，但它们之间的关系已不再是信贷关系。总公司负责向分公司催缴，并应向总行通报情况，总行也应派人定期检查。

2. 国有大中型企业，应根据其经营范围，分清性质，区别对待。投资周期长的国家重点项目投资、社会公用事业项目、成套机电产品出口及支农产品生产经营业务，应与政策性银行发生关系。对于非政策性贷款，一律纳入商业银行的业务范围，严格按商业性贷款管理。毋庸置疑，在新型银企关系确定后，国有大中型企业仍然是商业银行的主要客户、主要业务伙伴。它们的关系是平等的、相互依存的，不需要谁对谁优惠，当然也不能谁歧视谁。

3. 其他企业，要在已有商业性信贷伙伴关系的基础上，规范双方的行为，要有严格的资信审查，按审批程序进行，防止点贷，防止以贷谋私。

四

在建立新型银企关系时，根据现实情况，对以下问题提出自己的意见。

一是关于企业现有的违约贷款，这是比较难解决的问题。因为违约贷款成因很复杂，所以首先要分清责任。如果是政策性贷款，则划给政策性银行，这就要求政策性银行不仅接收盈利企业，也要接收亏损企业。政府点贷造成的拖欠，有财政抵押的，坚决按合同办事；没有的，则应与政府协商解决。再就是属于银行自身责任或责任分不清的，只能由银行承担。这就要具体情况具体分析，采用不同的办法解决。目前大量的逾期贷款，是企业有还贷能力而拖着不还，必须采取坚决措施，银行要依据章程采取加收罚息、提出警告、降低信用等级措施，直至诉诸法律。这样做可能对经济增长速度产生一定负面影响，但对控制基建规模方面却大有益处。在具体操作上要有针对性，力度适当。对具有市场前途而又一时难以还贷的企业，可将借款凭证转化为可转换债券，使贷款转化为硬性约束的企业负债。如果是由于暂时困难或突发事件导致的，并不是由于企业本身原因，可以延期，甚至可以经过认真调查，提供资金帮助企业解决问题，然后再收超期利息。这样，不仅对银行利益无损，企业也可以渡过难关，并有助于建立融洽的银企关系。这种银行“放水养鱼”的主动举措，机会与风险并存。银行需要懂得经营、了解市场的专家，要有可靠的决策系统。对于企业经营不善，导致长期亏损，逾期贷款的企业，银行除了可以根据国家法律介入企业经营，如收购部分小型企业，组成银行的附属企业以外，主要应靠规范企业清算制度来解决。依法宣布企业破产，按法律，银行取得相应的赔偿，让损失降低到最低程度。要下力气纠正一种思维定式，即银行的经营是无风险的。事实上，这种风险是客观存在的，只是被人为地掩盖住了。长期拖下去，成为银行的痼疾，可能危及银行本身。

二是在建立新型银企关系中，政策性银行与企业的关系有些特殊。政策性银行开展政策性业务，是根据国家需要，为调整产业结构而进行的。这样，政策性银行也就不能自由地选择企业，顶多是在行业内的国有大中型企业中进行选择。而政策性银行的业务划分是有明确界限的，业务不交叉，企业也不能选择银行。资金还是银行向企业单方面提供。利率都采取低利或优利，由银行根据政策对企业价值支持程度来决定。从以上看，政策性银行和企业的关系完全不符合我们第二部分提出的新型关系，是应该否定的。但是，我国的经济情况有其特殊性，交通运输、能源、原材料等基础产业是经济薄弱环节，成为制约我国经济发展的瓶颈。而专业银行商业化后，是以盈利为唯一目标的，这些产业多为微利、低利，甚至亏损，不可能从商业银行得到足够资金。但从长远看，这些产业是有发展前途的。所以，政策性银行与企业的关系的着眼点应该长远些。同时，政策性银行不应该因为经营政策性业务，就靠在国家财政身上吃大锅饭，而应基本做到自负盈亏。政策性银行在贷前要对企业进行严格审查，属企业经营管理方面的问题，就不应贷款。企业和银行不应只是单纯的资金信用关系，而应更加广泛密切地合作，使资金得到最大的使用效益。对于企业来说，资金主要来源虽然是银行，但不能依赖银行，应从自身经营机制上争取好的经济效益。

三是银企关系还有两种形式。一种是银企财团，由于我国目前条件还很不成熟，不适于建立银企财团，但可以在小范围、特殊情况下使用。另一种是银企互相参股。虽然我国金融法规还不允许银行持有企业股票，但银行都利用其信托投资公司等机构持有企业股票，这已经是某种意义上的银企互相参股。并且，银企互相参股这种形式可以形成银企之间更加紧密的资产联系。所以，我们是否可以考虑放宽规定，允许在现有的银行贷款范围内的一部分贷款转换为银行对企业的股份。并且，专业银行商业化后，可逐步向国有股份银行转化。这样，形成银企互相参股的一种新型合理的银企关系。

建立现代企业制度与企业会计制度创新*

一

十几年来，我国国有企业的改革从扩大企业自主权到推行承包经营责任制，一直到转换企业经营机制，经过了一个逐步深化的过程，在增强企业活力，提高经济效益方面取得了显著成绩。但是，企业改革存在的困难和问题只靠政府减税让利等政策是不能彻底解决的，只有在总结我国企业改革经验的基础上，借鉴市场经济发达国家的经验和做法，建立具有中国特色的现代企业制度，才能从根本上转换企业经营机制，使国有企业真正成为独立法人实体和市场竞争主体，在市场竞争中发展、壮大，发挥国有经济的主导作用。

现代企业制度是适应社会化大生产和社会主义市场经济发展的要求，理顺出资者所有权与企业法人财产权，产权清晰、权责明确、政企分开、管理科学的企业制度。建立现代企业制度，使国有大中型企业真正成为自主经营、自负盈亏、自我发展、自我约束的法人实体和市场竞争主体。

会计是企业管理工作中的重要组成部分，是企业管理的一个重要的不可取代的信息系统。企业管理者可以通过会计体系，取得全面、连续、准确的供产销、人财物数据资料。会计从一开始就作为“生产职能的附带部分”，是所有管理者都不可或缺的。但是，作为经济活动的主观反映，包括反映数据的分类方法、口径粗细，加工深度、时间区分等等，都必须适应企业管理的要求。企业转换经营机制，建立现代企业制度，离不开会计的支持。会计的深化改革，必须适应企业经营机制的转换和建立现代企业制度的需要。两年来，为适应经济体制改革的要求，我国的会计改革进展迅速，可以说发生了一场革命。与会计法相配套的法规

---

* 本文发表于《冶金财会》1995 年第 7 期。

制度建设，《企业会计准则》和新的行业会计制度的发布和实施，正在加紧制定具体会计准则，以及研究现行会计制度与会计准则体系如何衔接新办法和措施，都为改善企业经营和建立现代企业制度打下了较好的基础。

企业建立现代企业制度，必须进行制度创新。企业管理作为一个完整的有机体，其各个部分必须互相协调、互相衔接。因此，企业管理改革，企业管理制度创新，必须是全方位的。把企业管理作为一个系统来看，整个系统的更新，是由各个子系统的更新来实现的。如果有的子系统改革了，有的不改革，或者大部分改了，仅剩余部分不改，则后果绝不是仅仅产生局部影响，有可能使整个系统难以运转，以至瓦解、失败。企业制度创新的内容很多，如建立新的企业产权制度、新的企业组织制度、新的企业领导制度、新的企业内部劳动人事制度、新的分配制度，以及建立新型的政企关系等等，还必须建立健全与国际惯例接轨、适应市场经济需要的企业财务会计制度。企业的会计制度必须创新，它是现代企业制度的基础和重要的一环。

建立现代企业制度对企业会计制度创新的要求是，企业会计模式必须由核算型扩展为管理型，也就是从过去计划经济体制要求下的记账、算账、报账扩展为市场经济体制要求下的预测、控制、核算、分析，这是现代企业制度对企业财务会计工作的客观要求。

二

现代企业制度的特点决定了企业会计必须向管理型模式转化，也就是加强企业内部管理会计的工作，从而推动企业内部管理的现代化、科学化，实现企业经营目标，提高企业经济效益。企业管理型会计的建立，主要应该从以下几方面入手：

第一，管理型会计必须使企业法人会计成为真正的会计主体，赋予相应的自主权。建立现代企业制度的财产独立原则和有限责任原则，决定了法人企业会计主体必须真正确立。

财产独立原则，实行出资者所有权与法人财产权分离，目的是确立法人财产权，这样才能使企业法人拥有自主经营的权力和自负盈亏的财力。现代企业制度实行有限责任原则。《中华人民共和国公司法》总则第三条规定：“有限责任公司，股东以其出资额为限对公司承担责任，公司以其全部资产对公司的债务承担责任。股份有限公司，其全部资本分为等额股份，股东从其所持股份对公司承担责任，公司以其全部资产对公司的债务承担责任。”根据公司法规定，我国的国有独资企业，可以改制组建为有限责任公司。理顺以上产权关系和使投资者的资本保值、增值，这就要求会计如实地反映，利用专门的会计技术方法计算出结果，使投入资本不受损害，在这个基础上取得最大的收益。在现代企业制度下，应赋予作为企业会计主体的自主权和受托责任。也就是说责任必须转向。在计划经济条件下，会计只向上级政府部门负责，目的是按时报一本清楚的账，会计的立场站在国家一边，盈亏都是国家的。而在现代企业制度下，会计的责任是对企业负责。

会计主体应行使两方面的权利：

一是根据会计法和会计准则要求，根据本企业实际情况，具有厘定适用于本企业的财务会计制度和管理会计制度的制定权。前已论及，企业会计首先要为企业自身的管理服务，为企业管理者、所有者提供必需的准确、完整的数据资料。企业的生产类型、生产规模、组织方式等千差万别，在市场经济条件下，不可能有一个适用于每个企业的统一的会计制度。勉强为之，很难适应企业的生产经营活动和业主的需要。当然，根据历史传统和我国财会人员的现实情况，作为过渡办法，国家主管业务部门制定一些行业性的指导性的会计制度是完全必要的，这与作为会计主体的会计制度制定权是一致的。还必须指出，企业的会计制度制定权是有前提的。这个前提是，要合法、要合乎常规。在社会主义市场经济条件下，国家作为社会经济活动的组织者，有责任保护国家的经济利益和企业所有者的合法权益。这是一种普遍性的社会职能，任何国家、任何社会制度概莫能外，不过表现形式有差别罢了。因此，企业自身的会计制度，必须保证能准确计算税收和企业盈利，保证投资者的财产安全和合法收益。国家对企业会计制度的要求，集中体现在《会计法》《企业会计准则》和具体会计准则，以及相关的法律、制度之中。同时，会计作为一门应用性的科学，经过长期发展已臻成熟，企业没有可能也无必要去闭门造车。企业会计制度要根据国家主管部门的要求，充分采纳常规的会计处理方法。企业会计制度不但要说“普通话”，而且要说“世界语”，与国际接轨。

二是应有选择会计核算和会计方法的选择权。比如，谨慎原则的运用，目前我国会计准则中允许对存货采用不同的计价方法，在固定资产折旧方面有条件限制地应用快速折旧法，以及应收账款中的余额百分比法等。但是，由于我国的市场经济体制正在建立之中，企业制度有待转换，目前还不能全面应用谨慎原则，比如成本与市价孰低法、通货膨胀会计方法等。企业只有在规定条件下正确选择核算办法，才能适应市场竞争的需要。

第二，建立现代企业制度，进行科学的企业管理，应广泛采用管理会计的技术和方法。

每个企业应该适应建立现代企业制度的要求，逐步建立以提高经济效益为目的，以强化内部管理为中心，广泛采用有利于转换企业经营机制的管理型会计。这就是要借鉴西方管理会计的先进经验，建立起具有中国特色的管理会计理论和方法。现代企业会计从信息使用的不同角度分为财务会计和管理会计，财务会计主要为企业外部利益关系人提供全部定期财务报告。财务会计必须遵循凭证—账簿—报表这一基本模式，严格按照规定的会计程序进行，有一套严密而稳定的系统化的方法。近年来的会计改革主要在财务会计方面。与财务会计不同，管理会计是为满足企业内部管理者在经营管理上的需要的信息。它根据财务会计所提供的资料及其他方面的资料，利用专门的统计及现代数学方法和电子计算机技术，对数据进行累积处理，确定最优方案的会计。也就是利用信息来预测前景、参与决策、规划未来、控制和评价经济活动等，使企业取得最大的经济效益，增强企业的竞争力。

在现代企业制度下，企业应积极应用预测、决策、规划控制的方法。预测主要包括销售预测、成本预测、利润预测、资金预测等，决策主要包括产品价格、生产品种、生产工艺、生产批量、经济批量、存货、质量成本、短期投资等短期决策，以及固定资产更新等长期决策；规划控制有标准成本、全面预算、责任预算、业绩报告，以及生产进度、费用弹性预算、存货等控制，以及成本差异分析等。企业内部有关部门通过日常计算和市场调查数据资料，通过运用管理会计方法为企业经营者提供所需的预测、决策、控制、考核结果，作为进行管理或决策的参考。

第三，在现代企业制度下，为加强成本核算和成本管理，执行变动成本法。

在这里，首先要有一个观念的改变，即由过去通过向上级编报成本报表，提供成本资料，转变为向企业提供准确的内部信息。由于竞争的需要，这类信息只用于企业内部，属于企业的商业秘密。根据会计准则，企业成本核算由完全成本法变为制造成本法，这是为适应会计工作转型，采用的国际通用办法。企业成本管理，关键是进行事前、事中的费用控制，进一步应用变动成本法，为分析、考核成本预算提供资料，寻求降低成本途径，实现企业利润最大化。变动成本法的基本要求是，企业计算产品成本和存货成本时，只包括产品在生产过程中所消耗的直接材料、直接人工和变动制造费用，而把固定制造费用直接列入期间费用，作为本期贡献毛利的减除项目。应用变动成本法符合“费用与收益相配合”的原则，便于分清各部门的经济责任，促使企业研究市场、搞好销售预测、以销定产，防止盲目生产，有利于强化内部管理，为提高经济效益创造条件。

第四。实行现代企业制度，应推行责任会计制度。

责任会计实质上就是把会计资料同各有关责任中心紧密联系起来的信息系统，是为了强化内部管理的一种内部控制制度。实行责任会计要把企业内部各部门、各单位划为若干责任中心，分解全面预算所确定的目标和任务，确定每个责任中心的责任预算，以此作为控制、考核经济活动的主要依据。企业内部生产、经营、管理单位根据日常记录，按时编制业绩报告，用来分析实际支出与预算的差异，切实找出原因，提出有效改善管理措施，降低成本，提高经济效益。

第五，在现代企业制度下，应创造条件实行标准成本法。

标准成本法是为了克服实际成本计算的缺点，即不能提供成本控制所需的信息，把成本事前、事中和事后控制与最终产品成本确定有机地结合起来的一种方法。它包括标准成本的制订，差异的计算、分析，以及差异处理三部分内容，能够随时进行分析控制，挖掘降低成本的潜力。

三

建立现代企业制度和与之配套的企业会计管理制度，加强企业内部核算管理，实现会计工作转型，应做好以下几方面工作：

一是切实做好会计基础工作，使之规范化、科学化。这就要根据会计法规和制度，建立健全各项规章制度，建立一套管理会计信息系统。这是一项带根本性的基础工作，涉及企业管理的方方面面，其中包括企业组织结构的调整。有的企业在改制过程中，为达到这一目标，实行了大幅度的组织调整、生产要素重组，简直是脱胎换骨。

二是实现会计核算电算化，推动管理会计电算化。由于进行预测、决策，需要的信息多元化、多渠道，而且是多变的，唯有电算化才能及时计算出结果，为企业领导管理层提供信息，以便作出正确决策。必须消除一种误解，即会计电算化仅仅是计算工具的更新，换上个计算速度快的“算盘”。电算化标志着会计工作的一场新的革命，它带来的是速度、效率、参与、远见等。要更多利用计算机的特点，进行财务方案论证、分析判断、控制预测。遗憾的是，我们很多企业会计部门的计算机功能并没有得到充分开发，只是在当“算盘”用。究其原因，往往是在基础工作上功夫不到家，会计部门就会讨论会计，没有作为一个重要综合部门的参与意识，没有所需基础数据，有了计算机的会计，也还是一位老式的“账房先生”。

三是加速培训管理会计人才。在现代企业制度条件下，最好是财务会计和管理会计分别配备人员，互相配合。目前，管理会计人员不足，素质不高，远远不能适应现代企业制度下对会计人员的需要。必须不失时机地对现有财会人员进行培训，更新知识、更新观念。要配备高、中、低各个层次的财会人员，关键是要有能统观企业全局的、熟悉现代企业管理和财务会计管理的财务经理人才。还必须要有相应的技术人才，他们能够进行系统分析、软件设计修改与维护，根据管理需要开发计算机的功能。新式的财会队伍，必须突破由单一会计人员组成的格局。

论我国会计准则和会计制度的关系*

王君彩　齐　硕

会计准则（包括基本会计准则和具体会计准则）尤其是具体会计准则出台以后，关于会计准则和会计制度的关系问题，是我国会计理论界和实务界广泛关注、讨论热烈的一个问题。从国际通行做法看，会计准则本身已是规范会计实务的具体标准，所以，在会计准则与会计实务之间，也就没有了会计制度一说，或者说，设计具体的会计制度是企业自己的事情。所以有人主张具体准则既然已经出台，行业会计制度也应随之废止。但也有人认为，行业会计制度具有中国特色，即使在具体准则出台后，也应长期保留下去。甚至还有人认为，会计准则就是照搬外国，根本没有必要，我国的会计制度足以满足我国经济发展的需要。如此种种，究竟孰是孰非？

一、会计准则和会计制度

1. 会计准则

会计准则以特定的经济业务（交易与事项）或特别的报表项目为对象，详细分析各该业务或项目的特点，规定所必须引用的概念的定义，然后以确认与计量为中心并兼顾披露，对围绕该业务或项目有可能发生的各种会计问题做出处理。人们学习了一份具体的会计准则，将会清楚地了解特定会计业务的会计处理的全过程。我国现有会计准则体系分为基本会计准则和具体会计准则两个层次。1992 年 11 月我国颁布的《企业会计准则》，可以理解为是对具体会计准则的一种简单归纳，具备了“会计准则纲领”指导性准则的雏形，所以是基本会计准则。具体会计准则是指目前正在拟定、并陆续发布的四个方面（约 31 项）的准则：

---

* 本文发表于《中央财经大学学报》2001 年第 8 期。

(1) 通用或共性业务准则；(2) 一般企业特殊业务准则；(3) 特殊企业特殊业务准则；(4) 财务报表准则。

2. 会计制度

会计制度是以某一特定部门特定行业或所有部门的企业为对象，着重对会计科目的设置、使用和会计报表的格式及其编制加以详细说明的规范。从1949年新中国成立以后，我国的会计规范就采取“制度”形式。这种形式适应当时的经济环境，适应统一财政经济体制的需要，起了积极的作用。以后虽然经过了不断的修订，但至今仍沿用其主要体系模式，并为广大会计人员和研究者所接受。

3. 会计准则和会计制度的主要区别

由以上对会计准则和会计制度的简单概括可以看到，两者主要的区别在于：(1) 规范的对象不同。具体准则按经济业务或项目；而制度是按企业。(2) 规范的重点不同。准则侧重于确认和计量；制度则侧重于记录和报告，确认和计量的内容有机地体现在会计科目及使用说明中。即准则重点规范会计决策的过程，而制度重点规范会计的行动与结果。采用准则的形式可引导会计人员从经济业务的确认、计量开始考虑进一步决定怎样记录和报告（披露）；采用制度的形式，会计人员能直接使用科目进行记录，并按照规定程序和格式编制报表。对比起来，准则比较抽象，学习起来有困难；而制度则比较具体，容易了解和操作。

二、会计准则和会计制度孰优孰劣

1. 会计规范优劣的标准

归根到底，会计准则和会计制度只是会计规范的两种表现形式而已，对它们的评价应遵循“实质重于形式”原则。会计规范的优或劣，只能是看它是否能够适应现实经济的发展；企业据此提供的会计信息能否真实完整地反映财务状况和经营成果；政府监督部门据此能否达到监督的目的；以及注册会计师据此能否发挥其对企业经济业务的监督敦促功能。

2. 会计准则优劣谈

到目前为止，具体会计准则尚未构成完整的会计规范体系。但是，从它发布的会计准则看，无论是结构体例，还是会计政策的阐述方式，均符合国际惯例，对独立的经济业务会计核算和披露的规定较系统、完整。一方面符合国外人士的阅读习惯，便于他们理解我国的会计标准；另一方面也是建立和完善我国会计准则体系的需要；同时，准则能够提高会计人员的职业判断能力，掌握财务会计的全过程，并能举一反三，增强解决新问题的本领。所以，会计准则作为会计规范的表现形式应予保留，这适应我国的国情和对外开放的需求。

很显然，制定和实施会计准则作为在我国一项正在进行的工程，它必然有其不足之处。就基本会计准则而言，它未将政府会计列入会计准则体系，未将企业会计和事业会计共同适用的理论概念进行集中说明，从而造成指导功能的相对不力。就具体会计准则而言，其表述内容和方式有的不够严谨，人为调整空间大，可操作性受到限制。有些表述简直是从《国际会计准则》等直译过来，生搬硬套，不符合我国会计人员的理解思路。同时会计准则与相关法规不够协调配套，如有关期货、非货币性交易在我国经济生活中的有关规定并不完善，致使会计准则的实施缺乏必要的法规制度支持，运用困难。

3. 会计制度优劣谈

由前面对会计制度和会计准则的比较可以看出，会计制度相对而言为广大会计人员所接受，原因是它已在我国有一定的应用基础，而且操作方便，易懂易学。

但是随着我国市场经济发展，尤其是企业制度改革深化、国际经济一体化，原有的会计制度已不能适应我国经济环境的需要，与市场经济发展中的企业需要存在不适应。如对不同企业所处的特殊环境考虑太少，强制性突出，灵活性差，对企业市场应变能力的考虑微乎其微；不能充分解释企业面临的风险等。同时，会计制度需要加强会计信息可比性、提高会计信息质量。例如跨行业、跨所有制的企业集团，在过去编制合并会计报表时，由于没有统一的核算标准，其真实性和有用性就会受到质疑。原有的会计制度在这一方面急需改进。但值得肯定的是，在我国建立的统一会计核算制度中，不仅打破了行业、所有制的界限，而且将更多地考虑与国际惯例协调，以便于国外投资者更好地了解我国企业的财务状况、经营成果和发展潜力，也使我国的企业易于在国际证券市场筹集资金。

4. 由会计的国际化和国家化来看我国的会计准则和会计制度

对一个国家而言，会计的国际化和国家化是一对矛盾。前者强调会计规范在国际范围内可比；后者则强调会计规范在某一国的特性。

我国的会计规范必须能适应我国市场经济发展及对外开放的需要。从这一要求出发，我国的会计规范应该国际化，应尽可能符合国际会计惯例。如果我国的会计规范不能在一个国际大环境中应用，将会影响到我国对外经济的发展和我国经济在国际经济中的地位和作用。由此，符合这一要求的会计准则应运而生。为了进行国际上的沟通，使我国的会计规范及其所形成的会计信息得到国际认可，特别是能使跨国投资者理解和接受，我们需要采用会计准则的形式来规范我国现代企业的财务会计和会计报告。

但同时必须考虑我国国情。我们决不能照搬或移植某一发达国家的会计准则作为自己的会计准则。有人认为美国经济发达，则美国的会计准则最好。其实未必。就会计准则而言，衡量其质量高低的标准应看它是否能够适应其依赖生存的经济环境的发展需要。尤其目前，我国的经济环境与美国有很大的差距。美国已有60年制定会计准则的历史，其准则只能适应美国经济发展的需要，而不能适应我国的经济环境。由此，我国还必须保留具有中国特色的会计规范，在现阶段，则是使会计制度继续发挥作用。

三、如何看待我国的会计准则与会计制度

从以上的分析可以看到，由于我国市场经济的发展以及世界经济一体化的发展，我国需要会计准则的国际协调。仍以行业会计制度的统一准则和形式来规范股份有限公司，尤其是上市公司、外商投资企业等，显然已不合适。这必然要求与市场经济运行相一致、与国际惯例相接轨的具体准则。但是，如果取消行业会计制度而以具体准则来规范所有企业的财务信息揭示，在具体操作实施上，一方面会因为它与现有的监管体系、法律法规不完全配套而导致财务信息失真；另一方面也会因为财会人员的素质、习惯，乃至会计教育体系的脱节而造成信息生产和使用成本骤增。所以，在当前环境下，两者还难以相互取代，应该并存互补，共同规范企业会计核算行为。

在准则和制度并行的情况下，必须使两者协调发展，这需要处理好两者的关系，如会计准则和会计制度的规定应尽量保持一致，对同样的经济业务所允许采用的会计政策应相互支持，不能明显冲突，让人无所适从。另外会计准则要考虑到行业惯例的特点和目前我国会计人员的素质及综合知识水平，在会计的确认、计量和报告方面做出相应的规范。

但是，两者并存的状态究竟会维持多久？会计制度会永远存在下去吗？我们

认为：会计准则和会计制度并存是暂时的，只是权宜之计。它只适应于现阶段我国各种条件尚不成熟的经济环境，如会计人员素质普遍低下，会计准则体系亟待完善等等。随着市场经济的不断发展，相关的经济环境、法律体系日臻成熟完善，跨行业和所有制的企业经济交流日益增多，会计人员素质也会不断提高。发展到一定时期，我国就应取消作为统一规范的会计制度，实行与国际惯例接轨的会计准则。当然，此时的会计准则也不能是完全脱离了我国国情的会计准则，而是与中国特色融合的会计准则。同时，在遵循会计准则的前提下，各企业可以制定和实施自己的会计制度，由企业中水平较高的会计人员组织施行。与此同时，还要加强独立审计的重要监督功能，这是因为我国历史造就的“人治”根深蒂固，许多人缺乏“法治”观念，习惯有法不依。

总之，我国会计规范的远期目标应是考虑我国国情，采取单一的准则形式，但在现阶段仍应保持会计准则和会计制度并存并协调发展。

会计准则制定基础研究*

王君彩　余应敏

会计准则作为会计核算的技术标准、信息披露的操作规范和会计工作质量控制的准绳，一般由权威机构制定和发布，从而具有鲜明的导向性和制度刚性。从美国会计准则的变迁历程可以看出，会计准则的制定基础或制定方法先后经历了“纯原则—规则—原则或目标”的变迁。美国证券交易委员会在《萨班纳斯—奥克斯莱法案》的指引下对会计准则的制定方法进行了研究，结论认为“如果准则的制定以规则为基础或纯以原则为基础，则准则都会是不完善的”。本文就此作以下探析。

一、纯原则基础准则的局限性分析

美国著名会计学家佩顿和利特尔顿 1940 年在其名著《公司会计准则导论》中指出，原则多含广泛性和恒久性的意义；美国会计原则委员会 1970 年发布的《企业财务报表的基本概念与会计原则》指出：公认会计原则包括某一特定时刻为定义公认的会计实务所需的种种惯例，规则及程序，纯以原则为基础的准则只提供了原则性的意见，要求报表编制者和审计师在将过于宽泛的准则应用于具体的交易和事项时进行大量的判断，通常不需提供充分的判断依据，从而增加了对报表编制者和审计师的判断能力的过分依赖，要求报表编制者利用已有的专业知识和职业经验，对会计政策的选用、会计估计与重要性的确定、收益性支出与资本性支出的区分进行抉择。由于专业判断能力受自身经验、职业道德和业务理论水平等多种因素的制约，各个参与者的判断能力强弱不一，即使是性质相同的交易、事项，也会因执行者的不同判断产生不同甚至是截然相反的处理结果，从而

---

* 本文发表于《财会月刊》2004 年第 9 期。

导致报告主体间严重的不可比，增加对会计处理进行追溯调整的可能性，进而可能导致管理当局审计师、监管者和原告间诉讼案件的增加。纯原则基础准则所提供的操作指南太少，不足以使准则得到可靠应用，执行难度较大。

二、规则基础准则的局限性分析

规则基础准则是针对所有可能的交易、事项，分别规定具体进行会计确认、计量、记录和报告所应遵循的规范。规则基础准则具有很强的针对性、可操作性，以尽可能地为报表编制者和审计师提供详细的操作依据与应用指南，其执行成本相对较低，对报表编制者的素质要求不高，一般不需要进行太多的职业判断。在以规则为基础的会计体系下，财务报告被视为是遵从法律的规定，而不是为进行沟通。规则基础准则提供了规避内在会计目标的手段：①太多的界线检验，最终会被财务工程师作为依据，仅追求字面上的遵循，而不注重准则的实质精神，极易使据之编制的财务报告不能真实地描述交易、事项潜在的经济实质。②众多的原则例外，导致对于具有类似经济实质的交易或者事项，其会计处理却截然不同。大量例外事项的存在，使在判断某项交易属于无数可能的例外事项中的哪一种时，仍需进行重大判断。庞大、详尽的准则应用指南，容易造成准则应用中的复杂性和不确定性。经验表明：以规则为基础的准则反而为那些试图围绕准则宗旨钻空子的人大开方便之门；特有的众多的例外和大量的详细指南，经常会导致准则运用时的不一致，过细的指南常内含冲突，只能带来虚幻的可比性，准则内部隐含的不一致、过多的例外事项和百分比界线检验鼓励了那些意在规避准则的人。在规则基础的会计体系下，报表编制者只需寻求形式上的合规而无须把握经济活动的实质，其结果往往是本末倒置、违背了准则制定者的初衷。

三、原则基础准则的优势分析

目标导向是准则制定方法发展的方向，以原则为基础的准则制定方法近似于目标导向方法。原则基础准则的优势在于：①以经过改进的并一贯应用的概念框架为基础，向管理当局和审计师提供了足够详细的概念框架；②规定了各类交易的目标和会计处理模式，明确了准则的会计目标；③提供适度或少量的细则或应用指南，使准则能够一贯地实施和应用，又不至于因细节过多而掩盖了准则的目标或造成政策的明显漏洞；④极少的范围例外情况，更少的职业判断需要，便于保持准则在执行中的相对稳定性，避免条款的频繁变动；⑤不存在界线，很少使用容易诱导财务工程师在技术上遵循准则却可规避准则意图的百分比检验，鼓励一致性和遵从准则的意图；⑥坚持资产负债观，强调管理当局和审计师对经济实质而非形式的报告责任，明确要求管理当局承担在财务报告中准确披露交易或事项的经济实质的责任，保证财务报告准确把握准则的目标；⑦按最优方式制定的准则可向使用者、监管者和其他检查或监督财务报告的利益相关者提供足够详细的资料，使其能更好地理解和正确评价管理当局报告的、经审计师验证的经营成果；⑧便于国家间会计准则的进一步协调，因为准则制定者根据原则达成一致比依照详细的规则达成一致要迅速得多。

笔者认为，每一个准则其实都是“原则”与“规则”的“混合体”，原则基础抑或规则基础并非是绝对非此即彼的问题，其间并无不可逾越的鸿沟，有的只是“度”的差异。原则基础本质上体现为规则基础的高度集中化和抽象化，而规则基础往往是原则基础的极端个体化和具体化。从认识规律来分析，交易、事项形式多样，未必受同一规则的约束：人类的认识活动总是在不断发现规律，并用规律去指导新的认识。准则总结了概念、原则、规则和方法，会计试图运用准则“掌握”交易与事项的内在规律，准则越是详尽具体，对交易、事项的会计认识活动的约束就越大，就越有可能把握不住交易与事项的“个性化特征”；准则越是原则，就越有可能彰显交易与事项的“个性化特征”，会计所描绘的经济活动就越生动、深刻。

四、立足国情，走独立的准则制定之路

会计准则具有显著的经济后果。其制定应当考虑利益相关者的承受力与外部环境。大量的研究证实，目前我国仍处于经济转轨时期，市场经济体制尚不健全，交易方式传统，交易手段单一，市场中介机构职能作用远未得到应有的发挥，市场法规建设仍有待进一步完善，会计从业人员和审计师队伍整体素质参差不齐。笔者认为，在选择我国会计准则的制定方法时，必须正视所处的以上客观

环境。我国会计准则的总体基调应是规则基础，反思我国会计准则走过的风雨历程，有两点不能忽视：一是中美会计造假案有显著区别，美国会计造假案主要是利用准则漏洞进行技术性利润操纵，我国会计作假手法多为明目张胆地虚构交易，尽管结果相同，但手法各有不同，防治对策也应有所区别；二是理想化的会计准则在我国目前的环境下缺乏应有的支持，搞移植、嫁接会“水土不服”。我国当前尚缺乏有效的原则基础准则的氛围，采用规则导向的准则制定方法或许更为切实可行，不能奢望原则基础准则可从技术上彻底禁绝各类舞弊造假行为。就准则制定方法而言，规则基础或原则基础二者并不是非此即彼的抉择，而是可以相互兼容的，片面强调一方都可能偏激，坚持规则基础并辅以适度的原则导向，或许才是正途。

中小企业融资：路在何方*

王君彩　余应敏　王淑芳　王保平　罗晓文

论坛主持人：王君彩（中央财经大学教授、博士生导师）

论坛参加人：余应敏、王淑芳、王保平、罗晓文

主持人：目前，中小企业已成为我国经济发展中最为强劲、最具活力的一支生力军，在提供就业岗位、扩大税收源泉、深化社会分工、推动城市化进程、促进区域经济发展等诸多方面都发挥着不可替代的作用。从未来趋势看，我国在今后相当长时期内资源禀赋结构仍将是物质资本和人力资本相对稀缺、劳动力相对丰裕，由此决定了以劳动密集型为主体特征的中小企业将是我国经济中极为重要的企业群体。但是，我们的实地调查和各种信息表明，中小企业的发展存在着比较突出的制约瓶颈，尤其在国家进行宏观调控，实施一系列紧缩银根的措施后，中小企业普遍感受到了融资的漫长冬天。融资难问题已成为许多中小企业持续发展征程中的“成长的烦恼”。今天，我们专题讨论这个问题，请各位就中小企业融资难的形成原因、解决办法，广开思路，以探求可行之道。

一、中小企业融资的现状、难点及成因

王淑芳（会计学副教授、博士生）：据权威统计，中小企业创造的最终产品和服务价值超过了我国 GDP 的 50%，实现出口和提供利税，占了 60% 左右，同时还提供了 75% 的就业机会。根据我们了解到的，中小企业发展的主要瓶颈就是难以融到经营活动与企业扩张所需的资金。中小企业融资难，难就难在自有资金匮乏，外源融资渠道过窄，不能像许多大型国有控股公司和国有独资公司那样进入

* 本文发表于《财务与会计》（理财版）2006 年第 1 期，名家主持栏目。

资本市场，通过发行债券和股票而组织到数额不菲的资金。绝大多数中小企业的外部融资都寄希望于银行贷款，但银行对中小企业提供贷款又顾虑重重。不少企业的融资成本偏高，除了明显偏高的利息外，还有各种费用，如评估、鉴定等手续费，请客送礼支出也不可忽视，还往往要受到形形色色的所有制歧视和规模歧视。

余应敏（会计学副教授、管理学博士）：银行也有银行的“算盘”，中小企业贷款多为量小、急促、频数高，导致银行的贷款审查监督成本与利息收益不对等，影响了银行的放贷积极性；加之银行贷款手续繁杂、条件苛刻、审批时间长、存在大量不确定的额外费用，难以满足中小企业的融资需求。从银行业常规操作规程看，不少中小企业资产负债率偏高、盈利能力较差，银行为规避风险，只愿提供抵押贷款或担保贷款，但大多数中小企业可用于抵押的资产少，又不能提供充分有效的担保物或担保人，因此难以获得贷款支持。另外，在授信管理上，各商业银行贷款审批权限日益集中，对基层行信贷授权明显不足。风险约束机制的建立，使得银行普遍采取“宁可不贷，以防错贷”的“惜贷”行为方式，这导致了一些有发展潜力、市场前景好但资金紧张的企业与项目，不能及时获得贷款。就我国银行业的配置格局分析，目前我国银行体系高度集中、缺少适合为中小企业提供融资服务的中小银行，而一些地方创建的专为中小企业服务的担保基金，由于担保条件过于严苛、担保基金来源少、贷款倍数高、尚未形成完善的风险补偿机制，导致担保基金在中小企业融资中的作用也是“捉襟见肘”。总之，中小企业面临的融资困境是信贷资金投放量少、国有银行贷款门槛过高、信用担保体系不健全、银行金融服务品种少、银行经营策略“嫌贫爱富”，许多中小企业在资金短缺的边缘线上苦苦支撑着。

罗晓文（会计学博士生）：中小企业先天不足的事实使银行变得“嫌贫爱富”：过高的经营风险、缺乏足够的抵押资产以及企业治理不规范、社会信用差等中小企业自身的原因，一定程度上使银行对其产生歧视倾向。银行作为企业，出于安全考虑，将贷款集中到信用等级较高的企业，对信用低的企业“惜贷”，这是造成信用低的企业资金缺口大的主要原因。

王保平（高级会计师、博士生）：缺乏政府政策的有力支持也是一个原因。主要表现为：缺乏专门为中小企业服务的银行组织体系和中小企业贷款担保机构；缺乏支持中小企业发展直接融资渠道的政策，中小企业不同程度地面临着资本市场的进入壁垒。在发达国家，非正式的权益资本市场、风险投资体系、二级市场的发展，可以在很大程度上弥补中小企业的融资缺口。但在我国，由于创业投资体制不健全、法律保护体系和政策扶持体系不完善，科技型中小企业技术创新基金和中小企业国际市场开拓基金数量少、服务范围有限，股权融资不畅通、造成企业融资结构单一。

王淑芳：不仅如此，发达国家也非常重视构建中小企业融资信用担保体系。美国小企业管理局主要通过提供担保来帮扶中小企业，联邦政府尤其重视高科技型中小企业的融资问题，他们强调政府的融资服务功能，一般不对小企业直接注入资金，而是鼓励、扶持和督促金融机构向小企业融资，通过立法并监管商业金融机构的执行，消除不利于中小企业公平竞争的障碍。日本官方则设立中小企业信用保险公库，民间设有52个信贷担保公司，并在此基础上设立了全国性的“信贷担保协会”，从而构造了坚强有力的中小企业信贷担保服务体系，在日本，政府主导的小企业融资方式支持着中小企业吸收引进技术，促进了小企业设备投资的增长。德国以各州行会为基础的担保银行为中小企业提供融资担保、直接贷款扶持、投资入股和备用融资担保制等相关服务。韩国政府信用担保基金每年向商业银行按其贷款总额的0.2%收费，2003年共向28万多家中小企业提供了信用担保。为中小企业提供信用保证支持也是许多发达国家经常采用、效果较佳的金融支持制度。如此等等，不能不说是政府给中小企业融资活动“雪中送炭”。

罗晓文：西方国家多倾向于从制度和机会方面，鼓励创业投资和风险资本与中小企业“联姻”，实现孵化器和催化剂效应。美国官方30多家中小企业投资公司和民间600多家风险投资公司是中小企业筹资的重要来源之一。在英国，由100多家小型金融公司组成的风险资本协会（BVCA），定位于为高科技“风险企业”提供资金援助。意大利比较注重制造业中小企业的发展和融资问题；法国政府扶持中小企业的重点主要放在了就业潜力比较大的服务业中小企业上。

二、中小企业融资的国际比较及借鉴

王保平：放眼世界，许多发达国家为缓解中小企业融资难问题采取的一个重要举措，就是设立政府专管部门和政策性金融机构。美国联邦政府专设了小企业管理局来统筹和协调中小企业发展中的问题。日本为改善小企业融资，由政府出资设置了一整套政策性金融体系直接向中小企业融资，以《中小企业基本法》为核心，日本涉及中小企业的法律达30多部，为构建中小企业金融体系奠定了基础。德国政府通过“马歇尔计划援助对等基金”直接向中小企业提供贷款，政府的合作银行、储蓄银行和国民银行等均根据有关法规对中小企业提供低息贷款。加拿大通过开发银行、出口发展公司等政策性银行和非银行金融机构，以及加拿大皇家银行等八大全国性商业银行和1500多家分布在各地的中小金融机构则在解决社区中小企业（包括街道手工工业）上具有特色。

主持人：的确如此，不少发达国家还非常重视鼓励中小企业到资本市场直接融资，促进中小企业筹资来源实现多元化。如异常火爆的NASDAQ市场就是美国政府精心培育的科技型中小企业融资舞台，全美90%最具成长性的中小企业都在此上市。加拿大以创业者和“天使基金”等个人为主体的股权投资，以互助基金和银行等机构为主体的风险投资，通过证券交易所和购并市场获得的股权资本等，是加拿大中小企业直接融资的形式。据加拿大独立企业联合会统计，9.6万会员企业的股权资本中拥有业主投资、“天使投资”、风险投资的企业户数分别占56%、5%、4%，另外，还有相当数量的中小企业通过上市募集股本。为解决中小企业融资困难，我国台湾地区于20世纪70年代初建立了中小企业融资辅导体系，该体系主要包括中小企业银行、中小企业信用保证基金、中小企业融资辅导中心和其他融资辅导机构。显然，通过创造一个富有效率的、充分竞争的金融体系，辅之以必要的政府扶持与引导，是从根本上改善中小企业融资的基本经验。

三、我国中小企业融资体系的构建与融资效率

罗晓文：如何构筑一个规模适度、运转有效的中小企业融资体系，也是需要探讨的问题。就中小企业融资供给体系而言，通常包括内源融资与外源融资两个渠道。其中，内源融资是中小企业融资的主要来源，也是融资效率最高、最理想的渠道，主要是充分挖掘和利用内部资金（例如留存收益、加速收款、推迟付款、降低库存等），它具有融资金额大、融资速度快、使用期限长、无须归还、融资成本几乎为零的特点，但易演变为中小企业大量欠账“迟还”甚至“不还”等恶劣行为。外源融资又分为债务融资与权益融资。从融资效率上看，尽管债务融资的成本不算高，不会稀释企业的控制权，但由于其难度大而总体融资效率不高。在权益融资的公募发行方面，我国虽然已有中小企业板，但能通过中小企业板上市融资的企业还是极小数；在私募发行方面，由于政策限制多、专门投资创

业初期的中小企业“天使资本”、专门投资于高收益高风险的中小企业“风险资本”，也基本上处于萌芽阶段，没有强大的产权交易平台，场外交易与社会集资几乎被全面禁止。因而，权益融资仅剩企业产权所有者自己储蓄这“华山”一条路！所以，从一定程度上讲，中小企业的融资效率几乎为零。

王保平：融资与信用从来都是“孪生姐妹”。我国的社会信用体系尚未建立，能够为中小企业提供担保的金融机构相当少。从国际视野来看，许多国家和地区均十分重视构建为中小企业融资服务的信用担保体系，大约有48%的国家和地区建立了各具特色的信用担保机构。根据中国信用再担保股份有限公司的统计，2002年我国担保机构资金的放大倍率只有2.53倍，远低于日本的60倍。日本以政府出资为主的再担保体系可以分担30%的风险，但我国还没有形成再担保机制。1998年中国工商银行给35万家中小企业评定信用等级，BBB级以下达83.6%，被银行归类为禁止贷款客户群。我国中小企业固然抵押担保融资的效率较高，但信用担保的融资效率却几乎为零。

王淑芳：让人揪心的是，我国也缺少中小企业融资辅助体系。我认为，应该尽快理顺管理体制，发展和完善非营利性中介组织，大力发展中小企业融资辅导机构，积极培育适合我国中小企业的商业孵化器。

余应敏：客观地看，中小企业因其先天缺陷，往往无法从正式的金融机构获取融资。化解中小企业融资难，应该“双管齐下”，一方面应从市场角度调整银企关系，建立中小企业的信用体系，改变银行的风险定价机制。根据我们调查，中小金融机构在很大程度上带有社区性质，服务对象主要为区内中小企业，具有信息优势，可以不必经过抵押、担保手续，通过资信审查合格后，即可直接发放信用贷款，因此大力发展中小金融机构可从根本上缓解我国中小企业的融资困境。根据欧洲复兴开发银行等的成功经验，商业银行的存贷款利差至少在10个百分点以上，才能覆盖成本与风险，因此，可适当提高对中小企业的贷款浮动利率，使之维持在15%左右，以使商业银行能根据中小企业的资信状况与贷款风险，确定贷款利率与规模。同时，为促进中小金融机构的发展，要降低为中小企业提供贷款的中小金融机构赋税，允许其提高呆账准备金率。

主持人：这就是说，我国中小企业各种融资方式的效率从高到低排列顺序是：内源融资，依靠关联企业、关系个人取得债务融资，依靠企业所有者自有储蓄，有优质资产的可采用抵押担保取得银行贷款，有好项目的可申请国家专项基金资助，有海外关系的去拉风险投资，头脑够灵活的还可尝试进行融资租赁等更先进的方式。

四、中小企业融资难的政策求解

罗晓文：如何解决中小企业融资难，不能不从政府层面找寻答案。政府解决中小企业融资难的主要策略有：（1）实施实质性政策倾斜，这是解决中小企业融资难问题的根本出路；（2）完善相关法律法规，如完善《中小企业促进法》，专门制定促进中小企业融资的相关法规；（3）实施财政补贴与税收优惠；（4）积极发展金融服务与担保，政府应促进成立民营中小银行和贷款性金融机构，大力发展独立的中小型担保机构，构建适合于中小企业生存的金融体制；（5）构建完善的社会信用评价评级体系；（6）完善专业化产权交易系统和社会辅助体系，促进中小企业的产权交易，扩大权益融资；（7）政府应从宏观上引导和帮助中小企业提高公司治理与管理水平，改善业务发展模式，从内部提高其融资能力。

余应敏：在政府强手出击的同时，构建社会信用评级体系也很重要。目前，我国银行既当“运动员”又当“裁判员”，导致其征信效率低下且有违公平，因此引入“第三者”十分必要。通过设立区域性企业信用等级的权威评定机构作为征信主体，通过重点考查企业的综合发展能力，以确保企业信用评级横向可比、获得广泛认同。政府则对企业信用的评估与发布实施监督。西方发达国家的经验已经表明，企业信用评级是解决信息不对称问题的有效手段。当然，政府应出面建立全社会的企业信用评级制度。

王淑芳：对，这也是个系统工程，为防止企业财务报表出于不同目的时而瞒报、时而虚报的现象，政府可考虑把企业呈报给税务、银行、工商等利益相关者的各种报表统一上网，使之相互印证。同时，政府还可通过监管制度解决中小企业融资难问题，如银监会可在法律法规、监管方式、银行准入管理、非银行金融机构融资工具、鼓励创新等方面，制定化解中小企业融资难的政策。此外，政府还可充分发挥技术创新基金的作用，通过贷款贴息、无偿资助、资本投入等方式，继续扶持科技型中小企业的快速发展，促进自主创新；积极稳妥地发展各类型投资基金，诸如产业投资、风险创业投资、证券投资基金、社保基金等。

主持人：我认为，政府可以大力发展二板市场，积极培育非公开权益市场，引导私募发行，促进专门投资于创业初期中小企业的“天使资本”，发展投资于高收益高风险中小企业的风险资本，为其提供强大的产权交易平台，降低发行门槛，规范和适度发展社会集资。当然，政府的主要作用应该是建立和维持一个稳定的竞争环境，促使企业和金融机构维护自己的商业信誉。据美国联邦小企业管理局资深顾问 James M. Van Wert 博士的介绍，美国联邦小企业管理局一个重要任务就是帮助中小企业贷款、为中小企业向银行提出的贷款申请提供约 85% 的信用担保，贷款银行实际上只承受了 15% 的风险，因而乐意提供贷款。这种与金融部门努力共建“金融安全区”的做法，值得借鉴。

五、中小企业融资难破解之路：简短综述

主持人：中小企业融资难是一个世界性难题，虽然各国政府都采取了不少措施试图加以破解，但时至今日，都未能找到一个完整而彻底的解决方案。今天是从不同侧面通过“华山论剑”来阐释其中的真谛，尽管并不能说已“一炮打响”，但已经不再“一头雾水”，可以说，解决中小企业融资难问题，需要从宏观、中观和微观三个层面，实施“三位一体”的推进战略。

从宏观的政府导向层面讲，政府应提供公开、公平和公正的市场环境；逐步建立中小企业信用信息平台，实现中小企业信用监管社会化；制定统一的企业信用规范制度，规范中小企业信用评估和中介机构的征信行为；积极借鉴美国《公平信用报告法》，建立健全中小企业信用评级制度，制定相关准则和技术规范，为征信评级活动的开展提供依据与指导，确保征信行为和征信主体市场化、社会化、规范化。政府应积极培育各类中小企业信用担保机构、构筑融资担保体系，提供资金支撑服务，鼓励担保机构做强做大，通过发展各类信用担保机构解决中小企业的融资问题，对中小企业发展的帮助将会更大、更长远。

从中观的金融机构层面讲，银行业应进行观念和金融产品的创新；增强服务意识，提供全方位的优质金融产品服务，提高服务质量；增强对中小企业业主的信用评估与授信；对财务状况不好但其产品适销对路的小企业，可以开展应收账款保理业务、票据贴现业务或封闭贷款业务等；推广中小企业“主办银行”制度，增强中小企业融资的有效性，降低银行的服务成本与风险；对一些中小企业试行商业信用保险，准其以资产作抵押（如应收账款）投保信用险或产品销售信用险；对其设备投资开办租赁融资业务；为具有一定规模、盈利能力的中小企业

创造直接融资机会，鼓励已具上市条件、发展前景好的中小企业通过资本市场直接融资；在建立风险投资基金的基础上，着力发展“中小企业板资本市场”。2004 年 5 月深交所开设中小企业版，为中小企业上市融资创造了条件，然而，目前只能解决部分高科技中小企业的融资问题，应适当降低入市的门槛，把中小企业板块真正办成“创业板”。

从微观的企业执行层面讲，中小企业要脚踏实地、规范经营，要有立足于长远发展的观念，通过强化内部经营管理，打破传统家族式经营管理模式，积极建立现代企业制度，特别是要加强财务管理，构筑完整的财务组织系统，在不损害商业秘密的前提下提高信息透明度，树立良好的诚信形象；不断增加经营积累，加大技改投入，用先进技术改造传统产业，提升技术含量和产品档次，搞好新产品和高科技项目开发，以诚信的企业形象、强势的核心竞争力吸引信贷资金。

从“经济后果观”谈会计准则制定*

王君彩　余应敏

经济后果观是指会计信息是依据会计准则产生并提供的，不同的会计准则规定会产生不同的会计信息，从而影响各利益关系人的利益分享与社会资源的配置，会计准则具有经济后果的性质，在本质上属于一种微观经济政策。美国会计学家斯蒂芬·A. 泽弗（Stephen A. Zeff）在其早期论文《“经济后果”学说的兴起》中指出：从1960年起，美国会计界开始意识到会计信息的经济影响，会计政策的选用具有经济后果。自此以后，从某种意义上说，人们对制定会计准则的认识发生了质的飞跃，更加注意会计准则及其制定过程的公平性、公开性、公允性与有效性，会计准则相关理论更趋成熟、完善。准则的制定过程与其说是一种单纯的技术过程，不如说是一种政治程序或政治博弈过程，即准则制定过程必然为各相关利益集团所关注并积极参与，最终实行的会计准则既要遵循会计本身的基本原则、保持会计准则的技术特征，又要考虑能够获得某种经济后果的利益集团的呼声，关注各方利益考虑会计准则实施后可能产生的经济影响。

一、美国会计准则的经济后果与政治程序

1. 递延税款贷项的会计处理。1958年，美国三家电力公司的附属公司请求联邦法院禁止美国执业会计师协会（AICPA）允许会计程序委员会（CAP）通过将递延税款贷项账户余额归类为负债的规定，这一方法将在拟发布的会计研究公告（ARB. 44）“递减余额折旧法”中采用。这些公司担心，美国证券交易委员会（SEC）会根据《公用事业持股公司法案》的授权而不批准其发行公司债券，因为拟议中的重新分类将导致这些公司的资产负债率不符合发行规定。为平衡各方

* 本文发表于《财会月刊》2003年第1期。

利益，SEC 最后作出裁决，同意公用事业公司为决策目的将递延税款贷项列示于资产负债表的负债与股东权益项目之外，无须计入负债。

2. 资本租赁业务的会计处理。美国财务会计准则委员会（FASB）在 1976 年发布的第 13 号财务会计准则公告（SFAS）中规定：公司应将资本租赁业务由表外附注说明改为表内负债项目反映。该规定实施后，资本租赁业务占公司整个筹资规模的比重下降，让位于经营性租赁和非租赁性筹资，权益性筹资比重上升。Imhoff、Thomas（1988）的实证研究证实，SFAS13 对公司资本租赁业务及资本结构产生了直接影响，具有明显的经济后果。原因是：将资本租赁业务由表外披露改为表内项目后，提高了公司的负债率，增加了进一步筹资的难度。为降低负债比率、规避违约风险与减少违约成本、维持债务契约所要求的债务水平，公司管理者纷纷转而采用资本成本较高的权益性筹资方式。

3. 投资税款贷项的会计处理。投资税款贷项是公司进行固定资产投资时，政府按投资额的一定比例给予公司减免的所得税。这是一项为刺激经济、提高美国企业国际竞争力而采取的政策措施。1962 年，美国会计原则委员会（APB）发布了第 2 号意见书，要求对投资税款贷项按递延法进行处理。依照会计的权责发生制与配比原则，采用递延法在固定资产使用寿命周期内摊销该贷项，较为合理、系统与内在一致。但由于其不能通过企业的财务报告充分体现美国政府减税政策刺激经济的目的，不利于政府宏观经济政策效应的实现，削弱了财政政策的激励作用，因而遭到国会的强烈反对。国会通过 S9C 向 APB 施压，迫使 APB 发布了第 4 号意见书以取代第 2 号意见书，允许企业在“递延法”和“流尽法”即在获得投资税款贷项的当年一次计入损益的方法间任意选用，而递延法与流尽法是具有不同经济后果的。

4. 跨国企业外汇折算差额的处理。1975 年，FASB 颁布了 SFAS8，要求跨国企业的外汇折算采用时态法，并将折算利得或损失外币折算差额计入当期损益。该规定一公布，立即遭到企业管理者及利益相关者的强烈反对，有些公司甚至在报表附注中公开质疑 SFAS8 的理论依据。其实，根据 SFAS8 提供信息反映的情况与汇率变动对现金流量和权益的预期经济影响基本一致，SFAS8 符合购买力平价理论，其货币性项目也符合利率平价理论，对现金流量并无直接的影响。但管理者认为：由于当期净收益包括了未实现的外汇损益，会产生重大不可控的易变性，报告外汇损益不能可靠地衡量其业绩，从而影响其薪酬计划；波动的会计利润传递的是企业发展不稳定的信息，会影响企业在资本市场上的资金筹集。因而对其发起了直接攻击。迫于各方压力，FASB 决定重新审查外币折算会计，并于 1981 年发布了 SFAS52，其规定：采用现行汇率法处理外币折算业务，将外币折算差额作为一个单独的项目列入股东权益。该公告虽然更缺乏经济理论基础，却得到了包括管理者在内的普遍认可，因为它更好地平衡了影响会计政策选择的具有竞争性的经济和政治两方面的因素。

二、我国会计准则制定过程中经济后果的体现

1. 待转销汇兑损益的会计处理。1994 年年初，我国改革了外汇管理体制，实行人民币汇率并轨，人民币大幅度贬值；在会计核算上改历史汇率法为现行汇率法，由于汇率变化，企业外币账户产生了巨额的折算差额。如将该差额直接计入当期损益，必将对相关企业的会计利润产生重大影响，从而国家税收、财政收入乃至企业的持续经营也将受到冲击。考虑到这一经济后果，需要增设“待转销汇兑损益”科目对产生的巨额汇兑损益作单独处理。财政部规定：①与购建固定资产有关的汇兑损益，如该项资产尚未交付使用或虽已交付使用但尚未办理竣工决算的，直接计入该项资产成本。②其他汇兑损益，在筹建期间发生的，应计入开办费；在生产经营期间发生的，如为汇兑净收益，可选用的方法有按不短于 5 年的期限平均转销、留待弥补以后年度亏损、留至企业清算时并入“递延资产”项目。

2. 资产减值准备的计提。1998 年财政部发布的《股份有限公司会计制度》规定：短期投资跌价准备、存货跌价准备与长期投资减值准备，对于境外上市公司、香港上市公司以及在境内发行外资股的公司属必须执行的强制性会计政策，要求公司于中期期末或年度终了计提调整；而对其他股份有限公司属自愿参照执行的自发性会计政策。有学者对该项会计政策的经济后果进行了实证研究，结果证实：上述内外有别的会计政策具有显著的经济后果，这种双重标准导致了实施过程中的混乱。基于对经济后果的考虑，即使强制执行的公司中，计提短期投资跌价准备的公司比例为 36.36%，计提存货跌价准备的比例为 81.8%，计提长期投资减值准备的比例为 64.2%；在参照执行的公司中，计提三项准备的公司比例相应项目却只有 3.16%、10.2%、6.7%。

按照有效市场假说，只要公司充分披露所选用的会计政策，市场就可识别会

计政策产生的收益差异，从而不会作出价格反映。由于我国证券市场尚不完善、不发达，信息披露仍不尽充分，这种效果短期内尚无法实现，也就为某些公司利用会计政策带来的信息差异从事“会计寻租”提供了可能。由于计提资产减值准备会减少公司的会计利润，除非国家强制执行，自愿执行该项政策的公司将只占少数，这在客观上加剧了市场信息的不对称，影响投资者对公司价值的判断。为消除上述政策的消极影响，财政部对该项政策进行了修订，废除了一般公司自愿执行的有关条款，规定所有股份公司均强制执行资产减值政策。在《企业会计制度》中更明确规定，对于不符合资产定义的八项资产应收款项、存货、短期投资、长期投资、固定资产、在建工程、无形资产、委托贷款均应计提资产减值准备，减少了政策的自由选择空间。

三、启示与建议

瓦茨和齐默尔曼指出，会计政策具有经济后果的主要原因在于报酬契约、债务契约和政治成本的存在。根据企业的产权理论，企业是一些有切身利益的个人所签契约的结合体。公司的经理人员尤其希望通过定约来限制对额外利益包括逃避责任的过度消费，会计数据在旨在减少代理成本的公司契约中得到普遍运用，而会计在定约中的作用使会计程序可在现金流量和计价方面产生影响。会计准则存在的理由就是在政治活动中获得成功的团体所给予的理由，或是一种混合的折衷的理由。无论报酬契约、债务契约，还是政治成本通常都以公司的会计利润为主要考察依据，会计政策的选用（受制于会计准则的制定）会对公司会计利润产生直接影响，进而影响公司管理者的决策行为以及公司的价值。

由于会计准则所具有的经济后果，将会计准则赋予微观经济政策的特性，使会计准则的制定已演变为政治过程。当制定中的准则会对企业的净利润产生实质性的影响进而会损害相关者利益时，他们就会通过其政治代表对准则的制定施加影响直至修订或取消相关准则。能够最终发布实施的会计准则必将是各利益集团都能够接受的结果，经济后果使会计准则的价值取向更加政治化。会计准则要体现利益相关者的根本利益，否则，对准则的不满将导致其在实施过程中的阳奉阴违。关注会计准则的经济后果，要求准则制定机构具有高度的独立性与权威性，制定人员具有广泛的代表性，制定过程要执行充分程序，以实现准则制定的公平性与有效性。

关于会计准则制定机构是民间、半官方还是官方，这并不是问题的本质；在制定机构、制定人员、制定程序等要素中，决定会计准则质量的主要因素应该是制定人员和制定程序。但是，一个不可否认的事实是：民间性质的准则制定机构讲究公认性，通过公认性达到权威性；官方性质的准则制定机构的优势在于其权威性与高效率，会计准则与相关法规容易协调并便于组织实施，但其缺陷是往往忽略了准则的公允性与公平性。因此，在准则制定过程中，必须充分听取各方意见，吸收更多的利害关系集团参与其中，以使会计准则具有较高的权威性与有效性。

我国会计准则由财政部制定，属官方性质制定机构。1988 年 10 月，财政部会计司成立了会计准则课题组，负责会计准则的研究与起草工作；1998 年 10 月，财政部成立会计准则委员会，为财政部制定会计准则提供咨询服务，其委员分别来自政府部门、证券监管机构、会计职业团体、高校和科研院所，具有一定的社会代表性。在我国，国有经济的主导地位决定了国家是会计工作的主要服务对象与信息使用者，由政府机构制定会计准则是合理的，可以满足政府的直接需要。随着我国社会主义市场经济的发展，非公有制经济将在国民经济中占有越来越重要的地位，其利益也应得到肯定与保护。我国市场经济的发展必然会出现更多的利益主体，如作为企业合约中的代理方——企业经理人员正在成为一个不断壮大的利益群体，他们是会计信息的提供者与会计准则的执行人，同时也是各利害关系的联结点，没有他们的参与将会使准则制定机构的代表性、公允性失色。

为避免利益分配失衡，笔者认为，会计准则委员会应广泛吸收工商界、金融界等各方面的代表，设立一个由各方代表参加的日常咨询机构——会计准则咨询或评审委员会，并赋予其一定的评议权。这样，有利于进一步增强准则制定的广泛代表性，使制定出的会计准则更具有普遍的可接受性，从而节省准则的执行成本。为了尽量提高准则制定机构的独立性，应保证制定机构在人员、经费、地位及精神等方面的独立；为了增加准则制定过程中的透明度，应充分协调各方利益，使会计准则的经济后果朝着有利于社会资源合理配置、充分调动和发挥各方经济建设积极性的方向发展。

国际企业集团经营报告面临的问题与改进建议*

王君彩　罗　乐

对于国际企业集团来讲，跨国的经营报告作为其全球经营活动的总结，不仅能够反映国际企业集团在特定时点的财务状况、特定期间的经营成果和现金流量，还可以作为考核和评价各海外分支机构经营业绩的重要依据。从财务会计的角度出发，国际经营报告主要面临着准则协调及差异调整、物价变动会计的判断及外币报表折算、合并报表的编制等问题。而从管理会计的角度出发，国际经营报告的编制主要面临着业绩可比性和预算编制适用性、前瞻性的问题。另外，国际经营报告还牵涉到全球财务信息系统统一管理的问题。

一、国际财务会计报告所面临的问题

国际财务会计报告是指为了满足多个国家信息使用者的需要而编制的财务报告。国际财务报告的提供者主要是跨国公司，而财务会计信息的需求者主要是跨国公司现有的和潜在的利益相关者，如投资者、债权人、母子公司所在国的政府部门及其他有关利益各方等。美国学者 Frederick D. S. Choi、Carol Ann Frost、Gary K. Meek 在其著作《国际会计学》中，将商业战略、财务、会计分析以及前景分析中所面临的问题总结为：(1) 有关信息的取得途径；(2) 财务会计信息的及时性；(3) 外币问题；(4) 财务报表格式的差异；(5) 语言翻译和术语使用的差异。

具体到我国的跨国企业集团来说，其在编制国际财务会计报告时主要面临下面几个问题：

---

* 本文发表于中国会计学会、中国会计学会教育分会《中国会计学会 2005 年学术年会论文集》。

1. 会计准则的协调及有关差异的调整

跨国企业集团由于下属子公司分布于全世界各个角落，子公司在进行核算时要按照所在国的会计政策进行，但母公司汇总子公司的财务报表时，为了保证会计信息的可比性，就要对各国之间会计准则不同所造成的核算差异进行调整，统一到母公司所在国的会计准则体系下以编制合并口径的财务报表。如果跨国企业集团在不同国家的资本市场上市，还要按照上市所在地的会计和财务报告披露的规定进行准则差异调整以及报表转换。比如从事石油和天然气勘探开发行业的跨国企业集团，其分支机构遍布全世界各个角落，涉及的准则协调问题更加突出。跨国石油公司的海外业务有其运作上的特点，同时也面临着特殊的政治、经济风险，海外业务常以联合作业的方式进行，在各地区的差异很大，会计核算也比较特殊。在涉及石油和天然气勘探开发行业的会计准则体系中，国际会计准则理事会（IASB）于2004年12月9日发布了《国际财务报告准则第6号——矿产资源的勘探及估值》，自2006年1月1日起生效，主要适用于与矿产资源勘探有关的实体对于支出的会计处理。美国财务会计准则公告第19号针对石油和天然气勘探开发业务的核算，财务会计准则公告第69号针对油气行业的信息披露，分别作出了较为详尽的规定，也成为国际性油气公司在开展油气勘探开发业务时所普遍遵循的会计指南。中国会计准则委员会（China Accounting Standards Committee）目前尚没有针对油气行业和油气勘探开发活动出台一套会计核算制度或相关会计准则。各大国有石油公司通常沿用行业会计核算办法对于油气勘探开发活动进行核算。对于实施“走出去”战略，从事跨国油气勘探开发业务的中资跨国石油公司来说，此问题显得尤为突出。在各个产油国从事生产经营活动时，有的要求对油气勘探开发活动依据资源国的会计准则或核算办法进行会计处理，有的要求按照美国会计准则进行会计处理，有的要求按照国际会计惯例或实务进行会计处理。此外，在石油和天然气勘探开发的联合作业合同（Joint Operating Agreement）中，往往也会规定会计核算的具体内容，这在有的国家也成为进行会计核算的依据。对于中资跨国石油公司来说，往往需要协调国际会计准则、美国会计准则、各国会计准则、联合作业合同之间不同的会计处理，将它们转换成中国行业会计制度下的核算方法，对准则之间的差异进行调整，以为下一步编制合并会计报表奠定基础。在实际操作时，通常把其他国家的财务报告先要么转换成国际会计准则下的财务报告，要么转换成美国会计准则下的财务报告，再将已做完转换的财务报告统一转换成中国油气勘探开发行业会计制度下的财务报告。

2. 合并会计报表的编制

跨国企业集团在编制合并会计报表时，为了保证所披露会计信息的可靠性、相关性和可比性，在完成上述所说的会计准则差异调整的同时，还要考虑物价变动和外币折算所带来的影响，在这些基础工作都完成后，跨国企业集团需要编制整个集团口径的合并会计报表，对子公司通过抵销分录、对分公司和项目部通过汇总分录处理有关内部交易，避免重复编报。由于中国会计准则体系仍在进一步完善之中，在跨国企业集团编制合并会计报表的过程中，主要会涉及《国际财务报告准则第3号——企业合并》《国际会计准则第15号——反映物价变动影响的信息》《国际会计准则第21号——汇率变动的影响》《国际会计准则第24号——关联方披露》《国际会计准则第27号——合并财务报表和对子公司投资会计》《国际会计准则第28号——对联营企业投资会计》《国际会计准则第29号——恶性通货膨胀经济中的财务报告》《国际会计准则第31号——合营中权益的财务报告》《国际会计准则第33号——每股收益》《国际会计准则解释公告第3号——消除与联营企业交易中的未实现利润和损失》《国际会计准则解释公告第22号——企业合并：区分为购买或权益结合》《国际会计准则解释公告第11号——外汇：严重货币贬值所导致的损失资本化》《国际会计准则解释公告第12号——合并：特殊目的实体》《国际会计准则解释公告第13号——共同控制实体：合营者的非货币性投入》《国际会计准则解释公告第20号——权益法：损失的确认》《国际会计准则解释公告第30号——报告货币：从计量货币到列报货币的折算》《美国财务会计准则公告第141号——企业合并》等有关公认会计原则，跨国企业集团可以根据它们进行相应的会计调整并编制合并会计报表，或者根据我国于1995年发布的《合并会计报表暂行办法》来编制合并会计报表，以满足有关各方的信息需要。

中资跨国油气公司在编制合并报表时通常面临的具体问题包括：

（1）多币种之间的折算问题。由于各资源国通常要求采用当地货币记账，并且当地货币与国际硬通货之间的汇率往往变动剧烈，这给编制合并报表带来了很大的不方便。在资源国没有发生恶性通货膨胀的情况下，跨国油气公司通常选择会计期末资源国货币对美元的汇率作为资产负债表的折算汇率、会计期初与会计期末的平均汇率作为损益表的折算汇率，将当地财务报表折算成美元报表，在将美元报表汇总或合并到跨国油气公司的海外核算中心的基础上，将美元报表统一折算成人民币报表，与国内总部进行合并，编制全集团口径的合并报表。

（2）长期投资的核算问题。由于油气行业上游业务的特殊性，在宣布商业发现、进行商业开发之前，海外子公司的物探支出、干井支出等都要计入当期费用，形成了海外子公司的巨额亏损，也给上级母公司的长期投资核算带来了一定的挑战，因为在长期股权投资的期末核算以及编制合并报表的抵销分录时，有相当数额的未确认损失要留在资产负债表中层进行上报。这一做法目前为中国会计准则体系所认可。

（3）收入的实现以及成本、费用的确认问题。对于油气勘探开发行业而言，由于在不同的资源国所采用的合同模式不同，成本回收方式千差万别，各国对于油气行业征税的计算方法和依据不同，在收入的实现和确认方面、在成本和费用的确认方面，各国之间也会有较大的差异。为了在当地正常开展日常经营活动，海外分子公司通常根据当地税务报表的要求来决定在财务报表上如何确认收入、成本和费用，何时向上级单位报送等。

3. 分部报告

分部报告中最重要的概念是重要性水平，即只有达到整个集团一定数量标准的分支机构才会被要求编制分部报告。但客观地说，我国的许多跨国企业集团都不要求其海外机构按《国际会计准则第 14 号——分部报告》编制分部报告。2001 年 11 月 8 日，中国会计准则委员会发布了《分部报告》准则的征求意见稿，预计会于近期正式发布此准则。在我国的分部报告准则正式出台后，上市的跨国企业集团可能会被强制要求其海外机构编制分部报告。

对于跨国油气公司来说，其分部报告的编制，既要能够反映不同地区的资产和收益状况，也要能够反映上中下游不同环节的资产和收益状况，甚至有的时候还要能够反映重要石油产品的价值和收益状况。跨国油气公司的业务特点往往要求其分部报告提供比其他行业更详细的信息。

二、国际管理会计报告及预算编制所面临的问题

国际管理会计报告的主要问题是跨国经营的业绩报告和业绩评价问题。跨国公司的经营目标是为了实现母公司股东的利益最大化，在经营过程中，作为财务控制和财务监督重要手段之一的业绩评价，其主要作用包括：（1）保证跨国公司的盈利能力；（2）及时发现跨国经营中存在的风险和问题；（3）在全球范围内合理配置公司有限的资源；（4）对经理人员进行客观、公正的评价，并实施有效的

激励。由于跨国公司生产经营活动的复杂性，造成了其业绩评价的复杂性，这种复杂性主要表现在跨国经营的多目标性、经营环境的特殊性、总部集中决策带来的影响、通货膨胀存在、汇率变动剧烈等方面。

具体来说，跨国业绩评价有三种基本形式：（1）纵向比较，即将海外机构的本期业绩同其历史业绩相比较，在海外机构各期经营环境变化不大的情况下，纵向比较容易发现经营业绩发生变化的情况及原因；（2）横向比较，即将海外机构的本期业绩与东道国同行业其他公司的同期业绩相比较，以从中发现差距并采取改进措施；（3）同预算数比较，即将海外机构的本期实际业绩与当期的预算数（事先设定好的业绩标准）进行对比，以从二者的差异中发现生产经营和管理方面存在的薄弱环节，并及时采取有效的措施加以纠正。跨国经营业绩评价的指标体系包括财务指标和非财务指标，其中财务指标包括经营利润、投资收益率、销售利润率、子公司经营现金流量、剩余收益、占用资本回报率等，而非财务指标则包括市场占有率、与母公司和其他子公司的协作情况、同所在国政府关系、研究与开发情况、顾客满意程度等。

在进行跨国业绩评价时，要结合跨国公司的行业特点，但一般来说，需要注意下面几个方面的问题：

1. 区分海外单位与海外单位经理的业绩

在绝大多数情况下，需要将海外单位的业绩和海外单位经理的业绩区分开来。对海外单位的经理人员，只应以他可以控制的资产、负债、收入和费用项目为基础来进行评价，从中剔除其无法控制的因素所带来的影响。具体来说，就是把资产负债表和利润表上的项目分为可控的和不可控的两部分。

2. 调整公司内部资金流动对业绩评价的影响

从财务管理的角度来看，跨国企业集团能够借助于各种内部转移机制和方法，使资金和利润在集团内部流动。对于转移定价机制，如果集团内卖方对买方的转让价格低于正常的交易价格，应按市价（或总部认可的其他标准）对卖方公司的销售收入和买方公司的购货成本进行重新计量，以消除转移定价对交易双方经营利润的影响。而对于提前或推迟结算这一跨国企业集团的内部政策，应将应收账款的持有成本从卖方公司的营业费用中扣除，同时将这些成本加到买方公司的营业费用中去。对于交易双方的资产、负债，也应作出类似的调整。

3. 调整通货膨胀对业绩评价的影响

在海外机构的东道国发生高通货膨胀率的条件下，如果不对通货膨胀的影响进行调整，就会使财务指标的计算严重失实，从而影响跨国业绩评价。在调整通货膨胀对业绩评价的影响时，通常有两种方法：（1）按海外机构所在东道国的一般物价指数，将该海外公司的财务报表上的各个项目的历史价格金额调整为不变价格金额。（2）转换该海外公司的计价模式，用重置成本代替历史成本。也就是说，资产负债表上的各项资产均按财务报告日的重置成本反映，而利润表内的和已耗用资产有关的成本和费用，则按其实际发生时的重置成本反映，并在此基础上调整该海外公司的经营成果。

4. 调整汇率变动对业绩评价的影响

由于海外子公司在国外开展活动时，通常以所在国的当地货币作为“功能货币”，即记账本位币，但以当地货币计量的各项财务信息，如果以母公司所在国的货币来计算，其具体金额会随着折算汇率的不同而不同。在采用何种货币对海外子公司及其管理人员进行业绩评价时，有两种不同的观点。一种观点认为，既然海外子公司是在不同于本国的国外环境中进行生产经营活动，那么对其业绩应该以当地货币进行计量和评价，并且从长远来看，当地货币对业绩的计量结果和母公司所在国货币对业绩的计量结果应该是一致的。另一种观点则认为，海外子公司的生产经营活动是母公司经营活动在国外的扩展，母公司股东关心的是以母公司所在国货币表示的收益，而不是子公司东道国货币表示的收益，所以海外子公司及其经理人员的业绩应该用母公司所在国的货币来进行衡量和评价，以便于它们之间的横向比较。出于跨国企业集团财务决策时的母公司角度，我们认同业绩评价时的母国货币观点，具体在对汇率变动进行调整时，一般来说资产负债表上项目按期末的即期汇率或项目发生时的实际汇率进行折算，而利润表和现金流量表上的项目按整个期间的平均汇率进行折算。

前面提到同预算数比较是跨国企业集团最常用的业绩评价方法，又由于我们在进行业绩评价时采用母公司所在国的货币，所以在进行有关经营预算及预算执行结果的折算时，一般可以选择三种利率，即：（1）期初汇率，指预算期期初金融市场上的即期汇率；（2）预期汇率，指在编制预算时所预计的预算期末的即期汇率；（3）期末汇率，指预算期到期时，金融市场上的实际即期汇率。在实务中，跨国企业集团编制预算时所使用的汇率通常有三种做法：一是编制预算时使用预期的汇率，追溯实际经营业绩时使用期末的汇率；二是编制预算时使用预期的汇率，追溯实际经营业绩时仍使用预期的汇率；三是编制预算时使用期初的汇率，而在追溯实际经营业绩时使用期末的汇率。

三、全球财务信息系统

关于全球财务信息系统的问题，主要探讨我国跨国企业集团的财务信息系统在实务中的两个问题：一是选取何种财务软件构建财务信息系统的问题；二是集中核算的问题。

至于财务软件选择的问题，主要考虑三个方面的因素：（1）我国国产的财务或会计电算化软件由于起步较晚，尚无力走出国门，而软件销售又需要以完备的售后服务为基础，所以造成跨国企业集团在海外需要重新采购财务软件；（2）跨国企业集团的项目所在国政府对于本国软件产业的保护或扶持政策要求当地公司必须购买本国的软件；（3）海外项目不是新设项目，而是购并（Merger & Acquisition）获得的项目，为了保持会计记录的连续性，仍然保留了所收购项目原先使用的财务软件。我国的跨国企业集团通常把财务软件的选择问题和内外账的设立结合起来考虑，内账采用和国内母公司相同的财务软件，而外账所采用的财务软件则根据实际情况灵活掌握。另外，跨国财务信息系统的构建通常还要和跨国企业集团开户的国际商业银行相互配合，并注意有关财务信息的保密。

跨国企业集团为了实现有效的跨国财务管理，要进行财务管控。跨国公司的财务管控是指对于跨国公司的各级部门和分子公司，根据各个责任中心的性质和业务模式的特点，明确界定各级公司的财务职能，避免权力和责任混淆不清，维护战略执行和内部监控的延续性和统一性，通过核算集中和共享服务等手段统一基础财务数据和控制。

这里我们来看一下某中资跨国工程公司的案例。某中资跨国公司原先在财务管理中面临着机构分散、核算制度不统一、管理层次多、信息渠道不畅通、财务机构的决策支持职能较弱等问题，为了加强财务管控，公司领导层决定集中会计核算，实现实时监控和矩阵分析。具体分 3 个阶段进行了实施：（1）制度建设阶段。在这一阶段，公司财务部门主要完成了跨国公司会计核算体系的制定，确定了 45 个财务管理标准业务流程。（2）系统固化阶段。将会计核算办法用分录模板的方式固化到系统中，按标准报表格式开发了系统报表，同时按标准规则进行系统编码，并将 45 个标准流程固化到系统中。（3）系统规范和数据清理阶段。系统会要求用户必须按照标准的操作进行处理，如果不符合操作规范，系统会给予相应的提示。通过上述集中会计核算和共享服务，该跨国公司实现了规模效益，降低了管理成本，使流程操作标准化，避免了偏差，提高了流程效率，同时各下属公司更加专注于核心业务，会计信息也更加透明。

四、我们的建议

为了改进国际企业集团的经营报告，提高跨国公司的财务管理水平，借鉴许多跨国公司和国际性大金融机构的经验，跨国公司需要实现财务管理的转型，由侧重交易处理向重视决策支持转变。我们的建议是实现财务核算的集中，将交易的会计处理和部分的财务报告职能集中起来。财务集中核算的主要目标是提高财务核算和报表编制的效率和质量，及时、准确、真实地提供财务信息，将财务管理活动从繁重的交易会计处理活动中解放出来，专注于高附加值的增值活动，包括风险管控和决策支持，实现从决策型财务向决策支持型和战略型财务的转变。

在跨国公司的实践中，可以通过财务共享服务的方法来实现财务核算的集中。共享服务的基本模式是将共同的重复的流程，如交易的会计处理、标准的财务报告、相关的管理报告等，从单个的会计实体中抽出，转移到共享服务中心，通过采用统一标准的会计核算流程和报告流程，由共享服务中心的专业人员提供专门化的服务，来完成有关的会计核算和报告编制工作，确保整个跨国公司会计信息的相关性、可靠性和可比性。通过财务核算的集中，可以较好地解决跨国企业集团财务管理活动的实践中所面临的外币折算、准则差异调整、合并报表编制等方面的问题，确保整个集团会计政策的一致性和会计信息系统的及时性。

在国际企业集团的管理会计报告中，为了实现预算和业绩管理，需抓住从战略到经营成果的关键因素，以业绩管理为主线进行目标分解，将对未来的滚动预测和对经营业绩的分析以及评价，都融入计划预算的执行监控与及时调整。

国际企业集团的财务与内部管理报告，是国际企业集团开展财务管理活动的信息基础，只有提供充分及时的各种财务及管理信息，才能满足国际企业集团各级财务部门、业务部门、决策层以及外部利益相关者的需求。该业务流程具体如下：（1）报告基础阶段。确定外部法律法规的信息披露要求和内部管理的信息需求，设定跨国企业集团的会计政策和报告内容及格式。（2）个别报告阶段。根据跨国企业集团所设定的会计政策和报告规范，对当期所发生的交易进行会计处理，准备各会计主体的个别财务报告及相关附表，同时通过业务流程或业务系统获得关键的外部信息和业务数据，通过预算和预测流程获得对应的预算数或预测数，通过内部审计流程获得业绩审计报告，为编制内部管理报告做好准备。(3) 合并上报阶段。根据跨国企业集团各会计主体的个别财务报告编制合并报表，在此基础上编制各种外部会计报表，以满足政府、股东、债权人等利益相关者的信息需求，同时向各级决策层上报管理报告，以便其根据预算和财务分析的内容进行业绩分析，并在必要时调整管理策略和战略计划。

构建注册会计师执业责任保险体系的探讨*

王君彩　康　霞

一、问题的提出

2008年国务院办公厅转发了财政部《关于加快发展我国注册会计师行业的若干意见》（以下简称《若干意见》），对引导和促进我国注册会计师行业又好又快发展将产生巨大影响。《若干意见》提出今后五年的主要发展目标是“进一步健全透明、高效、相互制衡的治理结构和内控机制，不断完善内部管理制度和执业责任保险制度”。可见，完善注册会计师执业责任保险制度是当务之急。

注册会计师执业责任保险是保险公司为注册会计师的执业提供的一种专业保险服务。在保险合同成立之后，注册会计师在执业过程中如果出现非故意行为的过失，从而引发对受害人的民事赔偿责任，由被保险人承担经济赔偿责任。因为审计是一个高风险领域，一旦发生审计失败，担任审计师的会计师事务所就有可能面临股东和投资者的巨额索赔，索赔额之高，有时甚至可以用天文数字来形容。若没有责任保险，只要发生一次巨额索赔，就足以让一家会计师事务所破产。因此，责任保险对于会计师事务所的生存和做大做强，实现五年的发展目标具有至关重要的意义。

注册会计师执业责任保险制度早在1993年通过的《注册会计师法》就已提出。尽管第一份注册会计师执业责任保险保单面世至今近十年，但注册会计师执业责任保险推广情况并不理想。本文试图在对注册会计师执业责任保险实施的必要性和可行性进行分析的基础上，借鉴西方发达国家的成熟经验，对如何建立适合我国国情的注册会计师执业责任保险体系进行初步探讨。

---

* 本文发表于《审计研究》2010年第1期。

二、注册会计师执业责任保险实施的必要性和可行性

注册会计师行业是市场经济的微观主体，其风险管理应纳入保险视野，是可保应保的。建立和实施注册会计师执业责任保险制度，一是能有效转嫁会计师事务和注册会计师的执业风险。积极推进注册会计师执业保险，实现互助互保，共担风险，可以大大提高其风险抵御能力，有力地推动会计师事务所健康快速发展。二是注册会计师执业责任保险业务的开展蕴藏着巨大的社会效益。它具有很强的社会安定功能，通过建立自愿性和强制性的责任保险制度，引入风险分摊机制，由会计师事务所、保险公司等共同编织一张责任事故的安全“保险网”，可以增加事务所的抗风险能力，化解其可能面临的巨额赔偿责任与较小支付能力间的矛盾。可以使受害人得到及时的经济补偿，减少致害人与受害人之间的经济纠纷，维护会计师事务所与企业正常的生产秩序，从而起到安定团结、促进社会和谐的作用。

（一）会计师事务所及注册会计师层面

审计风险是伴随审计活动产生的，有其必然性。这也是注册会计师和审计客户一直特别关心的问题。为了防范和规避审计风险，财政部曾于2007年3月1日印发了《会计师事务所职业风险基金管理办法》，首肯职业保险作为风险防范的备选方式，并对职业风险基金的提取、使用等具体问题进行了明确、系统的规定，将职业风险基金与职业保险两种转嫁风险的方式摆到了台面上。

提取风险基金与参加职业保险相比较，提取风险基金存在成本过高、计提比例不合理、纳税管理上存在纷争，尤其是不能满足会计师事务所组织形式发展的需要等问题。我国《注册会计师法》规定：会计师事务所有合伙和有限责任两种形式，但目前我国会计师事务所主要是有限责任公司，这不能满足审计发展的需要，将来发展的方向应为合伙制。一旦改为合伙制，事务所的风险将由有限变为无限，单靠计提审计风险基金将很难应付。从发展前景看，职业保险将成为注册会计师行业的一种选择。

（二）保险公司层面

在市场化不断深入和政府保护不断减弱的条件下，市场的不确定性因素对各类经济主体的影响将随之增强。在这种条件下，各类主体规避风险的需求也将比以往更加强烈，从而刺激保险公司通过提供新的产品和服务将社会对保险的各类需求变成现实。从供给条件来看，随着信息技术的发展以及金融研究领域的不断突破，特别是金融工程和资产价格研究取得重大进展，保险产品创新的物质技术条件不断成熟，由此将促进保险产品和服务创新的不断发展。

三、注册会计师执业责任保险实施现状和问题分析

（一）会计师事务所及注册会计师层面

第一，我国缺乏有效的民事诉讼制度，注册会计师的诉讼风险不大，甚至注册会计师几乎根本不存在赔偿的风险。因为违规成本较低，使注册会计师风险意识越来越淡薄，对存在的风险也认识不足。

第二，责任保险基于法理只对由于注册会计师过失行为导致的索赔进行赔偿，而对故意行为导致的虚假审计报告造成的被审计单位损失，将不能获得赔偿。现实情况与此相悖，责任保险对会计师事务所的吸引力自然不大。更重要的是，故意与过失之间往往难以区分。对于判断注册会计师是否存在过错的标准，会计界与法律界的认识还存在较大的差异，严重影响最后的责任认定和赔偿，这也是目前阻碍注册会计师购买责任保险的原因。

第三，我国《注册会计师法》规定，准予设立有限责任公司制会计师事务所和普通合伙制会计师事务所两种组织形式。由于我国注册会计师行业远未发展到以质取胜的阶段，市场并不具备自行检验、区分服务质量的能力，注册会计师的理性选择是采取风险低、责任有限的前一种组织形式。在有限责任制下，赔偿的最高限额以事务所的净资产为限，对于相关责任人和事务所的从业人员并不造成直接经济损失，这就在很大程度上抑制了注册会计师投保职业责任险的积极性。

（二）保险公司层面

1. 注册会计师行业专业性强，承保风险高

根据契约经济学的相关理论，责任保险合同实际上是一种不完全契约。契约双方当事人在签定契约时，存在简单的博弈，所以几乎在所有契约的签订和履行过程中，都不同程度地存在逆向选择和道德风险问题。

2. 客户规模小，市场前景欠佳

从国外情况看，一些规模大的事务所，因其资力雄厚，而且管理严谨，执业行为比较规范，社会信誉较好，对保险公司具有较强的吸引力。保险公司能够在为其提供财产保险等项目服务的同时，也为其提供责任赔偿及诉讼费用的保险。我国大多数中小事务所规模较小，支付保险费的能力受经济实力局限，在保险的利益上双方难以寻求满意的结合点，因此以事务所个体参加职业责任保险的很少。

就我国目前的情况来看，会计师事务所参加执业责任保险的投保额在保险业的收入中所占份额很小，引不起保险业大力发展这一专项保险的兴趣，当然也不会提供十分周到的服务和更为优惠的投保条件。

四、国外注册会计师执业责任保险的经验

英国特许会计师公会（ACCA）对会员职业保险有强制性规定，要求其会员必须投保最低限额的专业赔偿险（PII）及忠实保证险（FGI）。为保证所有会计师事务所都能够很好地解决因专业过失、欺诈或不诚实行为引起的各类索赔，ACCA 规则手册要求持有执业资格证书、破产业务许可证、公司审计业务资格证书、公司投资业务资格证书的会员必须投保最低限额的专业赔偿险。该险种能够囊括因会计师事务所合伙人、董事或职员所进行的公司业务行为引起的一切民事责任。投保了 PII 险，保险公司就会负责解决因会计师事务所的专业过失行为引起的索赔事件，负责赔偿欺诈或不诚实行为造成的损失。会计师事务所投保 PII 险应交保险费的实际数额由法律规定，还要取决于包括事务所规模在内的各种因素。会计师事务所投保后可获得的赔偿数额由公司年度审计费用收入决定。每个会计师事务所的保险限额取决于其上一会计年度的总收入。

ACCA 现行规定要求聘用全职或兼职员工的那些会员必须投保包括其所有合

伙人、董事、职员在内的忠实保证险。保险人将赔偿公司因这些人员进行的与公司托管的财物有关的所有欺诈或不诚实行为而遭受的一切损失。这种保险相当于一种保证合同，即保险方保证一旦由于雇员的行动造成意外的经济损失，雇主将得到赔偿。投保 ACCA 险后，每项索赔事件的年度赔款限额至少是 5 万英镑。

美国 AICPA 职业责任保险计划是唯一一个由 AICPA 发起的会计师职业责任保险计划，在以往的 30 年中为全国范围内的 CPA 提供了有效的责任保护。AICPA 的职业责任保险计划为了满足各种规模的会计师事务所的不同需要，分为三个层次，均由 CNA 保险公司之一的大陆灾害保险公司（Continental Casualty Company）承保。

英美等国注册会计师责任保险的成功经验，可以在以下方面为我们所借鉴：

第一，健全的法律体系。这是注册会计师执业责任保险市场发展的法律基础和制度基础，也是大量产生责任转移需求的基础。

第二，政府的政策扶持和强力推行。这是注册会计师执业责任保险发展的外部条件。与一般财产保险相比，执业责任保险具有自身的特征：执业责任保险的法律依赖性强于一般财产保险，执业责任保险的社会性高于一般财产保险，执业责任保险保障的对象具有双重性，执业责任保险需求的产生与社会发展及各国相关法律制度的变迁密切相关。从各国执业责任保险经营实践来看，注册会计师执业责任保险是作为强制性保险由商业保险公司或其他机构来经营的，各国在设计执业责任保险制度时，都充分考虑了执业责任保险所具有的商业性和非商业性性质，将执业责任保险制度设计成为具有相对独立性的理论体系和运作模式，以区别于一般财产保险的保险制度。这种区别，体现了注册会计师执业保险的特性，有利于政府采用积极扶持和强力推行的政策。

第三，选择超额责任保单和累积超额保单的保单方式。在强制保险的基础上，对那些有不良执业记录的会计师事务所提高保费，具有重要的诱导意义和惩戒作用。

五、构建我国注册会计师执业责任保险体系的探讨

（一）通过立法，逐步推行注册会计师强制执业责任保险

鉴于许多投保人投保意愿不强及其可能的败德行为，以及保险公司方面专业

能力不足导致无法有效定价等原因，建立执业注册会计师强制责任保险法规，强调一定程度的监管并引入强制保险，对于解决商业纠纷和缓解社会矛盾将具有明显的效果。

（二）明确保险标的，扩大责任范围

注册会计师责任险的标的限于因注册会计师的过失执业行为而产生的经济赔偿责任，可以借鉴中国人民保险公司和中国平安保险公司的做法，保险范围由审计业务扩大到非审计业务。

（三）设置合理费率

第一，实行有弹性、分级差的保险费率。笔者建议首先根据会计师事务所的业务收入和拥有的注册会计师的数量分别收取分级差的定额的基础保费。在此基础上，再根据责任事故的历史损失资料及索赔处理情况等相关情况，对它们进行综合评估，对客户进行资信分级，针对不同等级实行浮动保险费率及保险限额。

第二，借鉴其他责任保险制度推行“无赔款优待”。保险公司建立客户信息管理系统，及时调查评估客户信用和执业情况，采集会计师事务所的内部控制评价、人事变动、处分记录等信息。据此，可以对一定保险期限内没有提出索赔的被保险人给予优惠：保费不变，保额逐年递增。

第三，建立超额责任保单制度。正常情况下，有良好执业记录的会计师事务所可以购买按照较低的基本保险费率计算的保单，有不良记录的会计师事务所只能购买很小金额的此类保单。超过上述责任保险额度的，必须购买超额责任保单，保险费率高于基本保险费率，并依级差递增。

第四，保险公司同会计师事务所实行捆绑制度。把会计师事务所与保险公司在经济赔偿责任上捆绑在一起，即由双方共同负担对受害第三人的民事赔偿责任，不仅降低了保险公司的风险，也促使会计师事务所监督、指导和控制注册会计师的执业行为。

（四）运行及监管机制保障

第一，加大政策支持，加强风险监管。国际经验表明，在参与注册会计师执业责任保险制度建设和发展的众多主体中，政府是该险种发展的重要推动力量。

当前我国注册会计师执业责任保险的政策支持缺乏长效制度保证，是制约该险种进一步发展的不利因素。如果有了对注册会计师执业责任保险的税收优惠、产品创新支持、监管限制放宽等措施的激励，保险公司可能更有积极性去设计一些适应会计师事务所和注册会计师发展的保险产品。同时政府部门还要积极规划和统筹注册会计师执业责任保险发展，推动相关部门，特别是保监会和注册会计师协会的对话和协调。

第二，建立注册会计师职业责任保险价格听证机制。在制定保险费费率时，保监会应当举行价格听证，广泛听取各方意见。由于保险费率相对专业，保监会在测算费率时，应当聘请专业的精算师对保险公司费率测算中使用的数据、测算方法、费率结构和水平进行评估，以维护费率厘定的合理性和公平性，增加费率制定工作的可信度和透明度。

第三，建立注册会计师执业责任保险再保联合体。执业责任保险的出现强度与频度都要远超过其他责任保险，保险公司从稳健经营的角度出发，寻找再保险支持显得极为重要。但由于国外再保险公司对某些高赔付率执业责任保险的分保严加控制，在一定程度上制约了原保险公司的承保能力。为了打破这一“瓶颈”，可以探索建立国内执业责任保险再保市场，由中国再保险公司牵头与其他直接保险公司一起组成再保联合体，扩大执业责任保险的承保能力。

第四，成立具有权威性的注册会计师法律责任专门鉴定委员会。该机构必须坚持独立、客观、公正的原则，其出具的鉴定报告可作为庭审的有力证据。

控股权性质：管理层激励与公司业绩
——来自中国资本市场的经验证据*

王君彩　马　施

一、引言

在企业的所有权和经营权分离的情况下，经理人追求自身利益的最大化，而非所有人的利益，这样就产生了代理成本。完全由个人投资的私人企业，剩余索取权与最终控制权的分离程度最低，其管理层代理问题不显著，代理成本最小，当仅有一人投资且所有者直接经营时，不存在管理层代理问题，代理成本为零。完全由国家投资的国有企业，剩余索取权与最终控制权的分离程度最大，管理层代理问题也最为显著，其代理成本最高。管理层激励即是为缓解股东与管理层之间代理矛盾的一种公司治理机制。这种激励机制在实践中是否能够发挥其预期的作用？不同控制权性质下管理层激励的效率又如何？

针对上述问题，本文以2006—2008年在上海证券交易所和深圳证券交易所上市的A股公司数据为依据，实证检验不同控制权性质下管理层激励与公司绩效的关系，以期为降低管理层代理成本，优化国有控股公司管理层激励机制提供经验证据。

二、文献综述和研究假设

（一）管理层持股与公司业绩

关于管理层持股与公司业绩的关系理论上存在两种截然相反的解释：一致效

* 本文发表于《会计之友》2010年5月上。

应和分离效应。一致效应即持股会给管理层带来激励，使得他们的利益与股东相一致，这有助于降低代理成本，给公司带来好的影响。Jensen 和 Meckling 研究发现，提高经理的持股比例，会使其与外部股东的利益趋于一致，从而提升公司价值。Morck、Shleifer 和 Vishny 通过实证发现，给予经理人员一定的股权，可以有效缓解外部股东与经理之间的代理问题，提高公司业绩。分离效应则认为随着管理层持股比例的上升，其对公司的控制力也随之增强；当管理层成员持股达到一定程度时，便会利用其对公司的控制权将公司的资源用在对他们自身有利但却会损害股东利益的方面。Weston（1979）、Demsetz（1983）、Fama 和 Jensen（1983）等的研究发现，当经理持有少量股份时，市场约束会迫使经理追求公司价值最大化；当经理持股增加至有足够的投票权时就可能大大抵消外部市场的约束作用，经理可能会滥用控制权谋取自身利益最大化，进而降低公司价值。这种观点认为管理层持股与公司价值呈倒 U 型关系。

我们认为第二种观点更为合理，因此我们提出以下假设：

假设 1：在其他条件相同的情况下，管理层持股比例与公司业绩呈倒 U 型关系。

（二）管理层薪酬与公司业绩

国内外学者对于管理层薪酬与公司业绩关系的研究结果存在差异。国外的文献比较一致地认为管理层薪酬与公司业绩正相关。Hall 和 Liebman 以美国 100 家公众持股的最大商业公司的数据为研究对象，实证研究发现管理层报酬和公司业绩正相关。Core、Guay 和 Larcker 基于信息不对称理论和对管理层人员的激励问题分析得出，管理层报酬增加会降低管理层代理成本，提高公司业绩。

但国内对管理层薪酬与公司业绩的研究有两种观点：早期的研究表明管理层薪酬与公司业绩不存在显著的相关关系（魏刚，2000；李增泉，2000；等等）；但随着我国公司治理的不断完善和国有体制改革的不断深化，越来越多的研究表明管理层薪酬与公司业绩存在显著的正相关关系（唐建琴和李连军，2007；等等）。近年来，我国管理层治理不断完善，管理层年度薪酬不断提高，因此我们提出以下假设：

假设 2：在其他条件相同的情况下，管理层薪酬与公司业绩呈正相关关系。

三、研究设计

（一）样本选择与数据

本文以2006—2008年在上海证券交易所和深圳证券交易所上市的A股上市公司作为初选样本，其中：（1）由于金融类上市公司与一般上市公司的财务特征和会计制度存在差异，剔除了金融和保险行业的上市公司样本；（2）剔除了部分财务数据以及公司治理结构数据缺失的样本。最后我们得到样本2252个。研究中所使用的财务数据和公司治理数据来自CCER的色诺芬数据库，数据处理运用EXCEL和SPSS13.0软件。

（二）模型选择与变量说明

本文将2006—2008年中的样本数据组成面板，建立回归模型检验管理层激励对公司业绩的影响方向和程度。模型形式如下：

$$EPS = \alpha_0 + \beta_1 MSH + \beta_2 MSH \times MSH + \beta_3 MPAY + \beta_4 SIZE + \beta_5 LEV + \beta_6 DUAL + \beta_7 YEAR_i + \beta_8 INDU_i + \varepsilon$$

其中，α_0 为截距项，β_1—β_8 为回归系数，ε 为随机误差项。模型中各变量具体含义如表1所示。

表1　变量的选取与定义

变量类型	变量名称	变量符号	变量定义
因变量	公司业绩	*EPS*	当期净利润/发行在外普通股的加权平均数
解释变量	管理层持股比例	*MSH*	管理层持股数量/总股本
	管理层薪酬	*MPAY*	管理层年度薪酬总和
控制变量	公司规模	*SIZE*	总资产的自然对数
	财务杠杆	*LEV*	资产负债率
	两职合一	*DUAL*	虚拟变量，若董事长与总经理两职合一，则取1，否则取0
	年度虚拟变量	$YEAR_i$	分为2006—2008年，共设置2个虚拟变量
	行业虚拟变量	$INDU_i$	涵盖13个行业，设置12个行业虚拟变量

四、实证结果与分析

（一）描述性统计

表2是主要变量的描述性统计结果，通过对结果的分析，我们发现：

1. 虽然国有控股公司与非国有控股公司的公司业绩（*EPS*）的中位数均为0.0001，但是非国有控股公司业绩（*EPS*）的平均数高于国有控股公司。说明非国有控股公司的业绩整体上优于国有控股公司。

2. 国有控股公司管理层持股比例均值为0.006，最高也不过0.1017；非国有控股公司管理层持股比例均值为0.0011，最大值达到0.3679。说明相对于非国有控股公司而言，国有控股公司的管理层持股比例偏低。

3. 国有控股公司管理层薪酬（*MPAY*）无论是均值还是中位数（均值1.44E+06，中位数8.45E+05）都高于非国有控股公司其管理层薪酬（均值1.15E+06，中位数5.99E+05）。但是这种差异可能与公司规模有关，描述性统计结果表明国有控股公司和非国有控股公司相比规模较小（前者资产自然对数的均值为21.4293，中位数21.3975；后者自然对数的均值为20.8364，中位数为20.8610）。

表2　　主要变量的描述性统计

国有最终控制样本（N=1640）					
变量	Minimum	Maximum	Mean	Median	Std. Deviation
EPS	-1.8600	2.3200	0.0471	0.0001	0.2239
MSH	0.0000	0.1017	0.0006	0.0001	0.0045
MPAY	0.0000	3.79E+07	1.44E+06	8.45E+05	2.20E+06
SIZE	18.8645	25.5044	21.4293	21.3975	0.9948
LEV	0.0000	7.9789	0.5400	0.5146	0.4216
DUAL	0.0000	1.0000	0.0963	0.0000	0.2951
非国有最终控制样本（N=612）					
变量	Minimum	Maximum	Mean	Median	Std. Deviation
EPS	-1.0200	3.0703	0.0548	0.0001	0.2615
MSH	0.0000	0.3679	0.0011	0.0001	0.0153
MPAY	0.00E+00	6.85E+07	1.15E+06	5.99E+05	3.20E+06

续表

非国有最终控制样本（N = 612）					
变量	Minimum	Maximum	Mean	Median	Std. Deviation
SIZE	14.1581	24.6525	20.8364	20.8610	1.0061
LEV	0.0000	124.0223	1.1978	0.5517	7.0300
DUAL	0.0000	1.0000	0.0980	0.0000	0.2976

（二）相关性分析

表3是主要变量相关系数表。从表中可以看出：（1）Pearson系数显示管理层持股比例（*MSH*）与公司业绩（*EPS*）之间在1%的水平上存在显著的正相关关系；而Spearman系数却表明管理层持股比例（*MSH*）与公司业绩呈负相关关系。管理层持股比例与公司业绩之间不存在显著的线性关系。（2）管理层持股比例（*MPAY*）与公司业绩（*EPS*）之间在1%的水平上存在显著的正相关关系。这一现象说明，管理层薪酬的增加能够降低代理成本，进而给公司业绩带来显著的正面影响。（3）虽然有些变量之间相关系数达到显著水平，但最大值也只有0.36（管理层薪酬与资产规模）。显示模型自变量之间不存在多重共线性。

表3　　　　主要变量相关系数

	EPS	*MSH*	*MPAY*	*SIZE*	*LEV*	*DUAL*
EPS	1.00	-0.01	0.21	0.19	-0.03	0.02
P值	.	0.57	0.00	0.00	0.10	0.25
MSH	0.06	1.00	0.21	0.11	-0.04	0.04
P值	0.00	.	0.00	0.00	0.03	0.04
MPAY	0.22	0.08	1.00	0.45	-0.07	0.02
P值	0.00	0.00	.	0.00	0.00	0.29
SIZE	0.20	0.10	0.36	1.00	0.07	0.03
P值	0.00	0.00	0.00	.	0.00	0.19
LEV	0.16	0.00	-0.02	-0.22	1.00	0.02
P值	0.00	0.90	0.33	0.00	.	0.44
DUAL	0.03	0.09	0.01	0.01	0.10	1.00
P值	0.14	0.00	0.51	0.58	0.00	.

注：对角线下方为Pearson系数，上方为Spearman系数。

（三）回归分析

表4报告了管理层激励与公司业绩的回归结果，通过分析发现：（1）无论是国有控股公司还是非国有控股公司，管理层持股比例均与公司业绩呈显著的倒U型关系，这与假设1相一致。表明当管理层持股比例较低时，增加管理层持股比例会降低代理成本，提升公司业绩；但当管理层持股比例达到一定程度时，持股比例的增加使管理层对公司有了更多的控制，就有可能利用控制权谋求私人利益最大化，从而影响公司价值。但值得注意的是相对于非国有控股公司而言，国有控股公司管理层持股比例对公司业绩的敏感程度更大，说明相对于非国有控股公司，提高国有控股公司管理层持股比例对公司业绩更为敏感，对国有控股公司的治理更加有效，能显著地降低代理成本。（2）无论是国有控股公司还是非国有控股公司，管理层薪酬均与公司业绩在1%的水平上呈正相关关系，这与假设2相一致。表明增加管理层薪酬能够有效减弱代理矛盾，降低代理成本，进而提高公司业绩。回归结果显示管理层薪酬激励具有效率。（3）无论是国有控股公司还是非国有控股公司，公司规模与公司业绩在1%的水平上呈正相关关系。说明在我国公司规模越大，公司治理越完善，代理成本越低，公司业绩越高。（4）对于国有控股公司，资产负债率与公司业绩在5%的水平上呈负相关关系；对于非国有控股公司，资产负债率与公司业绩在1%的水平上呈正相关关系。说明目前在我国，由于债权人保障机制不健全，造成债务融资对企业没有起到应有的治理作用。与非国有控股公司相比，债务软约束问题在国有控股上市公司中可能更为突出。（5）两职兼任在国有控股公司样本和全样本中回归系数都为正，而在非国有控股公司样本中，回归系数却为负，但都没有通过显著性检验，说明两职合一并没有对公司业绩带来显著影响。

表4　　管理层激励对公司业绩影响的检验

变量	预期符号	子样本		全样本
		国有控股公司	非国有控股公司	
(Constant)	?	−0.8596*** (−6.8841)	−1.0376*** (−4.3998)	−0.9145*** (−8.5010)
MSH	+	15.3718*** (4.2699)	7.7761** (2.1961)	1.9651 (1.3706)

续表

变量	预期符号	子样本		全样本
		国有控股公司	非国有控股公司	
MSH × *MSH*	−	−195.4637*** (−4.7078)	−18.8399* (−1.9190)	−3.5870 (−0.8183)
MPAY	+	1.82E−08*** (6.5800)	9.25E−09*** (2.8686)	1.45E−08*** (7.0605)
SIZE	+	0.0410*** (7.0356)	0.0508*** (4.4747)	0.0435*** (8.5826)
LEV	+	−0.0259** (−2.0593)	0.0128*** (7.80553)	0.0131*** (9.9120)
DUAL	−	0.0137 (0.7667)	−0.0496 (−1.3966)	0.0026 (0.1576)
$YEAR_i$	?	已控制	已控制	已控制
$INDU_i$	?	已控制	已控制	已控制
Adj R−sq		0.108	0.144	0.101
F 值		11.483***	6.411***	14.360***

五、研究结论及建议

基于代理理论，国有控股公司的剩余索取权与最终控制权的分离程度最大，管理层代理问题也最为显著，其代理成本最高。因此，国有企业的公司治理一直是国家和社会所关注的话题。本文运用2006—2008年A股上市公司数据，实证检验了在不同控制权性质下我国上市公司管理层激励与公司业绩之间的关系。研究发现不同控制权性质下公司管理层持股比例和管理层薪酬均与公司业绩显著正相关关系，管理层激励制度具有效率；相对于非国有控股公司而言，提高管理层持股比例对国有控股公司业绩更为敏感。表明现阶段提高国有控股公司管理层持股比例更具有激励效率。

鉴于此，在我国当前的制度背景下，我们提出以下建议：第一，针对目前国有控股公司相对于非国有控股公司管理层持股比例偏低的状况和国有控股公司管理层持股比例与公司业绩的正向敏感性，建议适当提高管理层持股比例，以降低代理成本，提高公司业绩；第二，结合当前实施国有资本经营预算制度，在有效控制管理层在职消费等隐形薪酬的同时，提高管理层薪酬与公司业绩的相关度，以修正管理层的效用函数，降低代理成本，进一步提高国有控股公司的市场竞争力。

内部控制目标、要素认同度及其现状的实证分析
——基于两类调查问卷数据*

王君彩　李宇立

一、研究基础

（一）研究目的与思路

《企业内部控制基本规范》（财政部等，2008。以下简称《基本规范》）从2009年7月起，在上市公司范围内施行。实践中，哪些控制事项对内部控制目标的实现更奏效？本文旨在通过问卷调查和统计分析回答以上问题，从而为政府监管部门内部控制标准体系建设和经济组织内部控制机制的健全与完善提供参考。

（二）问卷设计与调查对象

我们的调查对象为北京和新疆两地的高级会计师和其他管理人员。他们广泛分布于企业、行政和事业单位。问卷分为两类：第一类问卷为认同度调查，旨在了解被调查对象对五个目标的重要性和可实现程度以及五个要素对目标实现重要性的认识。第二类问卷为现状调查，主要目的是获悉被调查对象所在单位内部控制的现状。表1和表2分别为问卷内容简表和量表度量。问卷发放及回收情况为：第一类问卷发出600份，收回有效问卷388份，有效回收率为64.67%；第二类问卷发出600份，收回有效问卷254份，有效回收率为42.33%。我们利用Mann-

* 本文发表于《中央财经大学学报》2010年第5期。

Whitney U Test 对问卷涉及的各项目进行了差异显著性检验，统计结果未显示出两地间和不同身份调查对象的调查结果具有显著性差异。

（三）问卷的信度与效度

我们采用 Cronbach's Alpha 分别对两类问卷的信度进行了检验。在 95% 的置信区间内，第一类问卷总量表信度系数为 0.931，第二类问卷总量表信度系数为 0.975。这说明调查量表具有较高的信度，样本通过了内部一致性信度检验。在检验两类问卷的效度时，我们利用了因子分析中的 KMO and Bartlett's Test。两类问卷的 KMO 值分别为 0.921 和 0.957，说明问卷的适当性达到“极佳”的标准；另外，两类问卷 Bartlett 检验的 P 值均小于 0.001，说明因子的相关系数矩阵为非单位矩阵，问卷的效度是令人满意的。具体检验结果如表 3 所示。

表 1　　调查问卷内容简表

		第一类问卷（认同度）项目简称	第二类问卷（现状）项目简称	内容（备注）
内部控制目标	重要性	G_A_1 G_A_2 G_A_3 G_A_4 G_A_5	G_B_1 G_B_2 G_B_3 G_B_4 G_B_5	合理保证企业经营管理合法合规 合理保证资产安全 合理保证财务报告及相关信息真实完整 提高经营效率和效果 促进企业实现发展战略
	可实现度	G_AA_1 G_AA_2 G_AA_3 G_AA_4 G_AA_5		
内部控制要素	内部环境	A_CE_1 A_CE_2 A_CE_3 A_CE_4 A_CE_5 A_CE_6	B_CE_1 B_CE_2 B_CE_3 B_CE_4 B_CE_5 B_CE_6	领导间权责明确，具有有效的制衡机制 具有内部管理手册，且被全体员工掌握 内审机构健全，其工作具有独立性 有利于企业可持续发展的人力资源政策 企业文化建设 法制教育

续表

		第一类问卷（认同度）项目简称	第二类问卷（现状）项目简称	内容（备注）
内部控制要素	风险评估	A_RA_1	B_RA_1	确定风险承受度和风险分析方法
		A_RA_2	B_RA_2	管理风险因素
		A_RA_3	B_RA_3	创新风险因素
		A_RA_4	B_RA_4	财务风险因素
		A_RA_5	B_RA_5	安全环保风险因素
		A_RA_6	B_RA_6	经济风险因素
		A_RA_7	B_RA_7	法律风险因素
		A_RA_8	B_RA_8	社会风险因素
		A_RA_9	B_RA_9	科学技术风险因素
		A_RA_{10}	B_RA_{10}	自然环境风险因素
		A_RA_{11}	B_RA_{11}	风险应对策略的选择
		A_RA_{12}	B_RA_{12}	根据实际情况及时调整风险应对策略
	控制活动	A_CA_1	B_CA_1	不相容职务的分离
		A_CA_2	B_CA_2	明确岗位权责，重大事项集体决策审批
		A_CA_3	B_CA_3	严格执行国家统一的会计法规、准则和制度
		A_CA_4	B_CA_4	财产日常管理制度和定期清查制度
		A_CA_5	B_CA_5	实施全面预算管理制度，强化预算约束
		A_CA_6	B_CA_6	开展运营分析，及时发现问题、查找原因
		A_CA_7	B_CA_7	建立和实施绩效考评制度
		A_CA_8	B_CA_8	重大风险预警机制和突发事件应急处理机制
	信息与沟通	$A\_I\&C_1$	$B\_I\&C_1$	建立信息与沟通制度
		$A\_I\&C_2$	$B\_I\&C_2$	对信息进行加工，提高信息的有用性
		$A\_I\&C_3$	$B\_I\&C_3$	将内部控制相关信息进行沟通和反馈
		$A\_I\&C_4$	$B\_I\&C_4$	充分发挥信息技术在信息与沟通中的作用
		$A\_I\&C_5$	$B\_I\&C_5$	建立反舞弊机制
		$A\_I\&C_6$	$B\_I\&C_6$	建立举报投诉制度和举报人保护制度
	内部监督	A_Mt_1	B_Mt_1	制定内部控制监督制度
		A_Mt_2	B_Mt_2	制定缺陷认定标准，及时分析、报告和整改
		A_Mt_3	B_Mt_3	定期进行自我评价，出具自我评价报告
		A_Mt_4	B_Mt_4	妥善保存内部控制相关记录或资料

注：第一类问卷的提问方式为“您认为……的重要性……”或“您认为……目标的可实现程度……”；第二类问卷的提问方式为“您所在单位……的现状……”。

表 2　　量表度量

	量度及涵义				
重要性	1 不重要	2 一定程度	3 中等程度	4 很大程度	5 绝对重要
可实现度	1 很难	2 较难	3 一般	4 较容易	5 很容易
现状	1 很差	2 较差	3 一般	4 较好	5 很好

表 3　　信度与效度检验

		第一类问卷	第二类问卷
Cronbach's Alpha 信度检验		0. 931	0. 975
KMO 样本适当性检验		0. 921	0. 957
Bartlett 球形检验	卡方值	8569. 478	8215. 286
	自由度	1035	820
	P 值	0. 000	0. 000

二、内部控制目标的认同度及现状

内部控制目标的认同度及现状如图 1 所示。

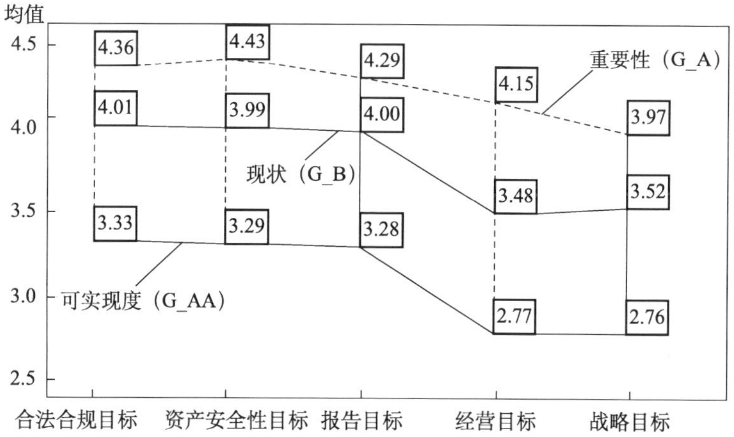

图 1　内部控制目标的认同度及现状

1. 内部控制目标的重要性。

从样本数据来看，内部控制五个目标中，除战略目标的重要性均值（Mean = 397）接近于“很大程度”外，其他目标的重要性都居于“很大程度”和“绝对重要”之间（4.15≤Mean≤4.43）。其中，被调查者认为资产的安全性目标最为重要。从这个角度上说，我国在《基本规范》中将资产安全性目标单列以突出其重要性，得到了实务界认知的支持。

2. 内部控制目标的可实现度。

就目标可实现程度而言，均值都位于3.5之下。也就是说所有目标的实现都或多或少地具有一定难度，需要通过努力实现。而战略目标（Mean =2.76）和经营目标（Mean =2.77）的可实现度最低即目标的实现难度最大。这也符合我国将战略目标作为内部控制较高层次目标的定位。

3. 内部控制目标的现状。

现阶段内部控制目标的实现方面五个目标基本都处于“一般”到“较好”之间。其中合法合规目标（Mean =4.01）、资产安全性目标（Mean =3.99）和报告目标（Mean = 4.00）的实现情况优于经营目标（Mean = 3.48）和战略目标（Mean =3.52），基本达到“较好”水平。这三个目标作为内部控制的“传统性”目标在《会计法》、2001年财政部发布的《内部会计控制——基本规范（试行）》以及其他监管部门历年来发布的相关文告中被屡次强调。其法规约束效果已经显现出来同时还反映出这三个目标在经济组织内部受关注的程度较高。

三、内部控制诸要素的重要性及现状

内部控制诸要素的重要性及现状如图2所示。

1. 内部环境的重要性与现状。在内部环境方面，“领导间权责明确，具有有效的制衡机制”的重要性最强（Mean =4.23），其现状与其他内部环境因素相比也较好。重要性和现状居于第二位的是“具有内部管理手册，且被全体员工掌握”。“内审机构的健全性与独立性”（Mean =3.15）以及“人力资源政策”（Mean =3.17）是内部环境现状中最不容乐观的两个方面。

2. 风险评估的重要性与现状。被调查者认为，管理、经济和财务风险因素是内、外部风险中最为重要的三类风险（其均值分别为4.09、4.05和4.02），同

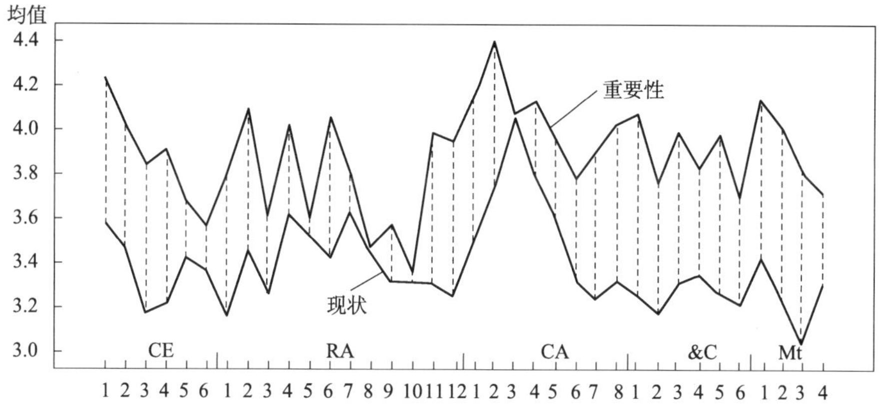

图2　内部控制诸要素的重要性及现状

时，风险应对策略的选择以及根据实际情况及时调整风险应对策略也是风险评估中较为重要的两个事项。就现状而言，对法律、财务和安全环保风险的识别情况最好，对社会和自然环境风险因素的识别已经接近或趋同于重要性。然而，在相对重要的风险应对策略的选择和调整方面，现实的差距还很大。

3. 控制活动的重要性与现状。控制活动各事项的重要性水平普遍较高，其中"授权审批控制"的重要性最强（即明确岗位权责，重大事项集体决策审批，Mean =4. 39），其次为"不相容职务分离控制""财产保护控制"和"会计系统控制"。"会计系统控制"的现状与重要性相吻合，说明国家统一的会计法规、准则和制度已经被给予了重视，且作为控制活动其遵循情况良好。特别需要指出的是，"不相容职务分离控制""授权审批控制""运营分析控制""绩效考评控制"以及"重大风险预警机制和突发事件应急处理机制"的现状与重要性之间还存在较大的差距。

4. 信息与沟通的重要性与现状。"建立信息与沟通制度""将内部控制相关信息进行沟通和反馈"和"建立反舞弊机制"是被调查者认为最重要的三个信息与沟通事项。"将内部控制相关信息进行沟通和反馈"和"充分发挥信息技术在信息与沟通中的作用"两项和其他信息与沟通事项相比，实现情况较好。

5. 内部监督的重要性与现状。在内部监督的重要性方面，"制定内部控制监督制度"被认为是最重要的，其次是"制定缺陷认定标准，及时分析、报告和整改"。实践中，实现情况较好的两项分别是"制定内部控制监督制度"和"妥善保存内部控制相关记录或资料"。但是，根据统计分析，我们看到内部监督四方面事项的现状与重要性之间的差距仍很大，且“定期进行自我评价，出具自我评价报告”是所有控制要素/事项中现状最为糟糕的（Mean = 3.04）。这提示我们，对现有内部控制机制运行状况的回馈和动态优化是经济组织特别需要关注的。

四、影响内部控制目标实现的关键因素

（一）内部控制目标实现的理论模型

由于数据采集使用的是利科特等级量表，故我们在回归分析中基于第二类问卷（现状调查）获得的数据，使用 Ordinal Logit Regression。在考察内部控制要素对目标实现的影响时，我们分别以不同目标为被解释变量，五类控制要素的36个项目为解释变量，构造了五个回归模型。

（二）影响内部控制各目标实现的关键要素/事项

1. 影响合法合规目标实现的关键事项如表4所示。

表4　　合法合规目标实现影响因素的主要回归结果

变量	Estimate	Std. Error	Wald	df	Sig.	95% Confidence Interval	
						Lower Bound	Upper Bound
B_CE_1	0.578	0.252	5.273	1	0.02	0.085	1.072
B_RA_6	0.569	0.256	4.937	1	0.026	0.067	1.071
B_RA_7	0.759	0.287	6.9	1	0.08	0.197	1.321
B_CA_1	0.394	0.238	2.745	1	0.098	-0.072	0.859
B_CA_3	1.080	0.290	13.85	1	0.0	0.512	1.648

从回归结果来看，影响合法合规目标实现的最为关键的内部控制事项是“会计系统控制”。除此之外，对法律和经济风险因素的识别、“领导间权责明确，具有有效的制衡机制”以及“不相容职务的分离”也都在较高的显著性水平上对合法合规目标的实现产生重要影响。

2. 影响资产安全性目标实现的关键事项如表5所示。

表 5　　资产安全性目标实现影响因素的主要回归结果

变量	Estimate	Std. Error	Wald	df	Sig.	95% Confidence Interval	
						Lower Bound	Upper Bound
B_CE_6	0.46	0.249	3.510	1	0.061	-0.02	0.953
B_RA_{12}	0.659	0.275	5.747	1	0.017	0.120	1.198
B_CA_3	0.736	0.278	6.981	1	0.08	0.190	1.282
B_CA_4	0.631	0.265	5.659	1	0.017	0.1	1.152
B_Mt_2	0.58	0.294	3.60	1	0.058	-0.018	1.134

回归分析结果显示："会计系统控制""根据实际情况及时调整风险应对策略"是两个最为显著影响资产安全性目标实现的关键事项。"财产保护控制""法制教育"以及"制定内部控制缺陷认定标准，及时分析、报告和整改"，也在不同程度上对资产安全性目标的实现产生重要影响。

3. 影响报告目标实现的关键事项如表 6 所示。

表 6　　报告目标实现影响因素的主要回归结果

变量	Estimate	Std. Error	Wald	df	Sig.	95% Confidence Interval	
						Lower Bound	Upper Bound
B_CE_4	0.424	0.27	3.487	1	0.062	-0.021	0.868
B_RA_4	0.956	0.284	1.309	1	0.01	0.39	1.514
B_RA_7	0.613	0.281	4.751	1	0.029	0.062	1.163
B_RA_8	0.651	0.313	4.318	1	0.038	0.037	1.265
B_CA_3	0.583	0.283	4.247	1	0.039	0.029	1.138
B_CA_4	0.734	0.271	7.363	1	0.07	0.204	1.264
B_CA_5	0.617	0.235	6.930	1	0.08	0.158	1.07
B_Mt_3	0.871	0.298	8.575	1	0.03	0.28	1.454

样本数据分析结果显示：最为显著地影响报告目标实现的关键事项是"财务风险因素"，即财务状况、经营成果、现金流量等财务风险因素直接影响了财务报告及相关信息的真实完整。

4. 影响经营目标实现的关键事项如表 7 所示。

表 7　　经营目标实现影响因素的主要回归结果

变量	Estimate	Std. Error	Wald	df	Sig.	95% Confidence Interval	
						Lower Bound	Upper Bound
B_CE_1	0.426	0.241	3.131	1	0.07	-0.046	0.89

续表

变量	Estimate	Std. Error	Wald	df	Sig.	95% Confidence Interval	
						Lower Bound	Upper Bound
B_RA_8	0.562	0.304	3.419	1	0.064	−0.034	1.158
B_RA_1	0.62	0.36	3.83	1	0.049	0.04	1.320
B_CA_7	0.454	0.249	3.323	1	0.068	−0.034	0.942
$B\_I\&C_2$	0.56	0.39	2.791	1	0.095	−0.098	1.230
B_Mt_1	0.70	0.306	6.39	1	0.012	0.171	1.369
B_Mt_3	0.97	0.285	12.247	1	0.0	0.438	1.5

在统计上最为显著地影响经营管理效率与效果的关键事项是“定期进行自我评价，出具自我评价报告”。另外，“制定内部控制监督制度”“风险应对策略的选择”“明确岗位权责，重大事项集体决策审批”“对信息进行加工，提高信息的有用性”，以及科学技术和社会风险因素对经营目标的实现也具有重要影响。

5. 影响战略目标实现的关键事项如表8所示。

表8　　战略目标实现影响因素的主要回归结果

变量	Estimate	Std. Error	Wald	df	Sig.	95% Confidence Interval	
						Lower Bound	Upper Bound
B_CE_1	0.530	0.237	4.97	1	0.025	0.065	0.95
B_CE_4	0.546	0.214	6.510	1	0.01	0.127	0.96
B_CE_5	0.581	0.24	5.656	1	0.017	0.102	1.061
B_RA_3	0.503	0.238	4.46	1	0.035	0.036	0.969
B_RA_6	0.523	0.245	4.540	1	0.03	0.042	1.04
B_RA_8	0.919	0.305	9.080	1	0.03	0.321	1.517
B_RA_{12}	0.574	0.265	4.689	1	0.030	0.054	1.093
B_CA_2	0.608	0.237	6.574	1	0.010	0.143	1.072
B_Mt_1	0.65	0.297	5.01	1	0.025	0.083	1.247

回归结果显示，“领导间权责明确，具有有效的制衡机制”“有利于企业可持续发展的人力资源政策”“企业文化建设”作为内部环境中的相关事项对战略目标的实现有着重要影响。“明确岗位权责，重大事项集体决策审批”以及“根据实际情况及时调整风险应对策略”和“制定内部控制监督制度”也是影响战略目标实现的关键事项。需要说明的是，上述五个回归方程的拟合状况均良好（见表

9）。这说明，内部控制目标的实现与控制要素的健全与有效之间关联性较强；《基本规范》对内部控制要素/事项的提炼是恰当的，进而我们依照《基本规范》设计的问卷具有合理性。

表 9　　内部控制要素对目标实现影响的回归方程拟合情况

回归方程		Model Fitting Information				Pseudo R-Square
被解释变量	解释变量	Intercept Only	Final			Nagelkerke
		−2 Log Likelihood	−2 Log Likelihood	Chi-Square	Sig.	
合法合规目标	控制要素/事项	593.98	392.124	201.864	0.000	0.607
资产安全性目标	控制要素/事项	61.343	431.04	180.39	0.000	0.59
报告目标	控制要素/事项	606.323	407.583	198.740	0.000	0.598
经营目标	控制要素/事项	623.502	409.418	214.083	0.000	0.623
战略目标	控制要素/事项	674.797	40.970	23.827	0.000	0.647

五、结论及建议

（一）本文结论

通过对内部控制目标的重要性、可实现程度、现状以及内部控制要素重要性和现状的调查与统计分析，我们不难看出，内部控制的重要性已经获得了普遍认可，但其现状不容乐观，优化空间和潜力都较大。结合以内部控制现状为基础进行的回归分析来看，作为内部控制的经营目标和战略目标的受重视程度不足。此外，影响各控制目标实现的关键控制事项存在差异性。

（二）建议

1. 内部控制目标方面。战略决定了经营的过程，战略目标是内部控制的终极目标。战略目标的实现必须以经营目标的实现为前提。如果忽视了这两个目标，控制将仅仅是应急性控制而非前瞻性控制。

2. 内部控制措施的优化方面。不同经济组织内部控制各目标的实现程度存在差异，这就要求在审视内部控制的健全性和有效性时，应当结合风险承受能力、具体目标要求以及业务特点，有针对性地“查漏补缺”。

3.《基本规范》实施的保障和惩戒机制方面。应当进一步考虑《基本规范》实施的惩戒机制，以促使经济组织自觉自愿地健全和优化内部控制体系。

（三）本文的局限性

问卷调查受各方面制约，规模并不令人满意。在数据挖掘和分析中，我们仅就内部控制要素对目标实现的影响进行了研究，还有待今后对相关问题进一步研究。

第三篇

公司控制权市场中的财务会计问题

随着现代经济的发展，公司发挥的作用越来越大，公司控制权的重要性越来越显著，因为公司控制权引发的纠纷也越来越多。近些年来，国美黄光裕与陈晓之争、真功夫蔡达标与潘云海之争、雷士照明等案例已经引起了很多人对公司控制权的重视。因此，王君彩教授既开展基于规范研究方法的公司控制权研究，也探索采用实证研究方法来分析公司控制权问题。

在这一领域，王君彩教授及其团队研究的主题包括但不限于：企业并购的成本效应及分析、从债转股视角研究高负债与企业运行效率、对国有企业改制的管理层收购的法律思考、管理层能力与资本投资效率、股权激励和市场反应以及公司治理效果、高管联结与公司业绩等。本篇摘要汇编 6 篇论文。

企业购并的成本效应分析*

王君彩　刘红霞

企业购并概念是在20世纪90年代以后随着我国上市公司股权收购现象的出现逐渐流行开来的。购并即收购（Acquidition）与兼并（Merger），按企业的成长方式来划分，企业购并可以分为横向购并、纵向购并以及混合购并三种类型。横向购并是生产同类产品，或生产类似产品，或生产技术工艺相近的企业之间所进行的购并，这是最常见的一种购并方式，其目的在于扩大企业市场份额，在竞争中取得优势；纵向购并是在生产工艺或经销上有前后衔接关系的企业间的购并，如加工制造企业向前购并原材料、零部件、半成品等生产企业，向后购并运输公司、销售公司等，其目的在于发挥综合协作优势；混合购并是产品和市场都没有任何联系的企业间的购并，它兼具横向购并与纵向购并的优点，而且更加灵活自如。我国加入WTO以后，企业不仅面临着国内市场竞争的压力，还要直面国际市场的各种挑战和外国大企业的竞争威胁，如何运用购并与重组手段，提高企业核心竞争能力，参与国际市场的竞争是摆在企业和政府面前的一个重要课题。本文试从购并的成本分析入手，从理论上探讨购并行为的有效性。

一、企业购并的正面效应——交易成本的降低

购并对企业的直接影响是降低交易成本。企业的交易成本是企业为完成交易行为而发生的成本，它一般包括：（1）寻找和发生交易对象的成本；（2）了解交易价格的成本；（3）讨价还价的成本；（4）订立交易合约的成本；（5）监督合约履行的成本；（6）制裁违约行为的成本。通常情况下，一个企业不会仅与一个被选对象进行谈判，谈判意味着讨价还价，往往要耗费大量的人力和物力，包括

---

* 本文发表于《财经研究》2002年第1期。

准备谈判的时间、谈判的时间、交通往返、谈判材料的准备和修改等；在达成协议之后，交易合约的订立也有一定的成本，如举行各种签字仪式；在合约签订之后，合约的履行仍是有成本的，尤其是合约的履行需要进行监督，这对交易双方都是一种费用的支出；如果合约的履行出了问题，那么交易双方就会因制裁违约行为而支付更多的费用。

从企业购并的角度看，交易成本降低的原因主要表现在以下几方面：

（一）规模经济效应

追求规模经济效应是企业购并的重要动机之一。规模经济是指随着生产和经营规模的扩大而出现的成本下降、收益递增的现象。规模经济带来的收益，反映为企业生产经营成本的降低，是企业购并的直接结果，与交易成本降低作用于同一方向。企业通过横向购并，一方面可以对企业资产进行补充、调整，达到最佳规模经济要求，壮大主导产品的生产经营规模，实现大批量专业化生产，提高技术熟练程度，提高劳动生产率，降低产品成本；另一方面大规模生产便于实行大量销售和大量采购，从而节省购销费用，获得规模收益。

具体而言，如果一个行业的技术条件属于规模收益递增阶段，具有大型生产设施的购并企业的生产成本就比一般小企业低。因为通过购并后的大企业拥有科学的专业化分工、较高的自动化生产技术等，随着产品交易数量的增多，单位产品分摊的间接费用逐渐减少，从而使成本相对降低。此外，大企业的买主垄断地位也引起成本的节约，即大企业由于有较强的市场控制力，在讨价还价、市场开发等方面较之小企业更容易获得利益，从而使交易成本绝对数额减少。

（二）纵向整合效应

企业实施纵向购并战略的目的是以企业内部的管理协调替代部分市场协调，从而有效地解决专业化分工引起的生产流程的分离，减少生产过程中各种损耗和时间浪费，降低交易成本，实现纵向整合效应。具体说：

（1）降低了搜寻过程的成本。市场不确定意味着有关价格、质量、品种、交易伙伴以及供求双方等方面的情况难以预料，为了使自己免受或少受市场变化的不利影响，企业会尽可能搜寻有关市场交易信息，从而花费大量的搜寻成本。企业购并后，通过纵向整合实现垂直一体化，将本企业正常生产业务向两端延伸至销售、零部件自制和原材料供应，使寻找和发现交易对象的成本，以及了解交易价格的成本降至最低，减少了市场所带来的交易成本。

（2）降低了讨价还价成本。纵向整合使不同企业之间的不同生产阶段建立了永久性联系，企业不需寻找供应者和销售商，通过内部交易即可使原材料、中间产品的供给得到保证，减少了企业对供应商的依赖程度，减少了采购成本、销售费用等讨价还价成本。

（3）降低了履约成本。由于市场的不确定性，订立合同对交易双方而言是一种承诺，虽然合同本身不能保证避免对合同条款的违约行为，但可以作为诉诸法律的凭据。因此，交易双方都在谈判和签订合同时强调合同的履行，并愿意为此自愿付出一定的监督和履约成本。纵向整合使外部交易转换为企业内部供产或购销的过程，减少了监督合约履行的成本以及制约违约行为的成本。

（三）协同效应

系统论认为，作为一个整体性的系统，其功能不同于系统各要素功能的简单相加，而是要往往大于各个部分功能的总和。即一次适宜的购并行为给公司带来的价值，将超过购并前两个独立公司的价值之和，这就是所谓的 1 +1 >2。通过购并产生的协同效应体现在以下几方面：（1）优势互补。购并使不同企业的优势融合在一起，发挥原有企业在技术、市场、专利、产品管理、企业文化等方面的特长，从而提高企业运营效率，减少了企业成本。（2）降低不确定性。通过购并把强有力的竞争对手收购过来，一方面减少了企业之间的竞争，使行业中所有企业都不同程度地增加了利润，增强了企业的市场控制力；另一方面增强了企业抗风险的能力，通过购并企业产品系列多样化，盈利产品抵补了不盈利产品的亏空，使资源迅速按照需求变化在部门之间转移，减少利润波动。

二、企业购并的负面效应——管理成本的提高

交易成本对企业来说是一种外部成本，如果原来的交易双方合并成一个企业，那么原来的外部成本就内部化了，从而减少了交易支出。但是在企业将外部交易成本内部化的过程中，还存在着管理成本升高的问题。一般说来，企业的管理成本主要由三个方面组成：（1）内部组织成本。企业通过购并建立一定规模的组织结构后，要花费相当的协调成本以促使企业组织内部管理交易及其经营的正

常进行。随着企业组织规模的扩大以及内部管理交易的增多，内部组织活动的运行成本也将越来越高。(2) 正常管理支出。任何企业都存在经营过程中必要的管理支出，如管理人员工资、办公费，购并企业重新注册费、公告费等。(3) 委托代理成本。所谓委托代理成本是指受托人代表委托人行为而导致的额外成本。它包括直接的合约成本（订立合约的交易成本、机会成本、激励成本），委托人监督受托人的监督成本以及受托人行为不当成本。

从企业购并的角度，管理成本升高的原因主要表现在以下几方面：

（一）规模不经济

如前所述，规模经济本质上是一种适应性生产经营规模带来的效率与效益，因此，规模不经济则体现为随着企业生产能力扩大而形成的单位成本提高、收益递减的现象。购并使企业规模增大，而管理成本则随着管理幅度及其层次的增加而增加，可见企业规模不是越小越好，同样也不是越大越好。

当企业规模逐渐扩大时，因新的技术、新的组织方式的运用，企业管理成本可能出现相对降低的趋势。但是，如果一个企业的生产规模过大，管理层次和管理幅度超过了一定限度，企业内部各方面协调的难度就加大了，使得管理成本将以递增的方式上升，形成规模不经济。此外，企业规模过大，中间环节太多，高级管理人员难以了解基层情况，也使得管理效率降低，相应提高了企业内部组织成本以及正常的管理支出。

（二）信息不完全、不对称

购并所面临的根本问题之一是如何有效地利用分散在社会中的不同信息，实现企业资源的优化配置。在实践中，因信息不完全、不对称而导致购并企业发生财务困难的案例不胜枚举。所谓信息不完全是指由于人的有限理性，其所掌握的信息不能预见一切；由于环境的不确定性，人们也不可能掌握全部的信息。所谓信息不对称是指交易一方持有与交易行为相关的信息而另一方不知道，而不知情方要获取这些信息需付出昂贵的验证成本。管理成本是一种内部成本，由于企业内部信息交换的不完全、不对称而引起管理成本的提高主要表现在以下两点：(1) 增加了监督成本。在企业管理组织中，通过自下而上的信息传递，上级管理层能够了解企业的生产经营状况，通过自上而下的信息传递，企业决策目标能够被员工所理解而得以实现。如果企业的管理幅度和管理层次增加，信息传递的质量就会降低，这就需要利用监督职能来保证信息质量，因而增大了管理成本。（2）增加了激励约束成本。由于下级和上级管理阶层经营目标的差异，使下级有可能向上级传递有利于自己的虚假信息，甚至在一定环境下会产生道德风险和逆向选择，对此，企业需要实施必要的激励和约束机制，加大管理成本支出。

（三）委托代理关系的局限

调整企业组织结构，建立现代法人治理结构是购并企业组织管理目标之一。企业法人治理结构一般由以下组织组成：股东会、董事会、监事会、经理。在现代企业中，形成了一系列的委托代理关系，主要包括股东和经营者之间的委托代理关系，经营者和管理者（分公司经理、职能部门经理）之间的委托代理关系，管理者和员工的委托代理关系。委托代理关系的费用支出体现为代理成本。从理论上讲，购并企业应力图使委托代理关系的总代理成本最小，然而在实际中，客观存在的种种复杂因素又影响着代理成本。比如，从人的因素看，个体及群体行为的基本规律是“需要产生动机，动机决定行为”，由于企业委托人的需求与受托人不同，其行为动机存在一定的差距。从受托人方面看，其经营动机一般是希望以尽可能少的付出，得到最大的收获，为满足其个人需要，在特定情况下，受托人可以不择手段，甚至会做出有损于委托人利益的行为来。对此，委托人只得加大监督力度，通过订立合约、采用激励和约束手段等方式防范受托人的不规范行为，这就提高了直接的合约成本以及监督成本，使管理成本加大。

三、交易与管理成本均衡分析

以西方经济学边际分析方法进行分析，首先作出如下假设：（1）市场交易成本和企业内部管理成本都能明确计算；（2）为方便分析，在均衡模型中，交易成本和管理成本都被看成是线性的；（3）市场交易成本的下降可以看作与企业的边际收益（MR）类似，是随着企业规模的扩大而减少的；（4）企业管理成本的上升可以看成是边际成本（MC）随企业规模的扩大而增加。在上述假设下，企业均衡模型如图1所示。

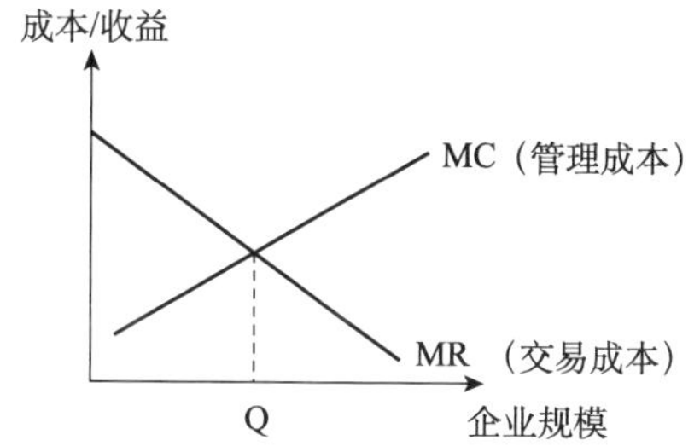

图1　考虑交易成本和管理成本后的最佳企业规模

从图1中可见，当交易成本大于管理成本（MR > MC）时，企业处于规模扩张阶段，需要进一步投入先进的生产设备和技术，增加产品产量，扩大产品市场份额；需要实行专业化，提高劳动生产率；需要进行多样化经营，降低经营风险。反之，当交易成本小于管理成本（MR < MC）时，这意味着由于企业规模过大使得管理成本过高，企业经营亏损，此时最佳决策是收缩企业规模。Q点是交易成本和管理成本相等时的均衡点，意味着企业规模达到适度，具有市场竞争优势。上述理论模型分析给我们以如下启示：

（1）适度规模。购并是企业外部资本运营，其目的是为了提高企业市场竞争能力，优化企业结构，在扩张中实现规模经济。如果企业过分强调规模扩张，大量新建或购并企业，而企业内部的生产经营管理体制没有得到相应改进的话，必然导致企业链条过长，管理成本加大，形成规模不经济现象。因此，就我国现阶段而言，购并并非是所有产业中企业的共同行为，只有通过购并使企业规模达到适度，使管理成本和交易成本达到均衡的企业，才能够在市场竞争中较好地存活下来。

（2）政府作用。在企业购并过程中，政府具有极为重要的推动、扶持作用：一方面企业要借助政府的力量，实行跨行业、跨地区、跨部门的战略重组与购并；另一方面政府要加快配套改革，搞好配套设施建设，协调购并企业各方面的关系，保证企业购并的顺利实施。政府扶持企业时应注意加强政策的引导，遵循经济规律，充分考虑成本效益原则，在适度规模的目标下，使追求规模经济的努力主要限制在规模经济效果明显的企业，使企业间的购并真正实现优势互补，并提高其经营效率。

（3）企业融合。并非适度规模就一定能够实现规模经济。随着企业初步购并的完成，购并还需要一个磨合过程，即实现两个企业在文化、制度方面的融合以及政策、管理方面的调整，保证企业经营的顺利进行。具体而言，通过对两个企业的企业文化进行比较分析，取长补短，倡导一种积极向上的企业精神、价值观念、行为方式、工作作风等，并把这种企业文化渗透到其他方面工作中，使企业制度整合、人事整合、经营整合、管理整合等工作有效率、有步骤地进行，提高购并企业与被购并企业的共同业绩，达到企业购并后的融合发展，实现真正的规模效应。

高负债与企业的运行效率
——兼论“债转股”*

王君彩　杜惠芬

高负债是否是我国国有企业陷入经营困难的唯一原因？为了回答这一问题，我们通过对企业负债经营问题进行经济学理论和实证分析，以求得出必要的结论。我们的讨论涉及“债转股”的基础问题，本文也兼而论之。

一

资产负债率水平这一指标不能独立地、绝对地反映企业举债经营的风险程度，而必须结合企业的资产盈利能力和资产管理水平，进行综合分析评价。企业举债经营的能力取决于企业资产经营和管理效率。当企业举债水平较高，且资产运行状况良好时，财务杠杆便发挥正效用，企业呈现扩张发展的势头，充裕的外源资本与企业的快速扩张相得益彰；当企业负债水平较高，但资产运行效率低下时，企业必然陷入财务困境，表现为发展缓慢、亏损甚至破产。因此当企业资产运行状况不良时，客观上无法负担较为激进的财务结构，要求降低负债水平，以保障企业信用和股东权益不受威胁。所以，考察企业的资产负债水平不能偏离对企业资产运行状况的研究。

负债率的变化会使企业在一定的经营期内发生资本成本支出与企业经营风险的波动。负债率较低的资本结构对企业的整体资本运营的影响是：第一，使企业资本经营成本升高。权益资本的使用成本通常高于负债的成本，表现为权益资本的所有者对公司整体利润的分割和对公司经营决策权的主张，而债权人对资本权利的主张仅仅表现在与债权资本额相对等的固定利息收入。第二，企业负债率越低，获取债务资本的成本越低，取得企业外源资本的条件越好，使企业具有足够

---

* 本文发表于《投资研究》2001 年第 11 期。

的“储备贷款能力”，即企业通过保守但安全的资本结构塑造良好的财务形象，保留企业在获得市场扩张机会后有足额的外源资本补充。负债率较高的资本结构会加大企业财务结构的脆弱性。首先，规模较大、期限较长的负债，利息率较高，企业资金使用成本上升；其次，负债率较高，“用尽”了外源融资的资本储备，在企业面临进一步扩张时受到资本约束，或在企业面临市场或支付困难时遭遇危机；最后，高负债背后的财务风险，使可能的债权人主张更高的风险屏障，从而造成企业股票或资产的市场价值下降。

最佳的企业资本结构既不是低负债，也不是高负债，而是公司价值最大化时的资本结构。随着企业的负债水平的上升，一方面，财务杠杆的作用越来越显著，由于资本成本的下降，不仅每股收益上升，而且公司股价呈上升走势；另一方面，由于利息的支出是在税前列支的，这种税收的“好处”被称为“税盾”——减少企业所得税的支出，把更多的税后利润留给股权所有者，股票市场价格会因此上升。但是，随着企业负债水平的进一步上升，负债成本也由于债权人出于对风险的考虑而提高；股权成本也由于股权投资人要求更多的风险溢酬而增加，表现为股价的下降。可见，最佳资本结构是“适度”负债。“适度”负债在企业内部取决于企业资产经营水平和管理效率，在企业外部取决于市场状况、产业发展阶段和发展趋势。

企业的资产收益率、销售利润率、资产周转率和负债率间有如下关系：净资产收益率 = 销售利润率 × 资产周转率 × 权益乘数，其中，权益乘数 = 1 ÷（1 − 资产负债率）。权益乘数表示企业的负债程度，乘数越大，企业负债程度越高。决定净资产收益率的因素有三个：销售净利率，资产周转率和权益乘数。权益乘数高，说明企业负债程度较高，可能给企业带来较高的财务杠杆利益，同时企业也承担着潜在的财务风险；资产周转率反映企业运用资产以产生销售收入的能力，这一指标客观上又取决于流动资产周转率、存货周转率和应收账款周转率的变动情况；销售净利率反映单位销售收入带来的净利润，这一指标的水平取决于销售额和销售成本的对比关系，要取得较高的销售净利率需在扩大销售额的同时，改进企业管理，降低成本，以提高盈利能力。

从高负债的宏观经济效应看，企业的高负债一般与企业脆弱的财务结构和较高的财务风险相关联。当企业内外部条件发生不良变化后，将引发经济周期的联动效应。正如欧文·费雪在其“债务紧缩”理论中所提到的：“由借债来筹措资金的熊彼特式创新刺激了繁荣。但是，随后而来的衰退，通过过度的实际债务负担和通货紧缩的不稳定的相互作用又可以转变为萧条。美国 1929—1933 年的大萧条就是经济中的过度负债造成的。”当经济处于繁荣阶段时，高负债与经济的快速扩张相互激励，这时经济的成长性足以抵补高负债的威胁。但是，经济运行却走向两条危途：一是高负债下的信用膨胀，这是引发通货膨胀的主要货币因素；二是当经济扩张受到资源和市场约束时，经济出现通缩效应，对脆弱的高负债造成致命的打击。企业亏损，资不抵债，银行坏账，冲击金融体系，导致经济萎缩甚至衰退。可见，在高负债中潜伏着宏观经济波动的威胁。在我国，高负债的宏观风险还表现在：当高负债企业亏损，发生偿债困难时，必然造成国有银行坏账，国有银行坏账又会累及财政。财政发行债券弥补银行资本金，或中央银行增发纸币，引发通货膨胀。这样，企业偿债危机就可能造成宏观信用环境的恶化。

所以，从宏观长远看，高负债始终存在潜在的经济危机的风险。韩国大企业集团的危机证实了微观企业高负债对宏观经济的影响。1997 年，韩国不可逃避地卷入了东南亚金融危机。大企业集团纷纷发生偿还危机。韩国大企业集团负债比率（这里负债率为负债总额与自有资本总额之比）普遍偏高，如汉拿集团负债率高达 2056%。负债率超过 500% 的大企业集团有 10 多家，且国内平均贷款利率达 11%。负债经营的成本较高，一有风吹草动，不仅企业难以支撑，连银行也会一起被拉下水去。

二

尽管高负债与企业较高的经营风险有一定的相关性，但是高负债与企业困境的联系不是绝对的，是有条件的。高负债并不必然地与企业经营困难相关联。也就是说，高负债不是导致企业陷入经营困境的唯一原因。将企业推向绝路的是企业对资本的驾驭能力和市场时机。企业对资本的驾驭能力则与企业运行机制和经营战略相关。因为，第一，高负债本身并不降低销售毛利，假如税前资本的收益连债权人的利息都无法支付，有哪一个股权人会指望通过对这类企业的投资而获得期望的收益呢？第二，假如减免企业利息会使高负债企业扭亏为盈，那么这时的企业收益率绝对不会高于银行利率。从理论上分析，这样的企业取得外源资本是非常困难的。第三，最佳资本结构的技术分析有一个基本假设：不考虑市场变化和决策者风险观的个体差异。实际上，最佳资本结构的理论分析仅仅说明在假设前提下的确存在这样一个点，这个点所对应的资本结构是最优的。考虑到决策者的个体对风险的态度、经营发展战略安排和市场的状况及其走势，最佳资本结构绝不是一个机械的数量点。这就是说，现实中的最佳资本结构是一个区间。

表1　　　　中、日、美公司主要财务指标比较

国家	年份／指标	1990	1991	1992	1993	1994	1995	1996	1997	1998	1999
日本	TL/TA	64	63	62	61	61					
	NP/CS	2.87	2.24	1.27	0.93	1.13					
	NP/NS	2.94	2.32	1.36	1.03	1.23					
	R			323	351			637			
美国	TL/TA	60	60	63	64	63	37	35			
	NP/CS	4.24	2.53	0.9	2.89	5.67	6.08	6.53			
	NP/NS	3.97	2.46	0.87	2.78	5.37	5.72	6.17			
	R			444	500			398			
中国	TL/TA				61	60	57	56	58	60	61
	NP/CS				26.06	21.4	5.02	0.8	-0.73	-0.57	-2.1
	NP/NS				9.73	9.41	3.79	1.44	0.31	0.27	0.84
	R	21.85	22.62	23.51	29.81	31.18	30.21	32.67	28.9		

注：R：全员实物劳动生产率（吨/人年）；NS：扣除折扣、折让的销售收入；CS：不包括资本公积在内的实收资本；NP：净利润；TL/TA：资产负债率%；NP/CS：资本收益率%；NP/NS：销售利润率%。

资料来源：《中国工业发展报告》1997—2000年各期，中国社会科学院经济研究所编，经济管理出版社出版；《国际统计年鉴》，刘洪主编，中国统计出版社1998年版。

从中、日、美三国制造业主要财务指标，包括资产负债率、全员劳动生产率和销售利润率的对比分析中（见表1），不难对我国国有企业的困境做出解释，那就是高负债与资本运行低效率并存，这才是我国国有企业面临困境的症结所在。

从表1中可以看出，20世纪90年代日本和美国的资产负债率同样达到60%以上，但是经济运行秩序良好，特别是美国在整个90年代保持了较高的经济增长。关键在于它们保有良好的经济运行效率，全员实物劳动生产率是中国的10—20倍，销售利润率和资本收益率都比我国国有工业企业好。

进一步对日本企业高负债经营机制进行分析，也可以在一定程度上说明，高负债并不绝对地将企业推入困境。自20世纪50年代以来，日本企业融资结构的变化呈现这样一个特点：内源融资比率逐步上升，外源融资比例逐步下降；在外源融资中，间接融资比重大大超过直接融资比重。在一定时期内，日本企业主要靠负债经营，其债务是股权的5倍，债务资产占总资产的比重达80%左右。日本经济对银行信贷的严重依赖，构成日本经济高速增长时期经济与金融关系的典型特征（见表2）。

这种经济金融关系的形成机制是：第一，日本战后实行高积累政策、出口导向政策及人为低利率政策（见表3），这三项政策间是相互关联的。高积累所提供的“超量”储蓄是低利率政策激励下“超贷”的储蓄供给源；低利率条件下的企业扩张，必然要求企业冲出国内市场的需求约束向海外扩张。第二，日本的政策性金融机构为特定专业范围内的民办或官办企业提供优惠贷款，经营民间金融机构不愿办理的金融业务，这一业务量目前约占全国金融机构贷款量的30%左右。这些金融机构依据国家产业政策，弥补民间金融机构的不足。同时，民间商业银行管理水平和运行效率高，方便企业从该渠道取得资金。第三，20世纪80年代以来，银行为中心的财团对企业持股率上升，银团企业相互持股和长期人为的低利率，使日本企业破产风险很小，因而进一步促使企业债务规模扩大。当然，日本企业高负债经营机制，是特定历史条件下的产物，这里只是用以证实企业高负债经营的可能性。

表2　　日本企业融资构成　　单位：%

时期	内部资金	外部资金	外部资金	
			间接金融	直接金融
1958—1962年	24	76	73.7	26.3
1966—1970年	40	60	81.7	18.3
1980—1984年	59.1	40.9	85.8	14.2
1988—1991年	47.5	52.5	74	26

资料来源：刘彪：《企业融资机制分析》P60，中国人民大学出版社，1995年5月版。

表3　　西方工业发达国家利率水平　　单位：%

时间	短期利率			长期利率		
	日本	美国	英国	日本	美国	英国
1985年	7.5	7.5	11.7	6.8	11.4	10.6
1987年	4.2	5.8	9.7	5.0	8.4	9.6
1988年	4.5	6.7	10.3	4.8	8.8	9.7
1989年	5.4	8.1	13.9	5.3	8.5	10.2
1990年	7.7	7.5	14.8	7.4	8.6	11.8
1991年	7.6	5.9	12.2	6.6	8	10.1
1992年	6.9	5.9	11	6.6	8	9.7

资料来源：刘彪：《企业融资机制分析》P87，中国人民大学出版社，1995年5月版。

根据我国国有企业的现实情况，国家对部分国有企业实行了“债转股”政策。债转股在一定期限内从账面上改进了企业的财务结构和财务状况，为企业走出困境提供了可能的财务条件，但如果企业的运行效率和获利能力不提高，企业仍然会再次陷入高负债低效运行的困境，又会回到债转股的起点。

三

对我国1993—1999年全部国有工业企业资产运营状况的考察发现，国有工业企业资产运营的问题突出地表现在以下两个方面：（1）行业经营效益和资产盈利能力差，且逐年滑坡；（2）资产的流动性弱，资产管理效率低下（见表4）。

销售利润率、资本收益率和总资产报酬率三个相互联系的指标，可以综合反映企业的资产盈利能力，其中反映资产盈利能力的基础指标是销售利润率。1994年，全部国有工业企业和国有控股工业企业的销售利润率为3.85%。此后，销售利润率和资产收益率水平呈直线下降。1996年和1997年是下降幅度最大的两年，销售利润率分别比上年下降了43.43%和22.04%，资本收益率分别比上年下降了65.86%和64.29%，总资产报酬率分别比上年下降了26.53%和19.45%。到1997年全国国有工业企业的亏损面［亏损企业数（补贴后）÷汇编企业数］达到47.38%。资产报酬率水平与销售利润率两者之间具有直接联系，销售利润率水平越高，资产报酬水平也越高，销售的获利水平决定着资产收益能力。

表4 1993—1998年全部国有企业和国有控股企业资产盈利能力和流动性状况

指标 / 年份	销售利润率（%）	资本收益率（%）	总资产报酬率（%）	流动比率	应收账款周转率（次/年）	存货周转率（次/年）	总资产周转率（次/年）
1994	3.85	5.6	5.3	1.03	4.86	2.87	0.61
1995	2.97	4.1	4.9	0.99	5.61	3.25	0.58
1996	1.68	1.4	3.6	0.98	5.52	3.16	0.51
1997	1.31	0.5	2.9	0.98	5.00	3.10	0.46
1998	1.26	0.4	2.5	1.01	4.39	3.10	0.45

注：销售利润率 = 利润总额/销售收入；资本收益率 = 净利润/实收资本；总资产报酬率 = （利润总额 + 财务费用）/平均资产总额。

资料来源：《中国财政年鉴》1999，中国财政杂志出版社1998年6月版；《冶金生产企业财务指标手册》（1993—1999年），冶金工业部经济调节司。

资本流动性取决于资产管理水平、资产运营决策和运营效率，资本流动性反过来也影响资产的获利水平，资本流动性也是企业资产运营状况的表征。表4中列示了企业资产流动性状况和企业资产管理效率的各项指标。尽管在理论上未能得以证明，但一般认为，生产企业合理的最低流动比率是2。因为，除去流动资产中变现能力最差的存货，剩下的流动性较大的流动资产至少应等于流动负债，这样企业的短期偿债能力才能有所保障。但是，这个数值不是固定的，它还取决于行业发展特点、获利能力和营业周期等因素。从表4反映的数值看，我国国有工业企业的流动比率离公认的经验数据指标差距很大，企业随时会面临偿债风险。因为在流动资产中，应收账款、存货水平及其周转效率是影响流动比率的主要因素，表4中所列示的应收账款周转率和存货周转率两大指标都是很低的。从这两项指标的数值看，企业面临着较为严重的账款回收问题。企业的营运资金过多地呆滞在应收账款上，影响正常的资金周转。存货周转速度慢，回款率低是导致资产流动性差的直接原因。

我国国有工业企业资产负债水平基本在60%左右，略高于一般意义上的理论值。但是，从表1可以发现，中、日、美三国保持了基本相同的资产负债率水平。结合前面的理论分析和实证描述，可以得出这样一个结论：我国国有工业企业自身的资产经营水平和管理效率差，是导致其资产获利能力低下和大量不良资产的重要原因。

四

通过以上理论与实证分析可得出如下几点结论：首先，无论是从微观层面还是宏观层面看，债转股有利于改善企业财务状况，稳定国民经济的整体抗风险能力。然而，必须引起重视的是债转股只是国有企业改革的众多措施之一，根本不可能有“一转就灵”这样的“免费午餐”。一是从债转股政策中受惠的毕竟只能是经过认真选择的少数企业，如果像很多企业所企盼的那样“人人有份”的话，无疑是要企业“共银行的产”。二是债转股并非最终结果，在国家规定的时限内，需要解决的难题很多，要交出满意答卷，还要有关资产管理公司、企业作出更大努力，必须有更多的体制、制度创新。

其次，多数国有企业，包括相当部分资产负债率高于全国平均值的企业，都要靠自己的努力，提高运行效率，通过自身的积累，来达到自我发展的目标。企业陷入困境的主因还是运行效率低下，仅仅依靠部分信贷资金转变为股金这一“输血”方式，而不增强企业的“造血”功能，可以救一时之急，但达不到治本目的。要知道，包括股金在内，所有资金都是要付出使用成本的。由此联想到前些年的治理企业“三角债”。企业的流动比率只达到较为理想状态的1/2左右，这不是投入一些信贷资金就能解决的。“三角债”的深层原因在于企业本身的运行效率问题，其中包括相当部分不具备经营条件的企业混杂于企业队伍中，扰乱了社会信用秩序。这部分企业，有的是本身具有相当活力，但在起点阶段业主投入不足，可以通过增加投入（如债转股）解决；有的由于外部环境恶化，内部管理失当，造成暂时支付困难，通过企业自身努力，或许能走出困境，但如果努力不够甚至继续失误，则可能一蹶不振；有的事实上已经度过了它的青壮年时期，在逐年走向暮年，回天乏术；有的从来就没有旺盛过，也缺乏生存空间，只是由于社会经济秩序的混乱，混迹其间，早应出局。有生有死，是自然界的普遍规律，同样也是社会经济生活中的一个重要法则。人们只能运用规律，而不能改变它。

此外，经济呈现周期性，也不是可以由人们的主观意志决定的。在经济处于低潮时期，一些弱势企业，或者存在弱点的企业（如主要由借债维持但有其他方面优势的企业），就要经受考验。这就要求企业在繁荣时期，就要未雨绸缪，保持合理的资产负债结构，就有在市场条件、信贷条件恶化时的应对预案。在经济萧条时期，一些企业停产以至破产，本在情理之中，但其负面影响是人们不愿看到、难以接受的，势必要加大社会经济生活的组织者——政府的压力。政府采取反周期调节措施，其基本动机是保证实现政府宏观经济目标，如经济发展、充分就业、货币稳定等，在客观上也帮助了企业，使部分财务结构欠佳的企业从中受益，但是，受益者只能是与反周期调节措施相关的企业，而不是全部企业。对一些企业可能意味着商机，另一些企业仍然要被淘汰出局。目前，我国政府采取行政命令来推动企业筛选，这是市场机制不健全的历史条件下的无奈选择。

最后，整顿市场经济秩序的一个重要方面，是健全社会经济生活中的信用关系。资本流动性差，既是社会信用不健全的根源，也是信用秩序混乱的必然结果。这一问题的解决，有赖于企业运行效率的提高，这是根本的。同时，加大社会对企业信用的关注，也是不可缺少的外部动力。作为社会经济的管理者，政府宏观经济管理部门、经济司法部门，应采取更为有力的政策措施，重建社会信用体系，加大对诸如合同法、票据法等相关法律、法规的执行力度，严厉惩处那些破坏信用制度的企业和单位，使那些专靠拖欠他人资金赚钱的企业、专靠拖欠他人资金搞建设的单位，无利可图以致无容身之地。重建社会信用体系，健全社会信用关系，是企业提高运行效率的外在强制性力量，也是加速市场对企业进行选择的工具，更是建立社会主义市场经济体制的一项重要内容。

橘生于淮北则为枳?
——对国有企业改制的"MBO"法律障碍的思考*

王君彩　姚德超

MBO（管理层收购）作为一种舶来品，在成熟市场经济条件下备受推崇，我们也一直期盼着借助MBO能优化国企产权结构在根本上为国企产权找到一个"生死共同体"，利用MBO在同股同权同利框架使国有资本得到保值增值，通过MBO来客观确认企业家贡献来促进企业持续、稳健和长期地发展。然而，橘生淮南则为橘，生于淮北则为枳，叶徒相似，其味因水土各异而迥然不同。MBO的成功实施务必有一系列配套的环境，发达的资本市场、诚信的中介机构、完善的法律法规、成熟的经理市场和健全的监管机制等等。我国目前的市场经济体系正在发育阶段，不问青红皂白地盲目推行MBO模式，势必会遭遇到不少困境与障碍。透视MBO案例，其面对的现实挑战与法律障碍，必须深刻反思。

一、收购主体的法律障碍

MBO实施前，管理层必须注册一家新公司作为收购目标公司的行为主体，新公司纯粹为收购而设立，所以国外又称其为壳公司，我国法律尚未对此类公司明确身份，而根据现行《公司法》对外累计投资额不得超过公司净资产50%的有关规定，显然此类壳公司在我国是有法律障碍的。从目前实施MBO的案例看，就存在对外投资超过净资产50%的现象，无疑是与《公司法》相冲突的。有些企业通过由管理层和职工共同组成的职工持股会来作为收购主体，但由于它属于内部非营利性组织，而并非法人机构，所以，对外投资收购也有禁令。

* 本文发表于《中国财经报》2004年12月17日。

二、资金来源的法律障碍

面对收购所需的巨额资金需求，除了经理层自有资金外，主要依靠外部融资。从目前情况看，现有法律禁止企业拿股权或资产为抵押向银行担保，再把融资资金给个人，同时法律还禁止个人以股票作为质押向银行贷款收购股权。虽然目前已有些企业的管理层以股权作为质押向银行贷款，但是这毕竟是一种变通的做法，存在一定的法律风险。我国银行《贷款通则》规定，从金融机构取得的贷款不得用于股本投资。但是，管理层的自有资金，只占收购额的一小部分，大部分需要通过债权融资和股权融资来实现，这种融资方式显然与此规定相冲突。因此，合法融资渠道的匮乏也使 MBO 经常有违反规定之嫌。

三、收购价格的法律障碍

MBO 是一种市场行为，收购价格由收购者和目标公司进行谈判来确定，从而保证能够反映其市场价值。在我国，一方面由于产权交易市场不发达，价值的发现机制尚未形成；另一方面国有企业内部人控制严重，由内部人来进行收购，经常出现“自卖自买”的现象，很难保证转让价格的合理性。在法律上，经营层并不拥有对国有企业财产的处置权力。而在政府机关看来，收购价格的形成也必须规避内部协议而通过产权交易市场的价格公开竞争机制来实施。

本文认为，对于具备一定规模的大型国有企业而言，情况应该有所区别。由于所有权与经营权的分离乃是其普遍特征，由于其资产规模较大、产品种类繁多，涉及多方利益相关者，管理层需要具备多方面知识和专门的技能，出资者并非就是称职的经理人，同时，管理层也无力支付巨额的投资，其自有的和可以规范筹集的资金难以或无法达到控股所需资金的数额。与此同时，推进市场取向的国有企业改革，一个重要目的就是要实现所有权与经营权的分离，使国有企业真正成为自主经营、自负盈亏的市场主体和法人实体。国有大企业在我国经济和社会发展中具有举足轻重的作用，不少属于关系国家安全和国民经济命脉的重要行业和关键领域，国家要控制这些企业，就需要国有资本的控股地位。实施 MBO，将所有权与经营权合一，并不利于形成有效的公司治理结构，不利于建立市场化的经营层配置机制，不利于维护国有经济的控制力。因此说，国有及国有控股的大企业目前不宜实施 MBO。只有这样，才能真正使 MBO 在国有中小企业改制中大展鸿图，也才能使国有大型企业做强做大。

管理层能力与资本投资效率研究*
——基于投资现金流敏感性的视角

潘前进　王君彩

一、引言

在完美和无摩擦的资本市场中，资本总是由低资本回报率的项目向高资本回报率的项目不断流动，直至达到市场中每个项目的资本边际产品都相等的均衡状态（Modigliani 等，1958）。然而，现实世界中有很多扭曲性因素会导致公司资本投资效率偏离其最优水平的均衡状态，信息不对称和代理问题是最主要的扭曲性因素（Stein，2003）。信息不对称使得公司的融资受到约束，而代理冲突使得管理层倾向于扩大规模建立企业帝国，这往往使公司的资本投资效率偏离最优水平。公司的资本投资受到其内部产生现金流的约束和限制，引起了投资的现金流敏感性问题。

国内外学者分别从管理层权利、高层管理者背景、高层管理团队异质性、管理者风险特质等视角对公司的资本投资现金流敏感性问题进行大量的研究。但此类研究都是基于理性人假设，将企业高层管理者本身视为同质无差异的。在两权分离的现代企业经营模式下，高层管理者在很大程度上是企业资本配置的实际控制人。在面对复杂多变的经营环境时，不同能力的高层管理者会对公司面临的投资机会做出不同的判断，从而采用不同的资本投资决策，这无疑会影响公司资本的投资效率。在中国新兴加转轨的制度背景下，不同能力的高层管理者是否会加剧公司信息的不对称性，引起更大的代理冲突问题，影响公司资本的投资效率，现有的文献还研究甚少。

笔者基于投资—现金流敏感性的视角，实证检验了上市公司高层管理者的能力对其资本投资效率产生的影响，并进一步深入探讨了管理层能力影响资本投资

* 本文发表于《中央财经大学学报》2015 年第 2 期。

效率的途径。运用 Demerjian 等（2012）采用的管理层能力的衡量方法，本研究有以下二方面的理论贡献：第一，从投资现金流敏感性的角度来看，高层管理者的能力能显著影响公司的资本投资效率。这样首次从现金流敏感性的视角实证检验了管理能力高的高层管理者能有效缓解公司的投资现金流敏感性，可以提高公司的资本投资效率。第二，丰富了高层管理者能力与公司资本投资效率的相关研究文献，为研究公司高层管理者的能力在其投融资过程中发挥什么样的作用提供了经验证据。

二、文献回顾与研究假设的提出

（一）文献综述

高层管理者是公司最宝贵的人力资本，对公司的投资决策起着决定性的作用。随着社会学、人口统计学和行为财务学科的不断交叉融合，人们开始从高层管理者的背景特征角度探寻投资决策的主体对公司决策行为的影响。Hambrick 和 Mason（1984）提出了“高层梯队理论”（Top Management Team，简称 TMT）认为高层管理者的决策行为受其背景特征的影响。以此为基础，国外学术界对管理者的背景特征产生的经济后果进行了比较深入的研究。Bantel 和 Jackson（1989）指出公司高层管理人员学历越高，知识储备也越丰富，企业的决策选择就越有效。Hayes 和 Schaefer（1999）指出有能力的高层管理者的离职会导致原来公司股票价格平均下跌 1.51%，并且管理能力对股东财富的影响是巨大的。Tihanyi 等（2000）的研究证实公司高管人员的受教育程度与企业绩效之间呈现正相关关系。Bertrand 和 Schoar（2003）研究发现管理者会对公司投融资以及组织活动产生影响，管理者不仅会影响公司并购等核心战略事务，也会影响现金持有等财务决策。Dejong 等（2009）和 Ge 等（2008）的研究均证实公司的会计和信息披露政策随着管理者自身能力不同而有显著差异。Demerjian 等（2013）利用其提出的衡量整体管理层能力的新方法实证表明，盈余质量与高层管理者能力显著正相关。这些研究利用国外成熟资本市场的数据实证检验得出了高层管理者能力不同会对公司投融资决策、披露政策、盈余质量等产生显著影响。

国内关于管理层能力与资本投资效率的研究起步较晚，实证研究相对较少。

实证研究大都基于国外研究的思路，从管理层的背景特征探究其对公司投融资等决策的影响。姜付秀等（2009）实证研究证实管理团队的平均教育水平与过度投资之间的关系存在显著的负相关关系，且这种负相关关系对国有和非国有企业都成立。管理层的平均年龄也与投资过度显著负相关，而管理层的其他背景特征对过度投资影响均不显著。这从一个层面证明了管理层能力的平均受教育水平的提高有助于降低公司的过度投资行为，提高公司的投资效率。唐洋等（2012）、罗红霞等（2014）、林朝南和林怡（2014）等的实证研究得出了基本相同的结论。然而李焰等（2011）利用中国上市公司2004—2009年的数据实证得出在国有企业中，管理者的年龄、任期与公司投资效率显著负相关，而在非国有企业中，管理者的年龄能降低公司的投资规模，却对投资效率没有显著影响，学历和教育专业对投资效率影响均不显著。李培功和肖珉利用中国全部上市公司2000—2008年数据实证表明高层管理者任期对公司投资效率在不同所有制公司表现差异很大。显然，现有文献研究表明在中国新兴加转轨的市场体制下，管理层能力的背景特征对公司的决策及其经济后果发挥作用，但并未就此得出一致的结论。

综上所述，目前学术界主要是基于“管理层梯队理论”，从管理层的背景特征视角实证检验管理层能力与公司决策及其经济后果关系的。这种方法以点带面，计量难免偏颇，而将管理层作为一个整体来研究其能力与资本投资效率之间的关系鲜有讨论。公司价值最大化的目标要求管理层能适时根据环境变化进行战略调整，把握投资机会，提高投资效率，高效配置公司资源。在价值最大化的导向下，管理层能力的衡量以相同条件下高层管理者利用公司既定资源产出的效率来衡量比较合适。Demerjian（2012）基于该视角提出了整体计量管理层能力的方法并从多方面实证检验表明其优于其他计量方法。另外，由于已有的资本投资效率测度模型都存在不同程度的缺陷，从投资现金流敏感性的视角研究二者之间的关系就很有必要。本文运用Demerjian衡量管理层能力的计量方法，探究不同管理能力的管理层与公司现金流敏感性之间的关系，并对这种关系形成的途径做进一步的探讨。

（二）理论分析与研究假设

已有文献表明上市公司普遍存在着投资现金流敏感性问题。对投资现金流敏感性产生的根源比较经典的解释是信息不对称理论以及委托代理理论。Myers和Majluf（1984）提出的信息不对称理论认为，公司内部人相较于外部人掌握更多的有关公司经营状况的信息，二者之间的信息不对称会提高公司的权益资本成本和债务资本成本。外部融资成本的上升使得追求公司价值大化的高层管理者不愿通过外部融资来满足投资的需求，使得其资本投资高度依赖内部产生的现金流，导致投资不足，从而引起投资的现金流敏感性问题。Cleary 等（2007）实证研究证实，公司的信息不对称程度越严重，资本投资对其内部现金流越敏感。

Jensen（1986）指出，现代公司由于经营权与所有权的分离，在信息不对称情况下，所有者与高层管理者之间存在利益冲突，利益目标可能出现分歧，从而产生委托代理问题。代理问题使得高层管理者往往追求自己的私人收益最大化，而不是公司的价值最大化。管理层为了自己的私利，宁愿把剩余的自由现金流投资到净现值为负的项目也不愿分配给股东，导致过度投资问题。代理问题使得公司的资本投资与其内部自由现金流之间有显著的正相关关系，也引起了投资的现金流敏感性问题。

虽然投资的现金流敏感性问题到底是由信息不对称引起的融资约束还是代理冲突引起的在理论界一直没有定论，但现有的实证研究结果表明，融资约束和代理冲突都是引起公司资本投资现金流敏感性问题的根源。罗琦等（2007）、支晓强等（2007）、杨继伟（2011）等人的研究都证实投资现金流敏感性同时受到代理冲突和融资约束的影响。而如何缓解信息不对称问题是解决公司投资现金流敏感性问题的关键。信息的不对称性越低，外部投资者对公司投融资项目的评价越合理，越有助于缓解融资约束引起的投资现金流敏感性；信息的不对称性越低，公司经理的自利行为越易受到更有效的监督，越有助于缓和代理冲突引起的投资现金流敏感性。

随着经济全球化的到来，社会经济环境日趋复杂，瞬息万变的市场加剧了公司之间的竞争。在此形势下，公司管理层的经营管理能力对公司的发展尤为重要。管理层能否研判社会经济环境变化并及时调整公司经营战略，能否有效配置公司资源，提高资本投资效率，决定着公司的生死存亡。在其他条件相同的情况下，管理能力高的管理层相较于能力低的管理层对行业的发展趋势有更深的了解，能更合理地配置公司现有的资源，提供更高质量的会计盈余信息，而高质量的信息披露能有效降低公司内外部人之间的信息不对称程度和企业的外部融资成本，进而缓解企业融资约束，降低资本投资的现金流敏感性。对此，提出本文的第一个研究假设：

假设 1：管理能力高的管理层相较于能力低的能有效降低资本投资对现金流

的敏感性。

管理层能力的不同会在一定程度上减少公司内、外部之间的信息不对称。这是因为，管理能力高的管理层由于其运用资产的效率高，更愿意释放真实的公司盈余信息。另外，管理层能力本身就是一种信号，具有信号传递，降低信息不对称程度的作用。管理层运用资产效率越高，外部对其认可程度就会更高，这就使得能力具备了信号传递的功能。Chemmanur 等（2010）研究显示，不管公司是首次公开发行股票还是增发股票，管理层能力越高的公司，其信息不对称程度越低。Baik 等（2012）研究发现，管理层能力与公司自愿性盈利预测的准确性和预测的频率正相关。对此，提出本文的第二个研究假设：

假设 2：管理能力高的管理层相较于能力低的能有效降低高融资约束引起的投资现金流敏感性。

两权分离使得所有者和管理层的利益目标不一致，从而产生代理冲突。利益目标差距越大，代理冲突越严重，管理层为了自己的私利留存内部自由现金流的动机越强烈。不同能力的管理层对留存下来的现金流使用的效率显然是有差异的。一般来讲，能力强的管理层由于对宏观形式变化，行业发展趋势和公司发展机会有更深的认识，投资于 NPV 小于 0 的项目的可能性更低，对资金的利用效率会更高，这在一定程度上会降低投资的现金流敏感性。对此，提出本文的第三个研究假设：

假设 3：管理能力高的管理层相较于能力低的能有效降低高代理冲突引起的投资现金流敏感性。

三、研究设计

（一）样本数据及来源

本文的研究选取 2003—2013 年沪深两市 A 股主板上市的制造业公司为初始样本。选择制造业上市公司为研究对象主要基于如下考虑：制造业公司的样本数量大，能满足本文数据包络分析（DEA）计算管理层能力指标的要求；此外，制造业投资专用性强，具有不可逆性等特征，更能体现实物投资的特点。为保证管理层能力计量的准确性，对所研究样本按中国证监会《上市公司行业分类指引》

分类标准进行了二级分类。在研究过程中，根据研究需要对样本进行了如下筛选：（1）剔除金融保险类，ST、PT 等特殊处理以及退市的样本；（2）由于数据包络分析（DEA）模型中管理层能力用到的是滞后一年的变量，故剔除当年和前一年上市的公司；（3）剔除同时发行 A、H 股或者 A、B 股的样本；（4）剔除了净利润为负值的样本；（5）剔除数据不全及中间数据不连续的公司；（6）剔除了样本量较少的印刷业和其他制造业公司。经过筛选，最终得到了 2003—2013 年 785 家上市公司 4240 个非平衡面板数据。为避免极端值的影响，本文所有的连续变量均在 1% 和 99% 分位进行缩尾处理。本文的所有数据均来自 CSMAR 数据库，管理层能力的数据采用 Maxdea6. 2 求出，其他数据的处理和统计分析采用 Excel2013 和 stata13。

（二）变量定义

1. 资本投资效率的度量

本文沿用 Biddle 和 Hilary（2006）的研究，直接用投资现金流敏感性的大小来测度公司的资本投资效率。在国内已有的研究中，张功富和宋献中（2009）、杨继伟（2011）、宋常（2012）等也用投资现金流敏感性模型来度量资本的投资效率。

2. 管理层能力的测度

本文所指的管理层为公司的高层管理人员，即对公司的经营管理有决策权并对公司的经营效益直接负责的管理人员。管理层能力是指高层管理者在其他条件既定的情况下，有效利用公司既有的资源创造产出的能力。通常来说，管理能力高的管理层能更好地把握行业发展的趋势及未来技术的发展，更好地预测产品的需求状况，从而提前做出规划，能在既定的资源下有更高的产出或者在既定的产出下运用最少的资源。由于能力很难被准确衡量，不少学者使用过去五年的媒体对 CEO 的关注和报道的平均数量（Milbourn，2003；Francis，2008；等等）、企业市场回报相关的指标（Rajgopal et al.，2006；Baik et al.，2011；等等）、数据包络分析（DEA）方法（Fee and Hadlock，2003；Leverty and Grace，2009；等等）作为代理变量进行了相应的研究。参考已有的研究，本文采用 Demerjian 等（2012）的方法来度量管理层的能力。该方法衡量管理层能力的基本步骤如下：

第一步先用数据包络分析方法（DEA）估计公司的效率值。所有的公司都要投入人力资本、金融资本和各种创新型资本进行生产，共同的产出均为收入。但由于管理层能力等因素的影响，即使在其他条件相同的条件下投入相同规模的各种资本其产出也有差异，这就是公司利用其资源创造价值的效率。计算公司效率的公式如下：

$$\max_v \theta = \frac{Sales}{v_1 COGS + v_2 PPE + v_3 R\&D + v_4 SG\&A + v_5 Inta} \tag{1}$$

其中，θ 为公司资本转化为收入的效率值；*COGS* 为公司销售成本，用公司主营业务成本表示；*PPE* 为公司净资产、厂房及设备，用公司固定资产净额代替；*R&D* 为公司净研发支出；*SG&A* 为公司销售及管理费用；*Inta* 为公司的无形资产净值。由于不同行业不同资源投入的比例不同，因此，在计算各公司的投入—产出比率时按行业计算，控制行业变量的影响。然后按行业将所得到的行业最高效率值作为该行业的基准进行标准化，得到一系列的（0，1］的公司效率值。

第二步对这一效率值进行 Tobin 回归。公司的效率值也可以作为管理层能力的代理变量，但公司资本转化为产出的效率不仅仅受管理层能力的影响，还受到公司其他因素的影响。例如在管理层具有相同能力的前提下，市场份额大的公司的管理层与供应商讨价还价的能力会更强，从而使得公司的效率提高。为了更准确地衡量公司管理层能力的大小，应排除掉公司层面的其他因素的影响。根据相关研究（Stein，1997；Bushman et al.，2004；DeAngelo et al.，2010；等等），资产规模、市场份额、自由现金流和公司本身的经营周期、经营分部的多少是影响公司效率的主要因素。按行业去除这些因素的影响，残差部分就能更准确地衡量公司高层管理者的能力大小。

$$FE_{i,t} = \alpha + \beta_1 Size_{i,t} + \beta_2 MS_{i,t} + \beta_3 FCFI_{i,t} + \beta_4 Age_{i,t} + \beta_5 BSC_{i,t} + \beta_i \sum Year + \beta_j \sum Industry + \varepsilon_{i,t} \tag{2}$$

其中：$FE_{i,t}$为公司 i 第 t 年的公司效率，即模型（1）中的 θ 值；$Size_{i,t}$表示公司 i 第 t 年年末总资产的自然对数；$MS_{i,t}$为公司 i 第 t 年的市场份额，表示公司 i 第 t 年的主营业务收入除以当年同行业所有公司的主营业务收入之和；$FCFI_{i,t}$为公司 i 第 t 年的自由现金流量虚拟变量，自由现金流量非负为1，否则为0；$Age_{i,t}$表示公司 i 第 t 年年末上市年限的自然对数；$BSC_{i,t}$表示公司 i 第 t 年年末经营分部的自然对数。残差 $\varepsilon_{i,t}$表示公司 i 第 t 年的高层管理者的管理能力。*Year* 和 *Industry* 分别表示年份和行业的虚拟变量。

（三）设计模型

为检验本文提出的研究假设，本文在借鉴 Fazzari 等（1988）研究模型的基础上，加入了管理层能力与现金流的交乘项构建了模型（3），交乘项的目的是检验管理层能力是否对资本投资与现金流之间的敏感性产生影响和产生什么样的影响。若交乘项的系数不显著，则说明管理层能力对二者之间的关系没有显著影响；若交乘项的系数显著为正，说明管理层能力加剧了二者之间的敏感性；若交乘项的系数显著为负，则证明管理层能力减缓了二者之间的敏感性。根据提出的研究假设，本文预期高层管理者能力与内部现金流交乘项的系数 β_2 在全样本中、高融资约束组及高代理冲突组应显著为负，表明管理能力高的管理层能有效缓解资本投资对现金流的敏感性。

$$I_{i,t} = \beta_0 + \beta_1 CFO_{i,t} + \beta_2 MA_{i,t-1} \times CFO_{i,t} + \beta_3 TQ_{i,t-1} + \beta_4 Lev_{i,t-1} + \beta_5 Size_{i,t-1} + \beta_6 Age_{i,t-1} + \beta_7 Return_{i,t-1} + \beta_8 I_{i,t-1} + \beta_i \sum Year + \beta_j \sum Industry + \varepsilon_{i,t} \quad (3)$$

其中：新增资本投资 $I_{i,t}$ 借鉴经典文献 Rajian 和 Zingales（1998）的界定，是公司 i 第 t 年的基于现金收付实现制原则和现金流量表信息度量的公司新增资本投资支出，等于投资活动的现金流中购置固定资产、无形资产及相关资产的现金、权益性投资、债券性投资所支付的现金之和减去处置固定资产、无形资产和其他长期资产而收回的现金，除以期初总资产（饶育蕾和汪玉英，2006；陈运森和朱松，2009；等等）。$CFO_{i,t}$ 为公司 i 第 t 年的内部现金流，表示为经营活动现金流量净额除以总资产账面价值。$MA_{i,t-1}$ 为公司 i 第（$t-1$）年的管理层能力，即模型（2）中的残差项。

控制变量的设置主要参照了 Richardson（2006）的投资期望模型。该模型用其残差代理资本的投资效率，能衡量每个公司的年度资本投资效率状况。在模型（3）中，$TQ_{i,t-1}$ 为公司 i 第（$t-1$）年的托宾 Q 值，$Lev_{i,t-1}$ 为公司 i 第（$t-1$）年的资产负债率，$Size_{i,t-1}$ 为公司 i 第（$t-1$）年的资产规模的对数，$Age_{i,t-1}$ 为公司 i 第（$t-1$）年的上市年限，$Return_{i,t-1}$ 为公司 i 第（$t-1$）年的股票收益率，$I_{i,t-1}$ 为公司 i 第（$t-1$）年的新增资本投资。

四、实证结果及分析

（一）描述性统计

表 1 是本文研究所用样本公司主要变量的描述性统计。从中可以看出我国制

造业上市公司管理层能力的中位数和均值均接近于0，但样本内管理层能力的代理变量的最大值和最小值差额较大，这和 Demerjian 等（2013）的结论基本一致；公司投资的平均水平为上年总资产的6.7%，但样本中投资水平存在着巨大差异，最高的达到公司上年总资产的37.2%，最低的接近于零；公司内部的自由现金流平均水平为上年资产总额的6%；公司的平均投资机会托宾 Q 值 为1.905；公司的平均资产负债率（*Lev*）达到48.5%，说明样本公司中负债在公司资金的来源中占有比较大的比重。各变量标准差比较小，表明各公司之间的相关变量差异不是很大。

表1　　主要变量的描述性统计

变量	样本量	均值	中位数	最大值	最小值	标准差
FE	4240	0.783	0.789	1.000	0.000	0.136
MA	4240	-0.002	-0.006	0.430	-1.059	0.111
I	4240	0.067	0.047	0.372	-0.030	0.070
CF	4240	0.060	0.053	0.348	-0.157	0.082
TQ	4240	1.905	1.508	7.111	0.689	1.173
Lev	4240	0.485	0.494	0.835	0.076	0.176
Size	4240	21.703	21.598	24.661	19.594	1.005
Age	4240	2.183	2.197	2.944	1.386	0.427
Return	4240	0.327	0.022	3.642	-0.733	0.895

（二）全样本的回归结果分析

表2列示了全样本的回归结果。从全样本的回归结果可得，CFO 的系数β_1在1%的统计水平上显著为正，表明中国制造业上市公司的资本投资对其内部产生的现金流高度敏感，存在严重的资本投资现金流敏感性问题。而管理层能力与内部现金流交乘项的系数β_2在1%的统计水平上显著为负，这表明管理能力高的管理层有效缓和了资本投资对现金流的敏感性，提高了公司资本的投资效率，证明了本文提出的研究假设1。控制变量前的符号均与预期一致且在统计上均显著，说明本文控制变量的选择是恰当的。值得注意的是，控制变量 *Lev* 和 *Age* 的系数均显著为负，表明公司的资产负债水平和上市年限是其新增资本投资的两个重要制约因素。其他的控制变量 *TQ*、*Size* 和 *Return* 的系数都显著为正，表明这些变量都是公司新增资本投资的重要促进因素。

表 2　　样本回归分析表

变量	预期符号	全样本回归结果	融资约束组回归结果		代理冲突组回归结果	
			高融资约束组	低融资约束组	高代理冲突	低代理冲突
常数项	?	0.010 (0.43)	−0.048 (−1.06)	0.029 (0.63)	0.030 (0.83)	−0.017 (−0.55)
CFO_t	+	0.136*** (12.02)	0.125*** (5.29)	0.153*** (7.47)	0.183*** (7.55)	−0.020 (−0.82)
$MA_{t-1} \times CFO_t$	−	−0.248*** (−3.45)	−0.385** (−1.98)	−0.088 (−0.67)	−0.285*** (−3.13)	−0.085 (−0.42)
TQ_{t-1}	+	0.036*** (3.43)	0.010*** (4.22)	0.004* (1.85)	0.029* (1.77)	0.002* (1.66)
Lev_{t-1}	−	−0.009* (−1.68)	−0.014* (−1.82)	−0.003 (−0.21)	−0.007 (−0.77)	−0.014** (−2.04)
$Size_{t-1}$	+	0.002** (2.14)	0.003* (1.59)	0.0004 (0.18)	0.001 (0.32)	0.002* (1.68)
Age_{t-1}	?	−0.007*** (−3.67)	−0.014*** (−3.44)	−0.006 (−1.28)	−0.010*** (−2.58)	−0.008*** (−2.68)
$Return_{t-1}$	+	0.007*** (4.18)	0.002 (0.54)	0.011*** (3.29)	0.009*** (3.35)	0.004 (1.53)
I_{t-1}	+	0.493*** (38.78)	0.498*** (24.13)	0.525*** (20.91)	0.554*** (26.75)	0.433 (25.81)
Year	—	yes	yes	yes	yes	yes
Industry	—	yes	yes	yes	yes	yes
调整的 R^2	—	0.3597	0.3945	0.3794	0.3722	0.3341
F 值	—	100.22	37.05	34.71	46.70	40.42
样本量	—	4240	1274	1274	2120	2120

注：①*、**和 ***分别表示双尾检验时回归系数在 10%、5% 和 1% 的水平上统计显著；括号中数值为对应系数的 t 值；②全样本中所有变量的方差膨胀因子 VIF 均小于 3.69，可认为不存在严重的多重共线性；③高低代理冲突组所有变量的方差膨胀因子 VIF 均小于 4.10，可认为不存在严重的多重共线性；④高低融资约束组所有变量的方差膨胀因子 VIF 均小于 4.20，可认为不存在严重的多重共线性。

（三）融资约束组的回归结果分析

为检验本文提出的假设 2，需对所研究公司按其面临的融资约束程度分组进行对比研究。借鉴魏锋等（2004）、韩志丽等（2007）和杨继伟（2011）等的研究成果，本文选择利息保障倍数作为融资约束程度的分组依据，以所研究样本企业的中位数为界，将样本企业分为两组。在分组过程中，去除利息保障倍数为负的样本，以及CSMA数据库中利息保障倍数的数据有部分缺失，使得样本量总数由4240个减少到2548个，每组的有效样本为1274个。依据融资约束的概念，高融资约束组为利息保障倍数低的一组，而低融资约束组为利息保障倍数高的一组。回归的结果如表2所示。

对比表2中融资约束高低组的回归结果可以看出，CFO的系数β_1在1%的统计水平上均显著为正，表明无论融资约束高低，中国制造业上市公司的资本投资均对其内部现金流高度敏感。这显然与中国资本市场实际高度吻合，因为在所有的融资方式中，内部自由现金流的融资成本是最低的，所以管理层都倾向留存内部现金流用于进一步投资。高融资约束组的管理层能力与内部现金流交乘项的系数β_2在5%的统计水平上显著为负，而低融资约束组的交乘项系数β_2在统计上虽然为负，却并不显著。这说明，管理能力高的高层管理者确实能有效缓解高融资约束形成的投资现金流敏感性，证明本文的研究假设2是正确的。

（四）代理冲突组的回归结果分析

根据委托代理理论，公司产生的内部现金流是导致代理冲突并诱发过度投资行为的重要因素。借鉴Hovakimian（2007）、李延喜和董文辰（2009）、杨继伟（2011）等的研究方法，本文选取内部现金流CFO的大小作为代理冲突严重与否的分组依据，以CFO的中位数为界将全部的样本等分为两组。低于CFO中位数的一组为低代理冲突组，高于CFO中位数的一组为高代理冲突组。回归的结果如表2所示。

对比表2中高低代理冲突组的回归结果可以看出，高代理冲突组CFO的系数β_1在1%的统计水平上显著为正，而低代理冲突组的β_1却不显著，说明所有者与管理层的利益目标差距越大，管理层就越有动力为了自己的私利留存自由资金进行过度投资，而二者目标趋于一致时，管理层就缺少了留存自由现金流进行过度投资的动机。管理层能力与内部现金流交乘项的系数β_2在高代理冲突组统计上显著为负，而在低代理冲突组虽然为负，却并不显著。这说明，在内部现金流充足的情况下，管理能力高的管理层确实能有效降低高代理冲突形成的投资现金流敏感性，验证了本文的假设3。值得注意的是，*Lev*的系数在低代理冲突组显著为负，而在高代理冲突组却不显著，这说明当所有者和管理层的利益目标差距较小时，负债对资本的投资有显著的约束作用。

（五）稳定性检验

为了检验研究结论的稳定性，本文进行了以下稳定性检验：1. 用基于权责发生制原则和资产负债表信息度量的公司新增投资支出，即用期初总资产标准化的当期长期资产的变化重复以上检验，得出的研究结果与上述结论基本一致；2. 将所研究样本以内部现金流和利息保障倍数的大小作为依据平均分为三组，取最高和最低组进行重复测试，发现结论没有实质性变化。以上检验证明，本文的结论具有较好的稳定性。

五、研究结论与启示

优秀的高层管理人员是公司最珍贵的人力资源，高层管理人员的管理能力对公司的资本配置效率有无影响和有什么样的影响一直缺乏实证研究。本文以中国制造业上市公司作为研究样本，研究管理层综合运用资源进行创造产出的能力与资本配置效率之间的关系，得到了以下研究结论：管理能力高的管理层能有效减缓公司资本投资对其内部现金流的敏感性。分组后的进一步研究表明，管理能力高的高层管理者不仅能有效缓解代理冲突引起的资本投资的现金流敏感性，而且还能有效降低融资约束导致的资本投资的现金流敏感性。

本文的研究结论不仅对更好地理解公司投资行为有一定的启示，对公司的人力资源管理实践也具有一定的指导意义。首先，本文通过实证研究验证了公司高层管理者影响公司资本的投资效率。这证实了在中国新兴和转型的资本市场中，高层人力资本对公司的资本配置效率产生显著影响，丰富了我国公司投资行为领域的研究。其次，公司股东、董事会、债权人等利益相关者可通过了解企业高层管理者能力，监督和预防公司非效率投资决策，提高公司的治理水平，这对改善我国经理人市场具有重要意义。最后，对于公司而言，组建一个能干的高层管理团队，对提高公司投资效率，优化资源配置具有重要的战略意义。

股权激励、市场反应与公司治理效果
——基于创业板上市公司的研究*

王君彩　张　娟

一、问题的提出

在现代公司管理理论中，由于管理者与出资者相分离，根据经济人假设，管理者与股东的效用函数不同，导致公司管理过程中存在委托—代理问题。而主板上市公司多数是由国企改制形成的，股权相对集中，管理者与所有者之间目标不一致并不是主要冲突，大股东凭借自身的优势，侵害中小股东利益的问题是主要冲突所在。创业板的上市公司多数为民营企业，股权结构相对分散，在这些公司中管理层出现过度投资、“帝国建造”、超标准的在职消费（豪华的办公室、汽车等）以及其他损坏股东利益的可能性更高。由于代理问题的存在，依据 Jensen 和 Meckling（1976）提出管理层持股可以将其与股东的利益一致化，以缓解第一类代理冲突。基于创业板公司的来源与背景，其面对的正是此类代理问题；因此，创业板公司提出经理人持股激励计划就显得更加顺应时势。2005 年 12 月 31 日由证监会颁布的《上市公司股权激励管理办法》，是经理人股权激励正式在我国施行的标志。目前我国股权激励措施出现了一些现象值得我们深思——创业板迎来 6 周年，这几年中创造了很多财富神话，其中不乏受益于股权激励的创业板公司高管，但近年来创业板高管纷纷减持套现，那么“金手铐”的作用究竟是否得以体现呢？本文重点研究问题是创业板公司的股权激励对盈余管理的影响，同时考察市场对创业板上市公司实行股权激励计划的反应程度。

* 本文发表于《中央财经大学学报》2015 年第 5 期。

二、文献回顾与理论假设

（一）文献回顾

Bergstresser 等（2006）指出如果 CEO 的总报酬与股票价值紧密相关时，更容易出现通过可操控应计项目进行盈余管理的行为；并且出现高应计的情况时，CEO 通常会套现大部分的股票期权。Cheng 等（2005）提出股权激励水平较高的管理者在财务业绩报告中更倾向达到分析师的预测；另外他们还发现这些管理层不愿意报告大幅度的超额盈余，这表明管理层的财务与未来股票价格表现紧密相关。西方学者的经验研究表明，对管理层的股权激励如果与公司未来股价以及业绩紧密相关时，确实会导致其盈余管理行为。

肖淑芳等（2009）发现管理层会通过盈余管理的行为去达到预期业绩指标。刘鸣（2009）指出管理层持股激励水平越高的公司盈余管理的水平也越高，并且指出董事会作为公司治理机制之一，优化董事会组成结构与及时的董事会会议等机制可以抑制管理层盈余管理行为。林庞大、苏冬蔚（2011）认为管理层的股权激励在去除掉盈余管理对业绩的影响后，其对公司业绩的影响并不明显，在考虑到上市公司的所有权因素时，作者发现股权激励效果在非国有的上市公司中更加有效。基于上述学者的实证结果，股权激励制度在国有上市公司中会引起管理层进行盈余管理等短视行为，可以通过董事会、股东大会、分析师与机构投资者等内、外部公司治理机制去抑制管理层的盈余管理行为。

（二）股权激励与盈余管理

本文讨论的股权激励主要是针对第一类矛盾冲突。对于股权激励是否缓解了这一矛盾，目前为止学术界的结论还不一致。Healy（1985）从机会主义行为的角度去分析，提出如果股权激励有助于缓解上述冲突，使得高管与股东效应函数一致并改善公司治理，那么管理层会减少短视行为，重视公司未来长期业绩的发展。Watts 和 Zimmerman（1986）认为管理者的股权激励制度很可能促使其为了达到个人利益目标而进行盈余管理。我国学者金奚（2002）提出股权激励的效果需考虑公司是否具备完善的治理结构，否则会出现负面的激励效果。Morck 等

（1988）和 Hanlon 等（2003）发现，高管持股有利于抑制管理层的机会主义行为，使管理层更加注重公司的长期业绩表现，降低盈余管理程度。

基于以上分析，提出以下假设：

H1a：未提出股权激励计划的创业板公司，其管理层股权激励水平与盈余管理呈正相关关系。

H1b：已提出股权激励计划的创业板公司，其管理层股权激励水平与盈余管理呈负相关关系。

（三）股权激励的市场反应

股权激励计划旨在缓解管理层与股东的代理冲突，从而增加企业价值，所以一般情况下，公司发布关于股权激励的公告时，市场反应应该为正。吕长江等（2009）以及谢德仁和陈运森（2010）的研究均表明与股权激励相关的市场公告，投资者与市场反应均为正。另外，Bebchuk 等（2002）提出如果管理层控制董事会，通过盈余管理等途径操纵企业业绩等财务信息，那么股权激励将会成为激发管理层进行盈余管理等短视行为的动机，因此，股权激励将会降低股东财富，市场给予负面的反应。

本文认为创业板公司股权激励计划可以达到预期改善公司治理的效果，因此提出假设：

H2：创业板公司发布关于股权激励计划草案的相关公告时，其市场反应应为正面的。

三、实证研究设计与结果分析

（一）主要变量设计与数据

1. 数据

本文以 2009—2014 年创业板上市公司为样本，数据来源于 CSMAR 和 WIND 数据库，搜集到 1530 条关于管理层股权激励的相关数据。

2. 股权激励

本文结合 Bergstresser 和 Philippon（2006）的方法，考虑到创业板上市公司的股权激励计划平均持股为5760万股左右，所以本文采用以下公式计算股权占管理层总薪酬的比例：

$$INCENTIVE_{it} = \frac{0.0001 \times PRICE_{it} \times (SHARE_{it} + OPTION_{it})}{0.0001 \times PRICE_{it} \times (SHARE_{it} + OPTION_{it}) + CASH_{it}} \tag{1}$$

其中：*INCENTIVE* 是当年股权激励占总薪酬的比重；*PRICE* 表示当年公司期末股价；*SHARE* 与 *OPTION* 是当年管理层持有股票以及期权的数量；*CASH* 表示当年管理层薪酬中的现金部分。

3. 异常应计额（DA）

本文使用 Dechow 等（1995）修正的 Jones 模型来估计公司的异常应计额，衡量上市公司盈余管理的程度。对模型（2）分行业回归，得到分行业的模型估计系数：$\hat{\alpha}_1, \hat{\alpha}_2\ \hat{\alpha}_3$。

$$TA_{i,t}/A_{i,t-1} = \alpha_1(1/A_{i,t-1}) + \alpha_2(\Delta REV_{i.t}/A_{i,t-1}) + \alpha_3(PPE_{i,t}/A_{i,t-1}) + \mu_{i,t} \tag{2}$$

代入模型（3），得到公司 i 的正常应计利润 NDA。

$$NDA_{i,t} = \hat{\alpha}_1(1/A_{i,t-1}) + \hat{\alpha}_2\left(\frac{\Delta REV_{i.t} - \Delta REC_{i,t}}{A_{i,t-1}}\right) + \hat{\alpha}_3(PPE_{i,t}/A_{i,t-1}) \tag{3}$$

基于以上分析，求出操控性应计利润 $DA = TA/A - NDA$。其中，TA = 净利润 − 经营活动产生现金流净额，A 为总资产，ΔREV 为销售收入增加额，PPE 为固定资产净值，ΔREC 为应收账款增加额。

4. *CAR* 累积超额收益率

本文使用 *CAR* 来度量股权激励计划的市场反应。首先，采用市场模型估计公司股票的预期收益率：

$$R_{it} = \alpha_i + \beta_i R_{mt} + \varepsilon_{it} \tag{4}$$

其中，R_{it} 为公司的日股票收益率，R_{mt} 为创业板市场指数当日收益率。其次，使用估计窗口（−25，25）的交易数据估计市场模型的系数，然后使用该系数来计算事件窗口［−5，5］的异常收益率 AR = 实际收益率 − 预期收益率。最后计算出 *CAR* 值：$CAR = \sum AR_{it}$。

5. 控制变量

（1）公司特征：盈利能力（*ROA*）、规模（*SIZE*）、成长能力（*BM*）、偿债能力（*LEV*）以及经营风险（*ROA_SD*，*REV_SD*）等变量。

（2）公司治理因素：本文控制了第一大股东持股比例（*BLOCK*）、审计意见

（*MOD*）、独立董事比例（*INDIRECTOR*）以及公司所有权性质（*STATE*）等可能对公司盈余管理产生影响的变量。

（二）模型设计

1. 股权激励与盈余管理

根据 H1a 与 H1b，上市公司发布公告的股权激励可以起到预期的公司治理效果，在一定程度上有效抑制管理层的盈余管理行为。因此，本文使用面板数据设置下述模型（5）和模型（6）：分别检验董事会提出、股东大会通过股权激励计划对盈余管理程度的影响。

$$DA_{it} = \beta_1 MOD_{it} + \beta_2 INCENTIVE_{it} + \beta_3 INCENTIVE_{it} \times PROPOSAL_{it} + \beta_4 PROPOSAL_{it} + \beta_5 BLOCK_{it} + \beta_6 INDERECTOR_{it} + \beta_7 STATE_{it} + \beta_8 BM_{it} + \beta_9 REV\_SD_{it} + \beta_{10} ROA\_SD_{it} + \beta_{11} ROA_{it} + \beta_{12} LEV_{it} + \beta_{13} SIZE_{it} + \varepsilon_{it} \quad (5)$$

$$DA_{it} = \beta_1 MOD_{it} + \beta_2 INCENTIVE_{it} + \beta_3 INCENTIVE_{it} \times PASS_{it} + \beta_4 PASS_{it} + \beta_5 BLOCK_{it} + \beta_6 INDERECTOR_{it} + \beta_7 STATE_{it} + \beta_8 BM_{it} + \beta_9 REV\_SD_{it} + \beta_{10} ROA\_SD_{it} + \beta_{11} ROA_{it} + \beta_{12} LEV_{it} + \beta_{13} SIZE_{it} + \varepsilon_{it} \quad (6)$$

2. 股权激励与市场反应

根据 H2，对于创业板上市公司的股权激励公告，市场给予的反应为正，本文通过以下模型进行分析：

$$CAR_{it} = \beta_1 MOD_{it} + \beta_2 INCENTIVE_{it} + \beta_3 INCENTIVE_{it} \times PROPOSAL_{it} + \beta_4 PROPOSAL_{it} + \beta_5 BLOCK_{it} + \beta_6 INDERECTOR_{it} + \beta_7 STATE_{it} + \beta_8 BM_{it} + \beta_9 REV\_SD_{it} + \beta_{10} ROA\_SD_{it} + \beta_{11} ROA_{it} + \beta_{12} LEV_{it} + \beta_{13} SIZE_{it} + \varepsilon_{it} \quad (7)$$

$$CAR_{it} = \beta_1 MOD_{it} + \beta_2 INCENTIVE_{it} + \beta_3 INCENTIVE_{it} \times PASS_{it} + \beta_4 PASS_{it} + \beta_5 BLOCK_{it} + \beta_6 INDERECTOR_{it} + \beta_7 STATE_{it} + \beta_8 BM_{it} + \beta_9 REV\_SD_{it} + \beta_{10} ROA\_SD_{it} + \beta_{11} ROA_{it} + \beta_{12} LEV_{it} + \beta_{13} SIZE_{it} + \varepsilon_{it} \quad (8)$$

（三）实证结果及分析

1. 主要变量的描述性统计

描述统计结果见表 1，其中创业板上市公司实行股权激励占高管总体收入的平均水平在 10%，同时在董事会提出正式股权激励计划的公司有 12%，股东大会正式通过股权激励计划的公司有 9.3%。

表1 **变量含义与描述性统计**

变量	变量含义	样本量	均值	最小值	最大值	方差
CAR	累积超额收益，股权激励的市场反应	95	0.0261	-0.1869	0.2609	0.1187
INCENTIVE	股权占管理层总薪酬的比例	1530	0.1013	0	0.4530	0.0975
PROPOSAL	董事会提出股权激励方案=1，反之=0	1530	0.1209	0	1	0.3261
PASS	股东大会批准股权激励方案=1，反之=0	1530	0.0935	0	1	0.2912
DA	Dechow et al.（1995）可操纵应计利润的绝对值	1530	0.0058	-0.2466	0.4103	0.0951
MOD	审计意见标准无保留=0，非标意见=1	1530	0.0020	0	1	0.0443
ROA	总资产收益率	1530	0.0580	-0.3990	0.2446	0.0372
LEV	财务杠杆	1530	0.2209	0.0276	0.7081	0.1468
SIZE	公司规模，年末总资产的自然对数	1530	20.820	19.544	22.219	0.543
ROA_SD	总资产收益率标准差	1530	0.0574	0.0074	0.1849	0.0346
REV_SD	销售收入标准差	1530	257000000	10600000	2160000000	308000000
BM	账面市值比	1530	0.4482	0.1072	1.1843	0.2250
INDIRECTOR	独立董事占董事会成员比例	1530	0.3758	0.2222	0.600	0.0720
STATE	公司国有控股=1，非国有=0	1530	0.047	0	1	0.214
BLOCK	第一大股东持股比例	1530	0.6583	0.2288	0.914	0.1061

2. 回归结果分析：股权激励与盈余管理

从表2的回归结果可以看出，股权激励（*INCENTIVE*）与盈余管理（*DA*）无显著的正相关关系，即创业板上市公司的股权激励是对抑制盈余管理现象没有显著的效果。"*INCENTIVE*×*PROPOSAL*"是股权激励与公司董事会提出激励计划的交互项，表示在董事会提出股权激励计划公司中，管理层持股并没有显著降低（增加）盈余管理的程度。从表2的栏（2）中可以发现"*INCENTIVE*×*PASS*"与盈余管理之间在10%的水平上呈现显著负相关关系说明了在与股东大会没有正式通过股权激励计划的公司相比，正式通过股权激励计划公司的管理层持股水平越高，公司的盈余管理程度越低。这一结果表明，正式的股权激励计划可以有效地改善公司治理效果，该结论与本文H1假说一致。本文的结果支持Morck等（1988）和Hanlon等（2003）的结论，股权激励会降低管理层进行短视行为的动机，更加关注企业的长期发展。通过表2中栏（3）—（6）的实证结果进一步分析，本文发现"*INCENTIVE*×*PASS*"与*DA*－*POS*（正向的盈余管理）之间在10%的水平上呈现显著的负相关关系，而其与*DA*－*NEG*（负向的盈余管理）之间却不存在显著的相关关系，这一结果说明在与股东大会没有正式通过股权激励计划的公司相比，正式通过股权激励计划的公司其股权激励水平对正向的盈余管理有显著抑制作用；而其对管理层负向的盈余管理行为没有显著抑制作用。同时实证结果表明，创业板上市公司董事会提出股权激励计划对不论是正向还是负向的盈余管理都没有显著的抑制作用。以上分析说明，在创业板上市公司中，正式通过的股权激励计划起到了预期改善公司治理的效果，在一定程度上降低了管理层的盈余管理行为。

表2　　股权激励与盈余管理

	(1)	(2)	(3)	(4)	(5)	(6)
变量名称	*DA*	*DA*	*DA*－*POS*	*DA*－*NEG*	*DA*－*POS*	*DA*－*NEG*
MOD	－0.077 (－1.44)	－0.076 (－1.42)	－0.041 (－1.08)	0.033 (1.38)	－0.043 (－1.11)	0.034 (1.40)
INCENTIVE	0.025 (0.85)	0.031 (1.07)	0.024 (1.14)	－0.007 (－0.53)	0.018 (0.87)	－0.006 (－0.48)
INCENTIVE×*PROPOSAL*	－0.062 (－0.92)				－0.033 (－0.68)	0.029 (0.94)
PROPOSAL	－0.005 (－0.52)				－0.006 (－0.77)	－0.000 (－0.10)

续表

	(1)	(2)	(3)	(4)	(5)	(6)
变量名称	*DA*	*DA*	*DA－POS*	*DA－NEG*	*DA－POS*	*DA－NEG*
INCENTIVE × PASS		－0.134 * (－1.77)	－0.091 * (－1.66)	0.042 (1.23)		
PASS		0.019 * (1.65)	0.010 (1.16)	－0.009 * (－1.78)		
BLOCK	0.013 (0.53)	0.014 (0.58)	0.010 (0.53)	－0.005 (－0.42)	0.009 (0.50)	－0.004 (－0.37)
INDERECTOR	0.008 (0.26)	0.007 (0.22)	0.022 (0.90)	0.014 (0.94)	0.022 (0.92)	0.014 (0.90)
STATE	0.016 (0.69)	0.019 (0.57)	0.015 (0.46)	0.017 (0.55)	0.014 (0.45)	0.016 (0.50)
BM	－0.026 (－1.56)	－0.026 (1.60)	－0.030 ** (－2.55)	－0.004 (－0.54)	－0.030 ** (－2.52)	－0.004 (－0.57)
REV_SD	－0.000 (0.73)	－0.000 (0.57)	0.000 (1.09)	0.000 (0.50)	0.000 (1.23)	0.000 (0.36)
ROA_SD	－0.014 (－0.19)	－0.010 (－0.14)	0.137 ** (2.52)	0.147 *** (4.31)	0.134 ** (2.47)	0.149 *** (4.35)
ROA	0.475 *** (5.66)	0.460 *** (5.44)	0.237 *** (3.87)	－0.223 *** (－5.78)	0.244 *** (4.02)	－0.231 *** (－6.04)
LEV	0.137 *** (6.19)	0.137 *** (6.20)	0.126 *** (7.88)	－0.011 (－1.09)	0.126 *** (7.84)	－0.011 (－1.12)
SIZE	－0.003 (－0.58)	－0.003 (－0.58)	－0.002 (－0.44)	0.001 (0.57)	－0.002 (－0.46)	0.001 (0.55)
样本量	1530	1530	1530	1530	1530	1530
R－squared	0.083	0.083	0.300	0.389	0.301	0.388

注：***p＜0.01，**p＜0.05，* p＜0.1。

3. 回归结果分析：股权激励与市场反应

从表3的结果看到，市场的累计超额收益率与创业板公司股权激励呈负相关关系但并不显著。一方面表明市场认为公司对管理层的股权激励可能会激发管理层的短视行为并通过盈余管理等手段达到预期业绩从而损害公司价值。另一方面，实证结果 *CAR* 与 *PROPOSAL* 在5%的水平上呈显著正相关关系表明市场对董事会提出对管理层股权激励的计划给予正面反应，说明市场认识到了股权激励计划可以缓解第一类代理问题，统一管理层与股东的效用函数并优化公司治理机制，该结论支持本文假设 H2。该结果与吕长江等（2009）以及谢德仁和陈运森（2010）的结论一致。然而市场并没有对股东大会正式通过股权激励计划给予明确的市场反应（表现为 *PASS* 与 *CAR* 的相关系数为负但并不显著）。

表 3　　股权激励与市场反应

	(1)	(2)	(3)	(4)
变量名称	CAR		CAR	
DA	-0.266	-1.92*	-0.260	-1.84*
INCENTIVE	-0.092	-0.35	-0.036	-0.26
PASS			-0.033	-0.85
INCENTIVE × *PASS*			-0.107	-0.44
PROPOSAL	0.137	2.25**		
INCENTIVE × *PROPOSAL*	0.050	0.18		
BLOCK	0.089	0.61	0.094	0.63
INDERECTOR	0.237	1.50	0.265	0.63
BM	-0.142	-1.51	-0.117	-1.22
REV_SD	0.000	1.53	0.000	1.64
ROA_SD	0.728	1.68*	0.628	1.37
ROA	-0.344	-0.75	-0.326	-0.7
LEV	0.183	1.48	0.183	1.45
SIZE	-0.025	-0.87	-0.025	-0.85
样本量	95		95	
R - squared	0.267		0.231	

注：*** $p<0.01$，** $p<0.05$，* $p<0.1$。

四、稳健性检验

本文在设计盈余管理的研究变量时，只采用了 Dechow 等（1995）的方法；为了检验上述研究结果的稳定性，本文采用 Kothari 等（2005）修正的截面 Jones 模型计算异常应计额来替代原有的盈余管理进行稳健性检验。表 4 中的数据是稳健性检验的回归结果，从其结果可以看出本文研究问题的主要实证结果没有发生重要改变，并且显著性水平没有下降，说明本文的研究结论是可信的。

表 4　　稳健性检验部分实证结果

	(1)	(2)	(3)	(4)	(5)	(6)
变量名称	*DA*（Kothari 模型）	*DA*（Kothari 模型）	*DA - POS*（Kothari 模型）	*DA - NEG*（Kothari 模型）	*DA - POS*（Kothari 模型）	*DA - NEG*（Kothari 模型）
INCENTIVE	0. 006 (0. 29)	0. 013 (0. 67)	0. 029 (1. 23)	-0. 006 (-0. 48)	0. 011 (0. 57)	-0. 006 (-0. 47)
INCENTIVE × *PROPOSAL*	0. 009 (0. 21)				-0. 024 (-0. 49)	0. 033 (1. 07)
PROPOSAL	-0. 007 (-1. 11)				-0. 006 (-0. 88)	-0. 001 (-0. 25)
INCENTIVE × *PASS*		-0. 131 * (-1. 78)	-0. 093 * (-173)	0. 042 (1. 24)		
PASS		0. 018 * (1. 66)	0. 009 (1. 13)	-0. 010 * (-1. 82)		
样本量	1530	1530	1530	1530	1530	1530
R - squared	0. 572	0. 572	0. 292	0. 372	0. 292	0. 371

注：*** $p<0.01$，** $p<0.05$，* $p<0.1$。

五、结论与建议

本文从股权激励能否改善公司治理效果的研究视角展开了创业板公司的股权激励与盈余管理的研究分析，发现：一方面，没有提出正式股权激励的公司，其管理层持股占总报酬比率与盈余管理呈正相关关系但并不显著；另一方面，提出正式的股权激励并且股东大会最终通过该计划的上市公司，其管理层持股占总报酬比率与盈余管理呈显著负相关关系。更进一步分析，本文认为股权激励计划对创业板上市公司管理层的正向盈余管理有显著的抑制作用，而对负向的盈余管理行为则没有显著的抑制作用。这说明创业板公司的股权激励计划起到了改善公司治理的效果，可以降低管理层通过一系列短视行为等措施损害公司长期价值的可能性。同时，累计超额收益与创业板公司董事会提出股权激励计划的显著正相关关系表明，投资者及市场对创业板上市公司的股权激励的反应为正，认为这项计划可以缓解委托代理问题同时提高公司治理的有效性，提高公司的价值。

本文的研究有助于从理论上剖析创业板公司股权激励计划正式提出与实行时所起到的公司治理效果，提供了股权激励制度与公司治理效果在创业板上市公司范围内的实证研究证据，丰富了该领域研究的相关文献，有助于监管层与政策制定者合理的设置激励政策与方案；同时有助于创业板上市公司提出合理的激励计划，以缓解管理层与股东的代理冲突。

在当前还缺乏成熟的职业经理人市场，以及有效的控制权市场的情况下，提出以下建议：第一，虽然目前创业板上市公司的股权激励制度起到了一定的治理效果，但创业板管理层纷纷减持套现的情况仍然不可忽视，应在现有的股权激励制度的基础上充分考虑如何使激励效果长期有效，而不是昙花一现。第二，应合理设置激励计划、激励目标，以及相应的监督机制。第三，为了确保股权激励制度长久发挥其有效作用，创业板公司还需继续提高与完善整体的公司治理结构，以避免出现负面的激励效果。

高管联结与公司业绩：基于网络属性特征的视角*

张娟　王君彩

一、引言

所有权与经营权的分离是现代公司的重要特征，股东将经营权委托于管理层。由于股东与管理层目标函数的差异，产生了委托—代理冲突，管理层以股东的利益为代价，实现自身利益最大化的例子屡见不鲜。为了缓解委托—代理冲突，经过实务界以及学术界的经验积累与不断地研究，高管薪酬激励、股权激励等公司治理机制应运而生。与管理层相关的一切因素都可能会对公司业绩产生影响，例如已有的关于管理层与公司业绩的研究主要集中在高管薪酬激励（Murphy，1985；李增泉，2000；黄志忠等，2017），高管背景特征（Hambrick and Mason，1984；魏立群和王智慧，2002；李春涛和孔笑微，2005；汪金龙和李创霏，2007），董事会、监事会（袁萍等，2006；Yermack，1996），高管政治关联（游家兴等，2011；黄莲琴，2011）等方面。

上述研究主要从管理层个人属性特征的角度去研究管理层对公司业绩的影响，本文则主要从管理层社会关系网络属性特征的视角研究其对公司业绩的影响。从社会学的研究视角来看，管理层首先是社会中的一员，社会的主要特征之一就是社会成员之间组建的各种社会关系，因此，管理层在经营公司的同时，也处于错综复杂的社会网络关系中。管理层在做出任何关于公司经营方面的决策时，不仅其个人背景特征（如教育背景、知识结构、专业技能、性别等）会对决策产生影响，其所处的社会网络关系也会影响他们的决策。相较于以高管为对象的其他学术研究，社会网络关系方面的研究较少。卢昌崇和陈仕华（2006）通过

* 本文发表于《当代会计评论》2018 年第 11 期。

对连锁董事与公司业绩的研究，发现二者之间存在较弱的正相关关系。田高良、李留闯和齐保垒（2011）通过对公司间董事连锁关系与财务绩效、公司价值的研究，发现在经济转型过程中董事连锁关系有助于公司获得更多资源从而提高财务绩效，此外董事连锁关系发挥作为公司的一项无形资产和实务期权的作用，有助于提高公司价值。陈运森和谢德仁（2011）通过对公司中独立董事建立的连锁网络关系与公司治理效率的研究，发现独立董事所处的网络位置越中心，其治理效率越高，表现为较高的投资效率。

本文将管理层通过在不同上市公司的兼职行为所形成的网络关系（高管联结关系）作为研究内容，以该社会网络关系的属性特征为研究视角，将高管按照相同个人属性特征（职务）所形成的联结关系分为"经营圈""财务圈"以及"治理圈"高管联结，展开高管联结关系对公司业绩影响的实证研究。本文可能的贡献主要体现在以下两个方面：首先，以高管联结关系的网络属性特征作为研究的切入点，将高管联结关系按照高管的职务特征不同划分为三种类型，检验了三种类型高管联结关系对公司业绩的影响；其次，一定程度上细化了高管联结作为一种重要的社会关系网络的职能，并为高管联结的相关研究提供了新的研究视角。

二、文献回顾

以往关于连锁董事、董事网络以及高管联结的研究主要分为以下几个方面：连锁董事以及董事网络的概念、涵义等（卢昌崇和陈仕华，2006；段海艳和仲伟周，2008）；连锁董事对公司治理方面的影响（彭正银和廖天野，2008；陈运森和谢德仁，2012；钱戮琳，2013；李留闯和田高良，2014；傅代国和夏常源，2014）；连锁董事以及董事网络对公司经营的影响，主要是对公司业绩的影响（Guedj and Barnea，2007；Fracassi and Tate，2012；Larcker et al.，2013；任兵、区玉辉和彭维刚，2007；陈运森和谢德仁，2011）；连锁董事以及董事网络对公司决策的影响（Cai and Sevilir，2012；陈仕华、姜广省和卢昌崇，2013；万良勇和胡璟，2014）。

关于高管联结与公司业绩的研究中，其研究结论也并不一致。一方面，Cai 和 Sevilir（2012）提出高管联结关系可以提高公司的投资效率与公司价值。陈运森（2012）在文章中对独立董事在其所建立的董事网络中的位置与代理成本之间的关系进行分析，指出越处于董事网络位置的中心，公司的一类和二类代理问题越少，进而公司的经营效率越高。Larcker 等（2013）在研究中指出处于董事网络中心位置的公司，资源与信息将会通过该网络传递到公司中，从而提高公司业绩与公司价值。Horton 等（2012）以英国 4278 家上市公司为研究样本，建立了由 31495 名董事所形成的联结网络关系，通过研究发现董事联结关系伴随着更高的高管报酬以及更高的未来公司业绩，但是没有发现管理层以及外部董事利用该联结关系进行寻租的证据。陈运森（2015）通过对公司董事网络的结构洞多少与公司业绩以及投资效率的关系研究，指出公司所处网络的结构洞越多，投资效率越高并且公司的未来业绩越好。而另一方面，Core 等（1999）通过研究发现，繁忙的董事会伴随着低效率的公司治理情况，此时 CEO 的报酬水平更高，而公司业绩水平则更低。Fich 和 Shivdasani（2006）在文章中指出，当外部董事在三个以上的董事会任职时，企业的增长性和业绩水平较低，并且伴随着更差的公司治理情况，具体表现为较低的 CEO 变更与业绩敏感性。任兵、区玉辉和彭维刚（2007）从市场失灵的视角对连锁董事与公司价值之间进行研究，并在此基础上提出了治理失灵的概念，作者认为在中国经济的转型时期，由于市场失灵与治理失灵情况的存在，使得连锁董事更可能做出一些短视行为从而降低公司治理效率，并且降低公司绩效与公司价值。Cashman 等（2012）通过研究发现董事的繁忙程度与公司业绩呈显著负相关关系。Andres 和 Lehmann（2013）对德国 2003—2006 年 133 家公司进行研究，发现董事联结关系紧密的公司（兼职越多的董事），由于董事会中的董事过于繁忙，导致监督效率低下，在公司业绩较差的同时却又支付了较高的 CEO 薪酬。

综合以往的研究，高管联结对公司业绩的影响究竟是正向的还是负向的，结论并不一致，并且研究视角基本上集中于高管联结（或董事连锁）所产生的直接经济后果，如高管联结对大股东掏空、公司业绩、财务报告质量、企业并购绩效等方面的影响，鲜有针对高管联结的形成机理进行分析的研究。基于以上分析，本文以高管联结的网络属性特征作为研究的切入点，将高管按照个人属性特征之一——职务属性，分为三大类："经营圈""财务圈"以及"治理圈"高管，并按照高管的职务属性分类对高管联结进行相应分类："经营圈""财务圈"以及"治理圈"高管联结。通过对高管联结形成机理的分析，对高管联结与公司业绩之间的关系进行实证检验。

三、制度背景分析与研究假设

（一）高管联结对公司业绩的影响分析

Fama（1980）、Fama 和 Jensen（1983）均在文章中提出外部董事的兼职市场是董事积累监管专家声誉的重要来源和激励动机。Fama 和 Jensen（1983）认为外部董事之所以可以公正地监督管理层做出正确的经营决策，其原因在于外部董事受到决策控制权市场的专家声誉的激励。外部董事所在公司的经营业绩与经营决策成为向外界传递其监督效率的信号之一，并且当外部董事获得的兼职席位越多，意味着其在治理领域的专业能力更强，专家声誉更高。另外，当外部董事所在公司的经营决策出现问题或经营业绩惨淡时，向外界传递的信号则对外部董事不利，市场可能认为其监督不力或有可能与管理层合谋，对外部董事的专家声誉的损害非常大。许多研究将外部董事持有的董事职位数量作为董事在外部劳动市场的声誉的代理变量（Shivdasani，1993）。虽然我国的职业经理人市场发展不成熟，但从社会学的视角来看，职业经理人市场可以视为一种由具有相似工作背景及工作能力较强的高管人员建立的关系网络。类似的，公司的管理层也会通过兼任其他公司的高管职位来建立自己的声誉，从而在职业经理人市场这个“精英圈子”中成为一个重要的成员，得到“精英”们的认同。因此，当公司的管理层通过努力经营公司，提高公司业绩水平，向市场传递其经营专家的信号，继而兼任更多其他公司的高管职位，进入并获得了“精英圈子”的认可后，管理层获得了声誉等社会资本以及社会地位，此外，管理层也获得了无忧的职业前景。对于已经具有专家声誉并获得“精英圈子”认可的管理层，如果其经营的公司业绩水平较低，则会向市场传递不良信号，损害其已经建立的专家声誉及社会资本，因此管理层会努力经营公司，提高公司业绩水平。基于以上分析，提出本文的第一个假设：

假设 H1：公司间的高管联结关系能够提高公司业绩水平。

（二）高管联结的职务属性与公司业绩

1. “经营圈”高管联结与公司业绩

公司的“经营圈”高管（如总经理、CEO 等）主要负责公司的经营与决策；

依据理性经济人理论与委托代理理论，“经营圈”高管的目标是获得个人利益最大化，例如最大化地获得薪酬、获取更多社会资源及社会地位等。股东的目标则是公司利益最大化，“经营圈”高管与股东利益函数不一致，从而产生了委托代理冲突。公司业绩水平的高低取决于“经营圈”高管的经营动机与经营能力。以下从“经营圈”高管的主观动机以及客观能力两个方面分析其对公司业绩的影响。

首先，以“经营圈”高管的经营动机为出发点进行分析，由于委托代理冲突的存在，“经营圈”高管的经营动机有可能被其自利动机影响，虽然有一系列的薪酬以及股权、期权等相关的激励措施，但效果并不理想（李增泉，2000；潘红波等，2008；等等）。管理层的经营动机，会通过正式或非正式的信息与资源的沟通与交流渠道受到社会网络关系中其他成员的影响。依据社会资本理论，声誉是镶嵌在社会关系网络中的一项重要资源。声誉激励理论认为，一方面，在管理层没有建立一定的社会声誉时，其会通过在专业领域中提供严格、高效的服务来累积相关领域的声誉以及社会资本。另一方面，当管理层已经在某一领域建立了较高的社会声誉以及社会地位时，他们失去已有的声誉以及社会地位的成本较高，因此，其会提供更加严格、高效的服务来维持现状。本文认为声誉激励理论也适用于“经营圈”高管，当其不具备联结关系时，也即“经营圈”高管的声誉没有那么高时，他们为了获得更高的声誉以及社会地位，会更加努力经营公司，提高公司业绩水平，其目标函数与股东的目标函数一致——公司利益最大化；此外，当其拥有的联结关系较多时，其声誉以及社会地位已经足够可以维持其目前满意的状态，为了维持现状，避免已有的声誉受损，“经营圈”高管的经营动机将以声誉激励为主导，而不会被自利动机所影响。

其次，从“经营圈”高管的客观经营能力分析，对于公司“经营圈”高管来说，一方面，高管联结网络中镶嵌着丰富的与公司经营相关的信息及资源，可以为“经营圈”高管做出高效经营决策提供有效依据，从而提高公司的业绩水平。另一方面，高管联结网络关系提供了信息沟通渠道及“学习效应”，“经营圈”高管可以通过高管联结网络提供信息传递渠道，或是通过处于网络中其他高管的正式及非正式的沟通交流获得其他公司提高经营业绩的途径，进而通过效仿或学习其他公司提高公司业绩的经营策略及方法，提高本公司的业绩水平。此外，具有联结关系的“经营圈”高管普遍都是相关领域的专家，具有提高公司业绩的个人能力。因此，基于上述分析提出以下假设：

假设 H1a：由公司“经营圈”高管形成的联结关系，伴随着更好的公司业绩。

2. “财务圈”高管联结与公司业绩

“财务圈”的高管，主要指的是公司中财务工作相关的高管（财务总监、总会计师等），要求相关高管具有很强的专业知识背景与丰富的业务处理经验。“财务圈”高管主要负责公司日常的财务相关工作，为公司的“经营圈”高管提供经营决策所需的财务信息，从而间接地影响公司的业绩水平，以下我们从主观动机和客观能力两个方面分析“财务圈”高管联结对公司业绩的影响。

首先，从主观动机来看，虽然不同公司所涉及的经营业务千差万别，但公司的财务工作相对而言则差异较小，因此，“财务圈”高管的能力以及业绩水平在其“圈子”中或财务领域中更容易获得认可。依据声誉假说理论，“财务圈”高管可以通过较好的公司业绩向外部间接传递其专家的信号，并逐渐积累其专家声誉、提高其社会地位并有助于其获得更多的兼职机会。而对于已经在专业领域中建立了良好声誉的“财务圈”高管而言，为了避免公司业绩水平差带来的间接的不利影响，也会积极参与提高公司的业绩水平。

其次，从客观能力来看，公司的财务工作相对于经营工作较为单一并且都需依据统一的财务制度以及会计准则进行。因此，不同公司间的财务工作差异较小，“财务圈”的高管在其他公司兼任职位时，不论是“经营圈”“治理圈”还是“财务圈”，都可以将其在本公司积累的财务方面的学识与经验运用到工作中，丰富的财务工作经验可以有效提高资金运转效率，从而提高公司的业绩水平。此外，“财务圈”高管可以通过高管联结关系网络获取镶嵌在网络中的提高公司业绩水平的资源，并且利用学习效应汲取其他公司的经验，提高财务工作效率，进而提高公司业绩水平。因此，基于上述分析提出以下假设：

假设 H1b：由公司“财务圈”高管形成的联结关系，伴随着更好的公司业绩。

3. “治理圈”高管联结与公司业绩

公司的“治理圈”高管（如独立董事、外部董事、监事等）主要负责监督公司管理层做出经营决策等行为，另外需要提出各项有效的公司治理机制，可以有效统一股东与管理层的目标函数，缓解委托代理矛盾，提高相关的监督效率，从而提升公司业绩并增加公司价值。委托代理理论认为，由于所有权与经营权的分离，管理层与股东之间的信息不对称，导致管理层的自利行为，以损耗股东利益为代价，实现个人目标。而目前的公司治理机制中，只能尽可能地统一管理层与股东的利益函数。然而，通过不断爆出的财务舞弊案件，以及为了达到薪酬合约约定而产生的各种盈余管理的手段，可以发现相关的公司治理机制的治理效果并不理想。基于以上分析，“治理圈”高管的公司治理效率的高低与公司业绩水平的好坏紧密相关。因此，针对“治理圈”高管的治理动机与治理能力的分析就非常必要。

首先，从动机来看，依据声誉激励假说理论，“治理圈”高管为了保持自身已有的社会声誉，会尽职监督管理层的经营决策行为，提高治理效率，从而增加公司价值。从声誉假说的另一个角度看，当公司的“治理圈”高管的声誉积累还没有达到一定程度时，“治理圈”高管会提供较严格的监督，促使公司的管理层提高公司业绩水平与公司价值，向外部市场传递“治理圈”高管的监督效率较高的信号，作为其将来获得更多兼任职位的有利条件，从而积累更多的社会资本，获得更高的声誉。因此，依据声誉假说理论，“治理圈”高管为了积累专家声誉以及社会资本，会提供较为严格的监督，促使经营管理层提高公司业绩。

其次，从“治理圈”高管的客观治理能力来分析。公司的“治理圈”高管主要是由独立董事、监事构成，其成员主要是相关领域的学者及专家，如资深的注册会计师、法律工作者、学者等。因此公司的“治理圈”高管具备相关的治理能力，此外，由于高管联结形成的网络关系结构中镶嵌着丰富的与公司治理相关的信息资源，“治理圈”高管可以获得有效的信息资源，提高公司治理效率，进而提高公司业绩水平。另外，高管联结关系网络提供了信息沟通渠道及学习效应，“治理圈”高管可以通过与网络中的其他成员进行正式或非正式的交流及沟通，或者通过学习网络中其他公司的治理措施提高本公司的治理效率，有助于提高公司业绩水平。基于以上分析，“治理圈”高管所形成的高管联结关系，可以为公司提供更有效率的监督，促使管理层做出高效的经营决策，从而提高公司业绩水平。因此，基于上述分析提出以下假设：

假设 H1c：由公司“治理圈”高管形成的联结关系，伴随着更好的公司业绩。

四、研究设计

（一）相关变量设计

1. 高管联结的度量

Mizruchi（1996）在文章中提出，当公司董事在另一家公司的董事会中持有董事职位时就形成了连锁董事网络关系。本文将主要研究对象高管联结定义为公司的高管（董事、监事、总经理、财务总监等高管）通过在其他公司中兼任管理层职位（如董事、监事、其他管理层职位等）而形成的联结关系网络。借鉴相关学者的方法（张娆，2014；等等），本文将高管联结变量的度量如下：当 A 公司的高管通过兼任职位的形式在 B 公司兼任高管职位时，高管联结（*INTERLOCK*）取值为 1，表明 A 与 B 公司互为联结关系；当 A 公司的高管没有在其他公司兼任职位的情况时，高管联结取值为 0，表明 A 公司与其他公司之间不存在高管联结关系。

2. 基于个人职务属性特征的高管联结分类

首先，高管联结是由上市公司的高管通过在其他公司兼任职位所形成的联结关系，进而形成了公司间的高管联结关系。高管联结的主体是公司的高管，而高管的个人属性特征，例如职位、职务、职业背景、专业知识、性别、年龄等，可能会对其所形成的联结关系产生一定的影响，进一步影响高管联结的直接经济后果。本文以高管的职务作为高管联结网络属性的特征之一，作为本文研究的主要出发点。我们将高管按照职务分为三大类，即“经营圈”高管、“财务圈”高管以及“治理圈”高管，分别负责公司的日常经营活动的决策、财务工作及相关决策以及公司治理工作及相关决策。基于以上的分析，将其形成的高管联结关系按照职务进一步分类，即“经营圈”高管联结、“财务圈”高管联结与“治理圈”高管联结。

（1）“经营圈”高管联结。

本文将“经营圈”高管定义为由负责公司日常经营决策的高管，主要包括总经理、副总经理、总裁、副总裁、董事长、副董事长、CEO 等。由“经营圈”高管通过在其他公司兼任职位所形成的联结关系称为“经营圈”高管联结。因此，当公司间的高管联结关系是由“经营圈”高管建立的时候，“经营圈”高管联结（*INTERLOCK_OPRT*）取值为 1，否则取值为 0。

（2）“财务圈”高管联结。

本文将“财务圈”高管定义为由负责公司日常财务决策及相关工作的高管，主要包括财务总监、总会计师、总经济师等。由“财务圈”高管通过在其他公司兼任职位所形成的联结关系称为“财务圈”高管联结。因此，当公司间的高管联结关系是由“财务圈”高管建立的时候，“财务圈”高管联结（*INTERLOCK_FIN*）取值为 1，否则取值为 0。

(3)“治理圈”高管联结。

本文将“治理圈”高管定义为由负责公司治理及相关工作的高管，主要包括监事会成员、董事会中的独立董事、外部董事以及独立非执行董事。由“治理圈”高管通过在其他公司兼任职位所形成的联结关系称为“治理圈”高管联结。因此，当公司间的高管联结关系是由“治理圈”高管建立的时候，“治理圈”高管联结（*INTERLOCK_GOV*）取值为1，否则取值为0。

3. 公司业绩的衡量

借鉴Firth等（2002）等学者的研究，我们用总资产收益率（*ROA*）、经行业中位数调整后的总资产收益率（*ROA_ADJ*）作为公司业绩的代理变量。由于我国资本市场存在较大噪音，本文将市场业绩作为辅助验证的变量进行分析。依据Fich和Shivdasani（2006）在文章中以市场价值与账面价值（*MB*）之比作为公司业绩的代理变量，其中*MB*是由年末时公司权益的市场价值加上公司资产与权益的账面价值之差，然后除以年末公司资产的账面价值。因为公司的业绩表现也会受到未来投资机会的影响，所以使用*MB*作为公司业绩的代理变量可以将公司未来投资机会对公司业绩的影响也加以考虑。在稳健性检验中，本文将借鉴部分学者的研究，使用总资产销售收入率（*ROS*）以及经行业中位数调整后的总资产销售收入率（*ROS_ADJ*）作为公司业绩变量的替代指标进一步检验实证研究结果的稳定性。

（二）模型及变量定义

依据以往对于公司业绩的影响因素的研究，本文构建如下模型：

$$PERFM_{i,t} = \alpha_0 + \alpha_1 INTERLOCK + \sum Controls + \sum ind + \sum year + \varepsilon_{i,t} \quad (1)$$

$$PERFM_{i,t} = \alpha_0 + \alpha_1 INTERLOCK\_OPRT + \sum Controls + \sum ind + \sum year + \varepsilon_{i,t} \quad (2)$$

$$PERFM_{i,t} = \alpha_0 + \alpha_1 INTERLOCK\_FIN + \sum Controls + \sum ind + \sum year + \varepsilon_{i,t} \quad (3)$$

$$PERFM_{i,t} = \alpha_0 + \alpha_1 INTERLOCK\_GOV + \sum Controls + \sum ind + \sum year + \varepsilon_{i,t} \quad (4)$$

本文通过模型（1）来检验假设1，即高管联结关系与公司业绩之间的关系，同时构建了模型（2）、模型（3）以及模型（4）检验高管联结的不同

“圈子”对公司业绩的影响是否一致（检验假设 H1a、H1b、H1c），进而分析其影响公司业绩的路径。其中 *PERFM* 为公司业绩，主要由 *ROA*、*ROA_ADJ*、*MB* 作为公司业绩的代理变量，*ROS* 以及 *ROS_ADJ* 在稳健性检验中作为公司业绩的代理变量。

模型中涉及的变量及其定义见表 1 的内容。

表 1　　　　变量定义表

变量名称	符号	变量定义
公司业绩 *PERFM*	*ROA*	第 *t* 年总资产收益率（净利润/平均总资产）
	ROA_ADJ	第 *t* 年经行业中位数调整后的总资产收益率（净利润/平均总资产）
	MB	*t* 年末时公司权益的市场价值加上公司资产与权益的账面价值之差，然后除以年末公司资产的账面价值
高管联结	*INTERLOCK*	虚拟变量，当高管存在联结关系时，取值为 1，当高管不存在联结关系时，取值为 0
高管联结的数量	*INTERLOCK_NUM*	公司间高管存在联结关系的数量①
由经营圈建立的高管联结关系	*INTERLOCK_OPRT*	虚拟变量，高管联结关系是由“经营圈”的高管建立的，取值为 1，如总经理、CEO、副总经理等；其他取值为 0
由财务圈建立的高管联结关系	*INTERLOCK_FIN*	虚拟变量，高管联结关系是由“财务圈”的高管建立的，取值为 1，如财务总监、总会计师、会计总监等；其他取值为 0
由治理圈建立的高管联结关系	*INTERLOCK_GOV*	虚拟变量，高管联结关系是由“治理圈”的高管建立的，取值为 1，如独立董事、外部董事、监事等；其他取值为 0
董事会规模	*BOARDSIZE*	*t* 年末公司董事会的人数
外部董事比例	*OUTSIDE_DIRECTOR*	*t* 年末公司独立董事占董事会人数的比例
第一大股东持股比例	*BLOCK*	*t* 年末公司第一大股东持股比例
两职合一	*DUAL*	虚拟变量，*t* 年末董事长和总经理为同一个人，取值为 1，否则取值为 0
高管薪酬	*M_PAY*	*t* 年末，高管薪酬总额的自然对数

① 本文借鉴卢昌崇、陈仕华（2006）和 Joachim Schwalbach 等（2006）等学者在文中使用的方法计算公司间高管联结关系的数量。

续表

变量名称	符号	变量定义
高管持股	*M_SHARE*	t 年末，高管持股比例
公司规模	*SIZE*	t 年末，公司资产价值的自然对数
财务杠杆	*LEV*	t 年末，公司的财务杠杆比例，负债总额/资产总额
亏损	*LOSS*	虚拟变量，t 年末，公司的净利润小于0，取值1，大于0，取值0
公司年限	*AGE*	公司的上市年限

在模型的设计中，本文控制了可能影响公司业绩水平的公司治理特征相关的因素：董事会规模、外部董事比例、第一大股东持股比例、两职合一、高管薪酬以及高管持股。同时模型中也控制了公司特征可能会影响公司业绩水平的因素：公司规模、财务杠杆水平、公司年限、行业及年份的影响。

（三）样本及数据

本文选取2002—2014年的高管联结数据以及公司财务数据作为研究样本，考察高管联结关系对公司业绩的影响。本文剔除了金融行业公司样本、公司高管资料缺失样本以及财务信息不全的公司样本，共获得16409个公司/年份观测值（因为涉及不同变量缺失值不同，因此在不同的模型中进入回归模型的样本量存在差异），此外，我们对样本做了1%和99%水平上的缩尾处理。数据来源于CSMAR及WIND数据库，对于公司高管资料的数据，CSMAR介绍不全面的，由新浪财经的数据对照补充完整。

对于高管联结的数据，本文从国泰安数据库中获得上市公司高管个人资料信息，其中包括高管的任职等相关信息；其次，我们通过借鉴相关学者的方法（例如陈运森，2012；张娆，2014；等等）对数据进行处理，发现高管重名重姓的情况比较多，因此为了确定高管联结的真实性，需要对全部高管数据进行处理，将重名重姓但不是同一个人的数据删除，最终得到真实的高管的网络关系数据。然后将每个高管赋予不同的ID编号，构建高管的网络关系矩阵，通过进一步数据处理得到高管联结的代理变量。

五、实证研究结果分析

（一）描述性统计

表 2 是本文涉及的变量的描述性统计的结果。高管联结关系的代理变量为 *INTERLOCK*，经过手工筛选加工后，得到 2002—2014 年约 88.4% 的上市公司通过高管兼职的形式具有联结关系，其中联结关系数量的均值为 6.823，最大值为 23，表明了具有高管联结关系的公司中，平均每家公司通过高管的兼任职务行为与 6.823 家公司建立了联结关系，最多的有 23 家公司。*INTERLOCK_OPRT* 的均值为 0.181，意味着联结公司中平均 18.1% 是由经营层的高管建立。*INTERLOCK_GOV* 的均值为 0.693，表示联结公司中 69.3% 是由治理监督层的高管建立。*INTERLOCK_FIN* 的均值为 0.004，表示联结公司中有 0.4% 是由财务会计职位相关的高管建立。通过以上分析我们发现高管联结网络关系的形成机理不同，公司间的联结关系的性质也不同。

表 2　　描述性统计

变量名称	观测值	中位数	均值	最小值	最大值	标准差
ROA	16409	0.032	0.031	-0.290	0.268	0.068
ROA_ADJ	16409	-0.007	-0.010	-0.334	0.218	0.068
MB	16409	1.793	2.352	0.851	11.810	1.769
SIZE	16409	21.581	21.659	18.623	25.481	1.232
LEV	16409	0.496	0.498	0.064	1.463	0.235
LOSS	16409	0.000	0.112	0.000	1.000	0.316
AGE	16409	16.000	14.632	1.000	23.000	5.549
INTERLOCK	16409	1.000	0.884	0.000	1.000	0.320
INTERLOCK_NUM	16409	6.000	6.823	0.000	23.000	5.253
INTERLOCK_OPRT	16409	0.000	0.181	0.000	1.000	0.385
INTERLOCK_FIN	16409	0.000	0.004	0.000	1.000	0.059
INTERLOCK_GOV	16409	1.000	0.693	0.000	1.000	0.461
BLOCK（%）	16409	35.500	37.393	9.030	77.830	15.804
M_PAY	16409	2762050	3802435	297000	2.19E+07	3611306

续表

变量名称	观测值	中位数	均值	最小值	最大值	标准差
DUAL	16409	0.000	4.84E-05	0.000	1.000	0.007
BOARDSIZE	16409	10.000	10.683	4.000	19.000	2.458
OUTSIDE_DIRCTOR	16409	0.333	0.358	0.300	0.545	0.063
M_SHARE	16409	0.000	6.54E-08	0.000	5.43E-06	5.78E-07

（二）相关系数分析

表3报告了公司间的高管联结关系以及不同的“圈子”与公司业绩之间的相关系数分析。通过相关系数的分析，发现公司间的高管联结关系（*INTERLOCK*）与公司业绩呈显著正相关关系（与*MB*呈显著负相关关系可能是由于我国资本市场表现的不稳定造成的）；由公司的经营层高管兼任职位形成的“经营圈”高管联结关系（*INTERLOCK_OPRT*）与公司业绩呈正相关关系，但并不显著，不支持假设H1a。由公司的财务层高管兼任职位形成的“财务圈”高管联结关系（*INTERLOCK_FIN*）与公司业绩呈显著正相关关系。由公司的监督治理层高管兼任职位形成的“治理圈”高管联结关系（*INTERLOCK_GOV*）与公司业绩呈显著正相关关系。以上分析说明，通过对高管联结关系的形成机理进行分析，发现不同的“圈子”对公司业绩的影响不同。总体来说，假设H1、假设H1b、假设H1c得到了初步的验证，但假设H1a没有得到支持，证明了高管联结关系的形成机理对公司业绩存在不同的影响。

表3　　主要变量相关系数分析

	ROA	*ROA_ADJ*	*MB*	*INTERLOCK*	*INTERLOCK_OPRT*	*INTERLOCK_FIN*	*INTERLOCK_GOV*
ROA	1	0.937***	0.312***	0.035***	0.002	0.014	0.019**
ROA_ADJ	0.980***	1	0.227***	0.044***	0.004	0.019**	0.022**
MB	0.135***	0.092***	1	-0.032***	-0.036***	-0.001	0.011
INTERLOCK	0.044***	0.049***	-0.033***	1	0.164***	0.020**	0.530***
INTERLOCK_OPRT	0.002	0.004	-0.027***	0.164***	1	-0.027***	-0.720***
INTERLOCK_FIN	0.020**	0.022**	0.017**	0.020**	-0.027***	1	-0.088***

续表

	ROA	ROA_ADJ	MB	INTERLOCK	INTERLOCK_OPRT	INTERLOCK_FIN	INTERLOCK_GOV
INTERLOCK_GOV	0.023 ***	0.024 ***	0	0.530 ***	-0.720 ***	-0.088 ***	1

注：***、** 和 * 分别表示显著水平为 0.01、0.05 和 0.1；左下角为 Pearson 相关系数，右上角为 Spearman 秩相关系数。

（三）回归分析

表4报告了模型（1）到模型（4）的实证研究回归结果。通过对结果的分析，我们可以发现在控制了公司特征（规模、财务状况、上市年限）以及治理特征（高管薪酬、高管持股水平、两职合一、大股东持股等）后，针对不同的公司业绩变量，高管联结与公司业绩之间呈现出显著的正相关关系。具体而言，当公司业绩的代理变量为 *ROA*、*ROA_ADJ* 及 *MB* 时，*INTERLOCK* 的系数分别为 0.03、0.003 及 0.073，均在 5% 水平上的显著正相关。以上结果表明公司间的高管联结关系与公司业绩呈显著正相关关系，支持假设 H1，说明公司间的高管联结关系可以提高公司业绩。

通过对研究结果的分析，我们发现不同的高管“圈子”形成的联结关系对公司业绩的影响存在显著的差异，当公司业绩的代理变量为 *ROA*、*ROA_ADJ* 和 *MB* 时，*INTERLOCK_OPRT* 与公司业绩的系数分别为 -0.000、 -0.000 和 0.053，其中只有当公司业绩变量为 *MB* 时，*INTERLOCK_OPRT* 的系数在 10% 的水平上显著，说明公司“经营圈”所形成的公司间的联结关系与公司业绩之间的关系并不显著，而只有以 *MB* 为公司业绩代理变量进行辅助验证时，高管联结与公司业绩呈显著正相关关系，验证了假设 H1a，这可能是因为 *MB* 是市场业绩的代理变量，而我国证券市场发展不稳定造成的。*INTERLOCK_FIN* 与公司业绩的系数分别为 0.014、0.014 和 1.052，公司“财务圈”高管所形成的公司间高管联结关系与公司业绩的关系分别在 1%—5% 的水平上显著正相关，支持假设 H1b。*INTERLOCK_GOV* 与公司业绩的系数为 -0.000、0.000 和 -0.066，只有当 *MB* 为公司业绩代理变量进行辅助验证时，其系数在 5% 的水平下呈显著负相关关系，表明由“治理圈”高管所形成的联结关系会导致公司业绩降低，该结果可能与 *MB* 是市场业绩指标有关，说明公司“治理圈”所形成的公司间的高管联结关系与公司业绩之间的相关关系并不显著，不支持假设 H1c。上述结果表明，由“财务圈”高管所形成的联结关系带来公司业绩的提升更加明显，而“经营圈”和“治理圈”高管所形成的联结关系并未如预期假设，与公司业绩之间的关系并不显著，反而在一定情况下有负面的影响，导致上述结果的可能原因在于“治理圈”高管的兼任职位较多，形成的联结数量也较多，导致工作效率降低，并不能提升公司业绩水平。

从公司特征代理变量的回归结果来看，公司规模（*SIZE*）与公司业绩在1%—10%的水平上呈显著正相关关系；而公司的财务杠杆（*LEV*）、亏损（*LOSS*）、上市年限（*AGE*）则在1%—10%的水平上呈显著负相关关系。从公司治理特征的代理变量的回归结果来看，高管薪酬与公司业绩在1%的水平上呈显著正相关关系，而高管持股比例与公司业绩水平负相关，但并不显著，意味着高管股权激励并没有发挥其应有的作用。另外，两职合一（*DUAL*），即董事长和总经理为同一人的情况与公司业绩在1%—5%的水平上呈显著负相关关系，说明两职合一对公司业绩的提高有阻碍作用。董事会规模（*BOARDSIZE*）与公司业绩在10%的水平上呈显著负相关关系；外部董事比例（*OUTSIDE_DIRECTOR*）与公司业绩呈正相关关系，但并不显著。

表4　　高管联结与公司业绩

	(1)	(2)	(3)	(4)	(5)	(6)
变量名称	*ROA*	*ROA*	*ROA_ADJ*	*ROA_ADJ*	*MB*	*MB*
INTERLOCK	0.003 ** (2.220)		0.003 ** (2.180)		0.073 ** (2.000)	
INTERLOCK_OPRT		−0.000 (−0.021)		−0.000 (−0.300)		0.053 * (1.830)
INTERLOCK_FIN		0.014 ** (2.130)		0.014 ** (2.130)		1.052 *** (5.550)
INTERLOCK_GOV		−0.000 (−0.080)		0.000 (0.200)		−0.066 ** (−2.170)
SIZE	0.001 * (1.860)	0.001 *** (2.880)	0.001 ** (2.120)	0.001 *** (3.111)	−0.762 *** (−63.430)	−0.729 *** (−57.730)
LEV	−0.074 *** (−38.390)	−0.079 *** (−37.900)	−0.075 *** (−38.430)	−0.079 *** (−37.920)	0.285 *** (5.18)	0.123 ** (2.060)
LOSS	−0.116 *** (−87.400)	−0.113 *** (−81.360)	−0.116 *** (−86.780)	−0.113 *** (−80.740)	−0.030 (−0.80)	−0.002 (−0.060)

续表

	(1)	(2)	(3)	(4)	(5)	(6)
变量名称	*ROA*	*ROA*	*ROA_ADJ*	*ROA_ADJ*	*MB*	*MB*
BLOCK	0.000 *** (4.870)	0.000 *** (4.670)	0.000 *** (4.520)	0.000 *** (4.300)	0.006 *** (8.005)	0.006 *** (7.440)
M_SHARE	-583.826 (-0.880)	-287.025 (-0.430)	-545.875 (-0.82)	-207.830 (-0.310)	205.465 (0.010)	-656.318 (-0.030)
M_PAY	0.000 *** (17.810)	0.000 *** (16.800)	0.000 *** (17.700)	0.000 *** (16.590)	0.000 *** (17.990)	0.000 *** (17.130)
AGE	-0.000 * (-1.940)	-0.000 (-1.470)	-0.000 ** (-2.500)	-0.000 ** (-1.970)	0.014 *** (6.170)	0.014 *** (5.800)
BOARDSIZE	-0.002 (-1.090)	-0.004 ** (-2.120)	-0.002 (-1.070)	-0.004 ** (-2.110)	0.020 *** (4.330)	0.186 *** (3.380)
OUTSIDE_ DIRECTOR	0.005 (0.870)	0.002 (0.400)	0.006 (1.030)	0.004 (0.660)	0.646 *** (3.740)	0.566 *** (3.140)
DUAL	-0.099 ** (-2.200)	-0.101 ** (-2.290)	-0.100 ** (-2.220)	-0.102 ** (-2.310)	1.198 (0.940)	1.208 (0.950)
Constant	0.077 *** (8.020)	0.058 *** (5.710)	0.010 (1.050)	0.013 (1.250)	19.053 *** (69.400)	16.209 *** (56.020)
Observations	16409	11895	16409	11895	16409	11895
R - squared	0.544	0.541	0.533	0.531	0.383	0.374
F	417.750	368.840	404.450	356.050	216.820	188.030
Prob > F	0.000	0.000	0.000	0.000	0.000	0.000

（四）稳健性检验

1. 使用其他的公司业绩代理变量

参照以前学者的研究，我们使用主营业务利润/总资产以及经行业中位数调整后的 ROS 作为公司业绩的代理变量，将该变量代入模型（1）到模型（4）中，得到的回归结果在表 5 中列示，通过对结果的分析，我们发现高管联结以及不同“圈子”对公司业绩的影响没有发生大的变化，结论基本与主回归一致。

2. 内生性检验

基于本文的实证研究结果，高管联结关系伴随着更好的公司业绩水平。与其他有关公司业绩的研究一样，结论也存在内生性的问题。公司间的高管联结关系会提高公司业绩水平，但也存在另一种竞争性的解释——可能是业绩好的公司会倾向于选择行业内声誉较高的高管兼任相应的职位或者是高管本身愿意选择业绩较高的公司，从而为公司建立了联结关系。为了排除这样的可能性，本文借鉴Fich 和 Shivdasani（2006）中使用的方法，利用滞后2年及3年的高管联结关系变量进行回归分析。回归结果在表6 和表7 中列示，通过结果我们发现，主要变量与公司业绩之间的研究结果并没有发生改变。

表5　　　　高管联结与公司业绩的稳健性检验－替换变量

	(1)	(2)	(3)	(4)
变量名称	*ROS*	*ROS*	*ROS_ADJ*	*ROS_ADJ*
INTERLOCK	0.018 * (1.720)		0.012 * (1.860)	
INTERLOCK_OPRT		－0.005 (－1.130)		－0.005 (－1.170)
INTERLOCK_FIN		0.056 ** (1.960)		0.053 * (1.860)
INTERLOCK_GOV		0.003 (0.790)		0.004 (0.850)
SIZE	－0.021 *** (－5.990)	－0.021 *** (－5.990)	0.008 *** (3.810)	0.009 *** (3.880)
LEV	0.272 *** (16.950)	0.273 *** (16.980)	－0.017 * (－1.730)	－0.018 * (－1.780)
LOSS	－0.074 *** (－6.590)	－0.074 *** (－6.600)	0.011 (1.640)	0.011 (1.640)
BLOCK	0.003 *** (11.320)	0.003 *** (11.310)	－0.000 ** (－2.150)	－0.000 ** (－2.140)
M_SHARE	－1254.926 (－0.220)	－1420.332 (－0.250)	1896.610 (0.540)	2030.597 (0.580)
M_PAY	0.000 *** (11.170)	0.000 *** (11.060)	0.000 (0.570)	0.000 (0.740)
AGE	－0.002 *** (－3.130)	－0.002 *** (－3.20)	－0.001 ** (－2.22)	－0.001 ** (－2.03)

续表

	(1)	(2)	(3)	(4)
变量名称	*ROS*	*ROS*	*ROS_ADJ*	*ROS_ADJ*
BOARDSIZE	0.077 ***	0.075 ***	−0.024 **	−0.023 **
	(4.900)	(4.780)	(−2.460)	(−2.320)
OUTSIDE_DIRECTOR	−0.181 ***	−0.174 ***	0.036	0.027
	(−3.440)	(−3.280)	(1.100)	(0.830)
DUAL	−0.498	−0.495	0.015	0.011
	(−1.210)	(−1.200)	(0.060)	(0.040)
Constant	−0.124 **	−0.123 **	0.890 ***	0.864 ***
	(−2.470)	(−2.450)	(11.040)	(10.700)
Observations	16409	11895	16409	11895
R − squared	0.128	0.137	0.109	0.115
F	51.530	49.300	43.130	40.510
prob > F	0.000	0.000	0.000	0.000

表 6　　高管联结与公司业绩的稳健性检验 − 滞后变量（滞后 2 期）

	(1)	(2)	(3)	(4)	(5)	(6)
变量名称	*ROA*	*ROA*	*ROA_ADJ*	*ROA_ADJ*	*MB*	*MB*
L2_INTERLOCK	0.001 *		0.000 *		0.011 **	
	(1.670)		(1.760)		(2.010)	
L2_INTERLOCK_OPRT		−0.003 **		−0.003 **		−0.051
		(−2.340)		(−2.470)		(−1.430)
L2_INTERLOCK_FIN		0.027 ***		0.029 ***		1.209 ***
		(3.540)		(3.890)		(5.390)
L2_INTERLOCK_GOV		0.000		0.000		−0.001
		(0.340)		(0.240)		(−0.030)
SIZE	0.002 ***	0.002 ***	0.002 ***	0.002 ***	−0.763 ***	−0.771 ***
	(4.870)	(4.230)	(4.990)	(4.320)	(−53.440)	(−53.510)
LEV	−0.076 ***	−0.113 ***	−0.077 ***	−0.112 ***	0.179 ***	−0.034
	(−32.910)	(−72.200)	(−33.160)	(−71.540)	(2.640)	(−0.750)
LOSS	−0.113 ***	−0.076 ***	−0.112 ***	−0.077 ***	−0.041	0.184 ***
	(−72.290)	(−32.890)	(−71.640)	(−33.120)	(−0.900)	(2.730)

续表

	(1)	(2)	(3)	(4)	(5)	(6)
变量名称	*ROA*	*ROA*	*ROA_ADJ*	*ROA_ADJ*	*MB*	*MB*
L2_BLOCK	0.000 (0.390)	0.000 *** (3.330)	0.000 (0.070)	0.000 *** (3.010)	0.004 *** (4.830)	0.006 *** (5.890)
L2_M_SHARE	−1565.643 ** (−1.960)	−1537.294 * (−1.930)	−1758.257 ** (−2.200)	−1733.555 ** (−2.170)	−20431.924 (−0.870)	−21376.301 (−0.920)
L2_M_PAY	0.000 *** (9.850)	0.000 *** (10.160)	0.000 *** (9.840)	0.000 *** (10.110)	0.000 *** (11.980)	0.000 *** (11.950)
AGE	−0.000 (−1.520)	−0.000 (−0.840)	−0.000 ** (−2.250)	−0.000 (−1.590)	0.019 *** (6.720)	0.018 *** (6.410)
L2_BOARDSIZE	−0.003 (−1.310)	−0.002 (−0.670)	−0.003 (−1.470)	−0.002 (−0.880)	0.124 * (1.860)	0.088 (1.290)
L2_OUTSIDE_DIRECTOR	−0.019 ** (−2.280)	−0.017 ** (−2.070)	−0.020 ** (−2.400)	−0.019 ** (−2.220)	0.900 *** (3.690)	0.853 *** (3.480)
L2_DUAL	−0.221 *** (−4.830)	−0.220 *** (−4.820)	−0.228 *** (−4.990)	−0.228 *** (−4.980)	2.202 * (1.650)	2.251 * (1.680)
Constant	0.071 *** (6.700)	0.060 *** (5.010)	0.005 (0.420)	−0.004 (−0.310)	19.085 *** (62.510)	19.583 *** (56.150)
Observations	9871	8898	9871	8898	9871	8898
R − squared	0.502	0.502	0.503	0.505	0.370	0.364
F	275.500	248.480	276.860	250.760	160.390	141.030
prob > F	0.000	0.000	0.000	0.000	0.000	0.000

表 7　　　　高管联结与公司业绩的稳健性检验 − 滞后变量（滞后 3 期）

	(1)	(2)	(3)	(4)	(5)	(6)
变量名称	*ROA*	*ROA*	*ROA_ADJ*	*ROA_ADJ*	*MB*	*MB*
L3_INTERLOCK	0.001 * (1.740)		0.002 * (1.720)		0.010 * (1.680)	
L3_INTERLOCK_OPRT		−0.003 ** (−2.250)		−0.003 ** (−2.250)		−0.048 (−1.230)
L3_INTERLOCK_FIN		0.034 *** (4.070)		0.034 *** (4.000)		1.313 *** (5.250)

续表

	(1)	(2)	(3)	(4)	(5)	(6)
变量名称	*ROA*	*ROA*	*ROA_ADJ*	*ROA_ADJ*	*MB*	*MB*
L3_INTERLOCK_GOV		0.002 (1.600)		0.002 * (1.800)		0.002 (0.050)
SIZE	0.002 *** (4.240)	0.002 *** (4.500)	0.002 *** (4.200)	0.002 *** (4.440)	-0.780 *** (-50.510)	0.004 (0.220)
LEV	-0.072 *** (-28.320)	-0.073 *** (-28.450)	-0.073 *** (-28.440)	-0.073 *** (-28.560)	-0.090 * (-1.810)	-0.066 (-1.520)
LOSS	-0.113 *** (-66.720)	-0.114 *** (-66.980)	-0.113 *** (-66.090)	-0.113 *** (-66.340)	0.269 *** (3.600)	0.014 (0.860)
L3_BLOCK	0.000 (0.380)	0.000 (0.300)	0.000 (0.180)	0.000 (0.110)	0.004 *** (3.920)	0.004 *** (3.880)
L3_M_SHARE	-687.263 (-0.830)	-660.536 (-0.800)	-706.032 (-0.850)	-667.187 (-0.810)	-15798.721 (-0.650)	-17313.282 (-0.720)
L3_M_PAY	0.000 *** (7.750)	0.000 *** (7.910)	0.000 *** (7.740)	0.000 *** (7.890)	0.000 *** (10.100)	0.000 *** (9.980)
AGE	-0.000 (-1.560)	-0.000 (-1.250)	-0.000 ** (-2.290)	-0.000 ** (-1.990)	0.019 *** (5.820)	0.018 *** (4.680)
L3_BOARDSIZE	-0.003 (-1.110)	-0.000 (-1.020)	-0.003 (-1.180)	-0.000 (-1.120)	0.130 * (1.730)	0.093 (1.210)
L3_OUTSIDE_DIRECTOR	-0.024 ** (-2.560)	-0.026 *** (-2.710)	-0.026 *** (-2.700)	-0.027 *** (-2.860)	0.901 *** (3.220)	0.843 *** (2.990)
L3_DUAL	-0.027 (-0.580)	-0.029 (-0.620)	-0.025 (-0.540)	-0.026 (-0.570)	6.973 *** (5.110)	7.007 *** (5.140)
Constant	0.066 *** (5.220)	0.059 *** (4.540)	0.004 (0.310)	-0.002 (-0.160)	19.730 *** (53.380)	19.959 *** (52.140)
Observations	8345	7564	8345	7564	8345	7564
R - squared	0.485	0.491	0.484	0.489	0.379	0.371
F	223.560	207.260	222.190	205.480	144.730	126.770
prob > F	0.000	0.000	0.000	0.000	0.000	0.000

六、结论

本文以高管联结关系的网络属性特征为研究视角，对高管联结关系如何影响公司业绩，以及不同类型的高管联结关系对公司业绩的影响是否存在差异进行了实证研究。具体而言，我们根据高管的职务属性，将高管联结关系按照不同的“圈子”分为“经营圈”“治理圈”以及“财务圈”高管联结，并针对不同的“圈子”对公司业绩的影响进行了分析，结果发现：公司间的高管联结关系提高了公司业绩水平，但不同“圈子”的高管联结关系对公司业绩的影响程度不同。具体而言，首先，“财务圈”高管联结关系对公司业绩的提升较为显著；其次，“治理圈”高管联结关系对公司业绩则有一定的负面影响；最后，“经营圈”高管联结关系对公司业绩的提升影响较小，说明由不同职务属性所形成的高管联结关系，其对公司业绩的影响存在差异。

第四篇

金融工具会计准则与财务问题研究

在金融工具会计领域，王君彩教授先后组织了众多研究，本篇选择的论文主要包括：关于投资企业期货投资的会计处理、关于资产证券化的规范分析与运作规范、关于金融工具计量的相关问题，以及博源投资会计舞弊行为的分析等。本篇摘要汇编 4 篇论文。

关于投资企业的期货投资会计处理*

王君彩　邱小兵

期货交易是一种复杂的商品经济现象，在某些国家已有几百年的历史，在我国还是近几年的事。随着我国改革开放的进程，期货交易所开始创办，期货市场业务量也有了很大的发展。在实际工作中，出现了一系列亟待解决的问题，需要制定相应的法规加以完善。最近发布的具体会计准则讨论稿——期货准则，从期货结算公司、期货经纪公司、期货投资企业三个角度，对我国期货交易的会计处理进行了规范。我们认为，期货准则应主要规范期货投资企业期货交易的会计处理，而我国期货准则在这方面规定甚少。下面我们结合美国会计界的一些做法，谈谈期货投资企业的会计处理，以供商榷。

期货交易按期货投资企业入市动机的不同，可分为两类，即套期保值交易与投机交易。套期保值交易通过反向部分的操作，以避免企业所面临的被套期保值项目的价格变动风险，交易者的本意不是为了获利而是为了保值（规避风险）；投机交易的唯一目的则在于利用期货市场的价格波动获取价差利润，投资者自愿承担价格变动风险。两者性质不同，在会计处理上也有区别。

一、投机交易的期货合同会计

对于期货合同会计，美国会计界是以会计原则委员会第 30 号意见（APB OPINION 30 予以规范的。在 APB OPINION 30 中，对投机交易的会计处理有以下规范：

1. 以期货合约市场价值变化乘以合约数量来确定期货合约上产生的损益，并

* 本文发表于《中央财经大学学报》1997 年第 2 期。

在合约价值变化的当期记入损益。

2. 对期货经纪公司的应收保证金款归类为流动资产。

以上两点做法可供我们借鉴。对于其中的第二点，我国期货准则将应收期货经纪公司保证金款列为短期投资项目，主要是基于这样一种考虑：这部分资产变现能力强，流动性大。下面举例说明其账务处理方法。

〔例〕19×1 年 10 月 1 日，南方公司购入 100 个 19×2 年 2 月 1 日到期的豆油期货合同。购入当日的市场价格是每蒲式耳（bushel） $5.80；每个合同是 5000 蒲式耳。交纳初始保证金为 $240000。19×1 年末，豆油市场价格为 $5.60/蒲式耳。19×2 年 2 月 1 日，合同被清算交割，当时市场价格为 $5.30/蒲式耳。

作如下会计分录：

（1）19×1 年 10 月 1 日，购入合同时，对于保证金的交纳，通过“短期投资”账户予以核算，列为企业的流动资产。

借：短期投资　　　　240000

　　贷：现金　　　　　　240000

（2）会计期末，确认期货合同上的未实现损益，计入当期损益。在本例中，50 万元（5000×100）蒲式耳期货合同上共发生 50 万元×（5.80－5.60）＝10 万元的未实现损失。对于这部分损失，应通过“期货合约上的损失”账户记入当期损益；同时对于追加的保证金，记入“对期货经纪公司的应付款”账户。

借：期货合同上的损失　　　　100000

　　贷：对期货经纪公司的应付款　　　　100000

（3）期货合同到期，确认上期末至交割日期货合同上发生的损益，计入当期损益。在本例中，上期末至交割日发生（5.60－5.30）×50 万元＝15 万元的未实现损益，计入当期损益。

借：对期货经纪公司的应付款　　　　100000

　　期货合同上的损失　　　　150000

　　贷：现金　　　　250000

同时记录从经纪公司返回的保证金。

借：现金　　　　240000

　　贷：短期投资　　　　240000

二、套期保值交易的期货合同会计

（一）套期保值交易的确认标准

对于套期保值交易与投机交易的区分，带有很大的主观性。如果处理不好，就有可能成为投资企业操纵利润、粉饰财务状况的工具。对于这一点，美国财务会计准则第 80 号（SFAS80）对套期保值的确认给出了以下定性标准：

1. 合同必须与被套期保值项目有关，并在主观上被设计为对可确认的资产、负债、公司事项或预期交易进行套期保值。

2. 被套期保值项目必须将公司暴露于价格或利率的交易风险之中。即使在总公司层次没有被暴露于价格风险之中，在分权的基础上也应被暴露于价格风险之中。

3. 期货合约市场价值的变化在合同有效期间必须与被套期保值项目公允价值的变化密切相关；并且当期货合约市场价值的变动能够抵消被套期保值项目公允价值的变动及其引起的利息损益时，相关性必须继续存在。

（二）套期保值会计

套期保值是对被保值项目的套期保值，随着被套期保值项目性质的不同，套期保值的性质及其会计处理也不同。被保值项目分两种，一种是实际存在或实际发生的资产、负债及公司事项；另一种是公司的预期交易事项。相应套期保值会计也分为以下两种情况：

1. 当套期保值是对实际存在的资产、负债或公司事项（firm commitment）套期保值时，因被保值项目是否按市场价值报告又分为以下两类：

（1）被保值项目按市场价值报告时，如果被保值项目公允价值的变化在所有者权益中反映，相应期货合同市场价值的变化也应反映在所有者权益中；否则，期货合同上的损益在价值的变化当期计入损益。

〔例〕19×A 年 10 月 1 日，西北资源公司拥有 3 万 troy 盎司的黄金存货，按每盎司＄500 的市场价值入账。公司打算在 19×B 年 2 月出售这批黄金，并销售了 300 个 100troy 盎司的黄金期货合同，销售价格为每盎司＄500。预交＄250000

保证金给经纪公司。在19×A年末，市场价格为$530。19×B年2月，公司出售了整个黄金存货，价格为每盎司$550，同时以同样价格清算了期货合同。会计处理如下：

A. 19×A年10月1日，签订期货合同时，记录初始保证金的交纳：

借：短期投资　　　　250000

　　贷：现金　　　　　　250000

B. 会计期末，确认期货合同市场价值的变化，通过“期货合同上的损失”账户计入当期损益。在本例中，期货合约市场价值变化为：(530－500)×300×100＝900000；同时，记录被保值项目市场价值的变化，调整被保值项目的账面价值，确认相应的损益计入当期。

a. 借：期货合同上的损失　　　　900000

　　贷：对期货经纪公司的应付款　　　　900000

b. 借：黄金存货　　　　900000

　　贷：黄金升值产生的未实现收益　　　　900000

C. 19×B年2月合同到期，确认期末以来被保值项目市场价值的波动，计入当期损益；并确认期货合同上相应的损失及初始保证金的退还。本例中，期末以来黄金存货升值(550－530)×300×100＝600000，为已实现损益。

a. 借：现金　　　　16500000

　　贷：黄金存货　　　　15900000

　　　　黄金升值已实现收益　　　　600000

b. 借：对期货经纪公司的应付款　　　　900000

　　　期货合同上的损失　　　　600000

　　贷：现金　　　　1250000

　　　　短期投资　　　　250000

(2) 如果被保值项目不按市场价值计价反映，并且是对实际存在的资产、负债套期保值时，期货合同市场价值的变化作为对被保值项目账面价值的调整；若是对公司事项的套期保值，期货合同市场价值的变化将包括在对该交易事项的计量中。

〔例〕19×A年11月1日，东方公司持有30000蒲式耳的豆油存货，按成本价每蒲式耳$6.00入账。公司打算19×B年2月1日售出这批存货。在19×A年11月该公司以$6.50/蒲式耳的价格售出6个交割期为19×B年2月的期货合同，并已向经纪公司交纳＄15000的保证金。19×A年末，豆油的市场价格为＄7.10/蒲式耳。在19×B年2月，公司以＄6.30/蒲式耳的价格出售整个存货，并以同样的价格清算那6个期货合同。会计分录如下：

A. 19×A年11月签约时，记录初始保证金的交纳。

借：短期投资　　15000

　　贷：现金　　15000

B. 会计期末，确认期货合同市场价值的变化，作为递延损益，归类为流动资产或流动负债。在本例中，期货合约市场价值变化：（＄7.10－＄6.50）×30000＝＄18000。

借：期货合同上的递延损失　　18000

　　贷：对期货经纪公司的应付款项　　18000

C. 19×B年2月，期货合同到期。

a. 确认期末以来至交割日期货合同上的递延收益，金额为（＄7.10－＄6.30）×30000＝＄24000，并记录从期货经纪公司收到的现金：（＄15000保证金－＄18000对经纪公司应付款项＋＄24000期货合同上的递延收益）共＄21000。

借：现金　　21000

　　应付期货经纪公司款项　　18000

　　贷：期货合同上的递延收益　　24000

　　　　短期投资　　15000

b. 以期货合同上的递延损益，调整存货的账面价值。

借：期货合同上的递延收益　　24000

　　贷：期货合同上的递延损失　　18000

　　　　存货　　6000

c. 确认被保值项目的销售收入＄6.30×30000＝＄189000并结转成本（＄180000－＄6000＝＄174000）。

借：现金　　189000

　　销售成本　　174000

　　贷：销售收入　　189000

　　　　存货　　174000

在上述的第（2）种情况中，如果合同的市场价值与被保值项目的公允价值之间存在差异，首先我们必须考虑：合同与被保值项目是否可以分开交割？如果不可以，两者之间的差异按期货合同市场价值变化的方式处理；如果可以，我们还必须考虑：被保值项目和期货合同是否都被持有至交割日？若不是，差异也按合同价值变化的方式处理；若是，合同市场价值与被保值项目公允价值之间的差异作为折价、溢价处理，在期货合同持有期间，分配到收益中去。

2. 当被保值项目不按市场价值反映，期货合同对预期交易事项套期保值时，我们首先考察预期交易的存在性。我们可以通过以下二点来确认预期交易的现实存在性：A. 预期交易事项的条款和特征是否可以区分？即：预期交易事项在理论上是否可以预见？B. 预期交易事项的发生是否存在很大的可能性？

上述两个条件只要有一个不成立，公司预期交易事项就不具有现实性、存在性，期货合同上的损益就比照投机交易处理，在合同市场价值变化的当期计入损益；若上述两个条件满足，就应确认为对预期交易事项的套期保值。对于预期交易事项的套期保值，应分以下几种情况进行会计处理。

（1）一般情况下，期货合同市场价值的变化比照预期交易进行会计处理。

（2）如果预期交易事项的公允价值少于套期保值期货合约市场价值时，超过预期交易的期货合同损益计入当期损益。

（3）如果交易完成之前，套期保值已经结束，那么，期货合同上的损益应累积、递延到以后期间，并计入预期交易的计量中。

〔例〕顺发制造公司在生产过程中使用黄金。19×1 年 10 月，该公司决定按每盎司 $500 的价格购买 30000 盎司的黄金期货合同。并向经纪公司交纳了 $100000 的保证金。在 19×2 年 2 月 1 日，该公司以每盎司 $520 的价格获得 30000troy 盎司的黄金，并清算交割期货合同。在这个例子中，会计年度截至日为 3 月 30 日。会计分录如下：

A. 19×1 年 10 月 1 日签约时，交纳初始保证金时

借：短期投资　　100000

　　贷：现金　　100000

B. 19×2 年 2 月 1 日期货合同到期时，确认期货合同上的递延损益，金额为（$520 − $500）×30000 = $600000。并从经纪公司收回保证金。

借：现金　　700000

　　贷：短期投资　　100000

　　　　期货合同上的递延收益　　600000

C. 对冲期货合约的同时，购入黄金存货。以“期货合同上的递延收益”数

额调整黄金存货的入账价值。

借：期货合同上的递延收益　　　　　600000

　　原材料存货——黄金　　　　　　15000000

　　贷：现金　　　　　　　　　　　　15600000

三、期货交易的报表揭示

期货交易具有巨大的风险性，尤其是以投机交易为目的的期货合约。对于期货交易风险，应加强内部管理与控制，建立严密的授权制度。作为管理与控制期货交易风险的重要工具，期货交易的报表揭示占有重要的地位。

期货交易的报表揭示主要涉及以下几方面的内容：（1）期货交易在会计报表中的表达方式。主要有以下几种；a. 列入资产负债表主表内，并以附注说明；b. 以附注方式单独揭露有关资料；c. 以附注方式并在其他项目揭示；d. 不列入财务报表内。我国期货准则讨论稿要求在会计报表附注中揭露。我们认为可以将期货交易的会计确认、会计计量、会计报告逐步引入资产负债表项目内。（2）期货合约的会计确认基础。对于投机交易，我们认为应主要以市价为其确认基础；对于套期保值交易，应随被保值项目性质的不同而选用原始成本、市价、成本与市价孰低等确认基础。（3）相关损益的表达方式。在我国期货准则中对这一点规定较多，比如资产负债表的浮动盈亏金额；本期内通过平仓及交割实现的交易盈亏金额。期货投资企业的套期保值各项指标均应予以充分揭示。

试析资产证券化在我国的应用取向*

王君彩　韩永强

根据“经济人”假设，无论是机构投资者还是散户投资者，在心理上普遍存在着一种以承担较低的风险而获取较高收益的需求。然而，在我国当前的证券市场上，股票投资的预期收益虽然很高，但是其投资风险也很高；债券投资的投资风险虽然很低，收益也很低。可以说，目前证券市场中的投资工具不能完全满足投资者和融资者的需要。在这种情况下，无论是投资者还是融资者，对资产证券化业务的需求日益强烈。

一、资产证券化——构架资金融通新渠道

资产证券化（Asset Securitization）是世界三大创新金融工具之一。从形式上讲，资产证券化是证券化的一种类型。证券化包括融资证券化和资产证券化两类。融资证券化是指资金短缺者采用发行票证的方式在金融市场上向资金提供者直接融通资金的过程。例如，公司在金融市场上发行债券、股票等进行融资。资产证券化是指资产的原始权益人把缺乏流动性，但具有未来稳定现金收入流的资产汇集起来，通过结构性重组，将其转变成可以在金融市场上出售和流通的证券，据以融通资金的过程。前者是大家都熟悉的，在经济生活中发挥着巨大的作用；后者正在进入我国的经济生活，并具有不影响资产原始权益人的股权结构，不分散原始权益人的经营管理权的特点，对我国市场经济体制建设，提高资源的配置效率，促进经济社会发展，同样具有重要意义。

资产证券化的基本运作程序是：证券化资产的原始权益人将资产出售给为证券化目的而成立的特设信托机构，然后由特设机构以此资产所产生的现金流作为

* 本文发表于《中央财经大学学报》2004 年第 2 期。

抵押，向投资者发行可以在二级市场上流通的资产支持证券（assets-backed securities，ABS）。投资者通过购买ABS，将资金提供给特设机构。特设信托机构再将所融资金用于购买原始权益人所转让的资产。最后，特设信托机构的受托人以其所托管的资产产生的现金流支付投资者的本息（见图1）。

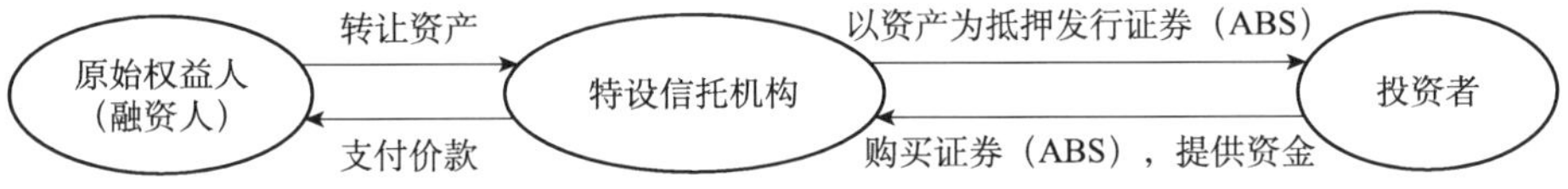

图1　资产证券化基本交易结构

从图1可以看出，在资产证券化的运作过程中，资产支持证券（ABS）起到了桥梁作用。ABS以证券化资产或证券化资产未来的现金流入为抵押，投资风险很小。同时，证券化资产通常为优质资产，它在未来所能产生的现金收入流很高，相应地投资者所能获得的收益也将很高。因此，对于投资者而言，ABS是很好的投资品种。通过ABS，资产证券化为投资者和融资者提供了一种科学合理的资金融通渠道。

二、运作规范——资产证券化成功的保障

为了保证资产证券化的顺利运作和ABS的成功发行，参与资产证券化交易的各方必须遵循如下结构性运作规范：

（一）破产隔离

“破产隔离”要求在原始权益人发生破产清算时，证券化资产不得作为清算财产，其所产生的现金流仍按照证券化交易合同的规定向投资者支付本息。

为了实现破产隔离，证券化交易必须满足两点：第一，特设信托机构在购买证券化资产后，必须对该资产拥有完全的控制权。第二，特设信托机构必须具有合格的法律地位，其活动受到严格的法律限制。例如，特设信托机构所在地的破产法应当规定该类信托机构不得破产；特设信托机构除了按证券化协议规定开展业务活动外，不应再开展其他任何业务活动；特设信托机构除了为履行交易中确立的债务及担保义务外，通常不应再发生任何其他债务和提供其他担保；特设信托机构不得用原始权益人的资产设立与资产证券化无关的抵押等。

（二）真实出售

为了保证特设信托机构对证券化资产的完全控制权，原始权益人必须以真实出售的方式将证券化资产转让给特设信托机构。“真实出售”要求资产证券化交易至少满足两点：第一，原始权益人和特设信托机构所签订的资产转让协议清晰地表明资产的控制权已由原始权益人转移到特设信托机构；第二，资产证券化交易的协议中明确规定：资产出售后，即使原始权益人破产，转让给特设信托机构的资产也不被列为清算资产。

（三）资产质量要求

为了保证资产证券化交易结构的严谨科学，拟进行证券化的资产通常应满足以下基本条件：

第一，证券化资产能在现在和未来产生可预测的现金收入流，且预期现金收入流应大于 ABS 的预期还本付息额。

第二，资产的原始权益人在出售证券化资产前，必须对该资产拥有符合法律要求的完整的所有权，能够对该资产进行全权处置。

第三，证券化资产有较高的变现价值或对原始权益人的效用很高，能够在证券化资产的现金收入流不足时保证 ABS 本息支付的需要。

第四，证券化资产应具有相对的独立性，便于“真实销售”和“破产隔离”原则的实现。

第五，证券化资产在市场中尤其是在投资者中应当具有一定的认知度。

（四）信用评级和信用增级

为了保证资产证券化交易的顺利进行，并吸引和扩大投资者进行投资，有必要对资产证券化交易结构和资产支持证券进行信用评级和信用增级。

资产证券化交易的信用评级主要包括对特设信托机构的评级和对交易结构法律意见的评级。特设信托机构的评级准则主要有：破产隔离准则，所有权准则，第三方支持准则等；交易结构的法律意见主要有：设立与执行意见，真实销售意见，保证权益意见，破产清算意见，税赋意见等。

信用增级指运用各种方法提高资产证券化交易结构的信用级别。信用增级的方式主要有三种：一是将原始权益人的资产出售给获得国际上权威性资信评估机构授予较高信用等级（AAA级或AA级）的特设信托机构，通过特设信托机构的地位来提高ABS的信用等级；二是由发起人提供信用支持，主要包括直接追索权和超额担保；三是由特设信托机构聘请信用级别很高的专业金融担保公司进行金融担保。

三、资产证券化在我国有广泛发展前景

目前，我国的资产证券化的应用取向主要集中于房地产贷款和应收账款等金融资产上。例如，2000年3月，中国国际海运集装箱（集团）股份有限公司与荷兰银行在深圳签署了总额为8000万美元的应收账款证券化项目协议，该协议规定，在3年内，凡是中集集团发生的应收账款都可以出售给由荷兰银行管理的资产购买公司，由该公司在国际商业票据市场上公开发行商业票据；2003年3月，在第六次中国住宅金融制度改革课题研讨会上，中国人民银行研究局局长谢平透露，我国住房贷款证券化的有关政策将于当年出台，商业银行有望在年内发行第一批住房金融债券。

事实上，资产证券化除了金融资产证券化外，还有实物资产证券化。对于实物资产证券化，笔者认为，凡是符合前述证券化资产基本条件的资产，经过交易结构重组，都可以实施资产证券化，如自然资源，包括石油、天然气和煤炭等矿产；交通基建项目，包括铁路、高速公路等收费型的项目等。

利用资产证券化除了可以融资外，还可以从资产证券化的特点出发，利用资产证券化交易，解决某些涉及国有股控制权的问题。

与股权融资相比，资产证券化的主要特点在于资产证券化融资，不分散公司的股权和经营权。资产证券化融资与股权融资的不同之处主要表现在：第一，资产证券化融资是对证券化资产未来现金收入流的分割或者说是现金收入流的再分配，ABS的持有人根据其持有的ABS数量享有证券化资产产生的现金流；股权融资是对整个公司净收益的分割，股权持有人根据股权数量享有整个公司净收益的分配权。第二，ABS的持有人不参与公司重大经营事项表决；股权持有人通常以股权形式参与公司重大事项表决。

资产证券化的上述特点，为国家解决控股问题提供了一种新思路。如果国家对某些公司或某些项目不希望失去控股权而又希望融到项目资金，那么就可以以

该公司的某项资产或该项目未来的现金流入为抵押，通过资产证券化技术融通资金。例如，国家为开采某石油矿藏而需要大量资金，如果通过股权融资，国家将失去拟成立的石油开采公司的控股权。为了融到资金同时又不失去控股地位，国家可以作为控股股东成立石油开采公司，并由该公司将石油矿藏开采权销售给特设信托机构，然后由特设机构以该石油矿藏未来若干年的收入为质押发行资产支持证券，在资产支持证券到期后，再由石油开采公司收回石油矿藏开采权。通过上述运作，国家不仅融到了资金，而且保证了自己对石油矿藏的控股权。而资金提供人通过购买 ABS，也获得该项目的收益分配权，可谓是一举两得。

四、对不良资产证券化的思考

在解决不良金融资产问题时，很多资产管理公司提出了对不良资产实行资产证券化的设想，有的公司甚至已经着手不良资产证券化。这一特殊的资产证券化的应用取向，引起人们的广泛关注。

2003 年 1 月 23 日，中国信达资产管理公司取道海外，与德意志银行签署了资产证券化和分包一揽子协议，成为国内不良资产处置取道海外的经典案例。2003 年 6 月，华融资产管理公司与中信信托投资公司合作推出 1325 亿元资产的处置信托项目，以“变相”的不良资产证券化——信托分层处置方式处理不良资产，向不良资产证券化迈进了一大步。尽管华融公司向投资者转让的只是信托项下的优先级受益权，但与资产证券化仍有类似之处。

不良资产证券化在技术上能够实施的主要原因在于：不良资产在处置过程中，存在或能够产生一定的未来现金流入。如果以这些现金流入为支持发行 ABS，并对交易结构加以信用增级，在成熟的市场经济环境下，不良资产可以实现证券化。例如，20 世纪 80 年代末美国针对其储蓄银行面临的巨额不良资产，通过设立专门的资产管理公司——清偿托管公司（RTC），接收接管储蓄贷款组合等不良信贷资产，并利用债权出售、发行债权抵押担保债券等证券化技术，对金融业不良资产进行处理，并取得了成功。

信达资产管理公司和华融资产管理公司之所以能与国内外投资银行达成资产证券化合作协议，笔者认为有以下基本条件：第一，信达、华融资产管理公司接受从其母体银行剥离的企业债权，成为相应资产的所有者，具有了法律上的控制权。它们有权处置属于自己的资产，能够作为原始权益人与特设信托机构实现“真实销售”。加之我国的接受国有商业银行剥离不良资产的四家资产管理公司的国家背景，将增加其ABS的信用等级。第二，信达、华融等资产管理公司接受的银行不良债权，是在特殊历史背景下，即在1985年的“拨改贷”政策实施后到1992年这段时间内，企业设立时资本金不落实，企业债务负担过重，加上其他原因，影响其经营效果，其中甚至存在所谓的“好工厂但不是好企业”，并非全都是收不回的烂账。第三，上述案例中，纳入处置范围的资产都是经过双方认真考察挑选、经过国际评级公司评级后确定的。例如，华融公司设立信托的债权资产包涉及全国22省市256户债务企业的132.5亿元债权，经中诚信国际评级公司评估，预测包内资产未来处置产生AAA级现金流1207亿元，据此确定优先级受益权为10亿元，并约定优先级受益权预期年受益率为417%，信托期限3年。根据中国人民银行公布的统计数据，截至2002年9月30日，中国四家金融资产管理公司处置不良资产的资产回收率为36.42%，其中现金回收率为22.6%；华融公司资产回收率为48.31%，其中现金回收率32.96%。由此可见，华融公司与中信信托投资公司的信托项目，是安全可靠的。同时，华融公司在获得资金时间价值的基础上，还保留了剩余信托财产和信托利益。

但是，也必须看到，在目前条件下，在我国对不良资产实行资产证券化，仍存在较大的风险。这种风险产生于社会环境，主要是缺乏资产证券化相关的法律，原始权益人的利益难以得到明确的、一贯的保护。与此相适应的人们的观念上，还缺乏对资本权威的认同，企业经营者可以坑害业主，甚至抛弃业主。加上多元的利益主体错综复杂的矛盾，有的利益主体往往想借助以前存在的产权关系混乱从中浑水摸鱼。在有些地方有这样一幅流传很广的“对联”：“支持我们发财的核心力量是国家银行，指导我们经营的理论基础是借钱不还”（陶国峰）。据报道，湖北一家地方啤酒厂竟然通过打“破产”官司，赖掉了长城资产管理公司的3694万元债权，而企业仍在加班加点生产。应该看到，这种实例并非个别现象。目前的现实情况是，不仅仅是相关法律不完备，而且司法不统一，权大于法，即使是已有的法律（如破产法、担保法、民事诉讼法等），也可以不执行，形同虚设。因此，在我国目前的法制环境下，在原始权益人的财产权存在可能被剥夺的情况下，也就难以达到“破产隔离”的要求。我国目前的不良资产证券化，具有尝试性、探索性，存在系统性风险，不宜规模化展开。

金融工具计量的相关问题分析*

王君彩　柳元首

一、引言

自20世纪80年代以来，随着金融自由化的发展，金融创新日新月异，衍生产品市场得到了充分的发展，然而由于衍生工具不需要初始净投资或初始净投资很少，在未来某日结算，这对以权责发生制为确认基础，以历史成本为主要计量模式的传统会计造成了巨大的冲击。若按传统模式对金融工具进行确认计量，大量的金融工具将会游离于财务报表之外，成为企业巨大的风险源，因此，要求对传统会计模式进行改革的呼声越来越高，于是公允价值计量属性提上日程。

各国准则指定机构，如FASB和IASB组织了相关人员，对该问题进行了大量的研究，发布了相关会计准则，从实践上也逐步推进要求对金融工具以工具价值进行披露和计量。FASB在《SFAS133－衍生工具和套期活动的会计处理》中就明确指出，“公允价值是计量金融工具的最佳计量属性，对衍生工具而言，公允价值是唯一相关的计量属性”。IASB在最新的《IAS39－金融工具：确认与计量》中，允许实体指定任何类型的金融工具为通过损益以公允价值计量的金融工具。似乎看来，对所有金融工具以公允价值计量，即金融工具的全面公允价值计量模式不远了。从各国学者的研究来看，普遍认为目前的混合计量模式存在很多问题，应该大力提倡金融工具的公允价值会计。那么，目前金融工具的混合计量模式存在哪些缺陷呢？

* 本文发表于《中国财经报》2004年12月17日。

二、混合计量模式的问题

在混合计量模式中对某些项目以历史成本计量，而某些项目以公允价值计量；在确认损益时，也突破了发生制这个基础，如将某些未实现的利得或损失确认为损益。在混合计量模式下，会产生如下三个方面的问题：

第一，在混合计量模式下，对金融工具根据持有的意图进行分类，不同类别的金融工具计算损益的方法不同。例如，在 IAS39 中将金融工具分为通过损益以公允价值计量（Fair value through profit and loss）、持有至到期（Hold to maturity）、贷款和应收款项（Loans and receives）、可供出售（Available for sale）四类。在这种情况下，由于计算损益的方法不同，一方面会出现调剂利润的情形，例如，如果归类为可供出售类的金融工具，其公允价值变动首先在权益中确认；而通过损益以公允价值计量的金融工具，其公允价值变动却直接计入损益。在这种情况下，由于计算损益的方法不同，一方面可能会出现调节利润行为，例如，若某金融工具为可供出售类，以成本计量，在该金融工具成本低于市价的情况下，可将该金融工具出售后回购并将其指定为通过损益以公允价值计量的金融工具。

第二，根据持有者的意图对金融工具进行分类可能与企业实际行为不相符。例如企业在产生某项金融工具时，并不能确定是否要将其持有至到期，也不能说就是为交易而持有的。企业持有金融工具的情况可能随着市场条件、企业财务状况的变动而发生变动。要求在持有金融工具后就进行分类，操作上有困难。

第三，在混合计量模式下，要区分企业持有金融工具的目的是否为套期保值行为。如果是为了套期保值，那么，将会产生大量与套期相关的会计问题，如套期开始之前管理层必须对套期进行指定，套期有效性必须满足 80%—125% 的标准等等，这会造成会计处理大大复杂，加大企业操作的难度和成本。

由于混合计量属性存在着以上的种种问题，出现了要求对金融工具实行全面公允价值的呼声。例如 1999 年 12 月 14 日，美国 FASB 曾经发布了关于对相关金融资产和金融负债以公允价值计量的初步观点，要求相关人士、机构对此提出反馈意见。从社会各界对此问题的反映来看，分歧很大。来自理论界的人士，普遍认为以公允价值计量金融工具能够提高会计信息的相关性和可靠性，大力要求对金融工具以公允价值计量；而来自实务界，特别是来自银行界的人士，则反对对所有金融工具以公允价值计量。理论界和实务界的分歧主要体现在会计信息的质量特征及对盈余的波动的影响这两方面。

三、全面公允价值的相关问题分析

对全面公允价值的争论首先来自会计信息的质量特征。美国 FASB 于 1980 年发布的第二号财务会计概念公告《会计信息的质量特征》指出，会计信息最重要的质量特征是决策的有用性，而相关性和可靠性是会计信息的首要质量特征。同时具有预测价值、反馈价值和及时性的信息才是相关的会计信息，也只有反映真实并同时具有可核性及中立性的会计信息才是可靠的会计信息。国际会计准则委员会（IASM）1989 年公布的《编制和呈报财务报表的框架》提供了财务报表应当具有的十一项特征，并指出可理解性、相关性和可比性是财务报表的主要质量特征。可见关于会计信息的质量特征，相关性和可靠性是其中最主要的两个方面。

（一）全面公允价值的相关性分析

从国内外学者对于以公允价值披露金融工具能否提高财务信息的相关性问题来看，目前对公允价值应用的实证研究表明：没有充分证据证明公允价值能提高会计信息的相关性。尽管有研究表明，以公允价值披露确实能够提高相关性。例如，Barth（1994）在《公允价值：投资证券和银行市场估值的证据》中发现，投资证券的公允价值信息能够显著增强历史成本模型对股价的解释能力。Barth、Beaver 和 Landsman（1996）在《银行 SFAS107 公允价值披露的价值相关性》中发现，历史成本模型在加入按照 SFAS107 披露的公允价值信息，对股价的解释能力显著增加，对条件限定更严的变量，结果更显著。此外，Eccher 等（1996）、Nelson（1996）、Venkatachalam（1996）也发现同样的结论。但是，对于这些研究，其一，从研究方法来看，现有的实证研究仅证明交易性证券以公允价值披露能够增加相关性，而对于那些需要估价的金融工具，则还没有得到证明。其二，以金融工具披露和以金融工具计量是不一样的，现有的研究只能证明以公允价值披露的信息能够增加相关性，并没有证明需要对金融工具以公允价值计量。例如，对于经理人股票期权是否费用化，有的人认为应该在表内确认，有的人却认为在表外披露就行了。既然公允价值披露能够增加会计信息的相关性，还有必要将其在表内确认吗？此外，以银行为代表的金融机构则对全面公允价值提出了反对意见，认为全面采用公允价值会计并不有助于预测银行的净现金流，且不具有相关性，因为银行账簿的业务收入是随时间赚取的，并非靠价格短期波动获利，而权责发生制能够反映繁多的置换交易，大肆夸大营业收入的做法。其三，财务报表从编制到报出是需要相当长的一段时间，在该段时间内，企业所处的各种环境又发生了很大的变化，可以说，到报出日止，以公允价值确认的公允价值此刻又成了历史成本，对于金融工具来说，谁能保证此刻的历史成本优于最初确认的历史成本呢？特别是对于那些持有至到期的投资，是否有必要完全以公允价值计量呢？

（二）全面公允价值的可靠性分析

全面实行公允价值会计的最大挑战来自于可靠性。不可靠的信息，即使相关性很强，也是没有意义的。对于交易性的金融工具来说，以公允价值来计量金融工具将增加会计信息的可靠性，在这一点上，是毫无疑问的。对金融工具全面实行公允价值的主要难点，在于对那些没有市场标价的金融工具的估值。例如，对于没有市场标价的权益性投资，持有至到期的贷款。对于不存在活跃市场标价的金融工具，目前只能用现金流折现模型，或者运用期权定价模型等方式进行估价。而这需要会计人员的主观判断。在这种情况下，以公允价值计量能否保证会计信息的可靠性遭到相关人士的质疑。从各国学者对公允价值的可靠性来看，并没有相关证据证明以公允价值计量能提高可靠性。

在确定不存在活跃市场标价金融工具的公允价值时，需要会计人员的大量的主观判断。毫无疑问，会计的主观性决定了需要会计判断。如果能充分利用会计人员的主观判断，对提高会计信息的可靠性确实能够起到很好的作用。但问题的另一面是如何防止会计人员滥用会计判断。由于报表使用者看到的是结果，而会计人员进行会计判断的过程，则是一个“黑箱”。会计报表使用人员并无法完全了解会计判断是怎样做出的。相关研究表明，会计判断取决于如图 1 所列的三个因素。

撇开会计交易或事项本身的因素，要充分利用会计人员的判断，其主要影响因素包括会计人员的知识经验、需要动机、相关道德法律、治理机构等。如果在这些方面没有提高，在相关利益与交易的本质发生冲突时，相关会计人员往往会

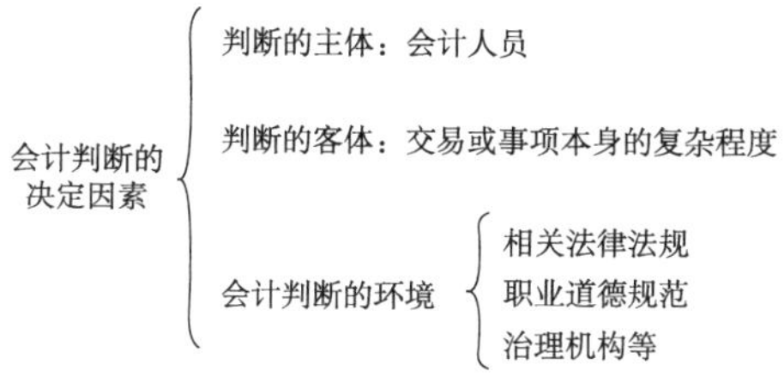

图 1　会计判断的决定因素

选择滥用会计职业判断。以公允价值为计量属性，给会计人员的判断空间更大，特别是在缺乏活跃交易市场、公允价值难于确定的情况更是如此。近年来发生在安然、世通和美国在线等舞弊案也暴露公允价值容易被滥用的倾向。《华尔街日报》2002 年 12 月 23 日刊登的一篇文章披露了美国一些上市公司利用公允价值难于确定的特点，通过名目繁多的置换交易，大量扩大营业收入的做法（如表 1）。

表 1　　　　美国上市公司套换交易

公司名称	套换交易虚增收入（百万美元）	涵盖期间	虚增收入所占比例
CMS 能源公司	5200	2000—2001 年	20%
EnCana 公司	724	2001 年	11%
环球电信公司	1200	2000—2001 年	11%
家庭商店公司	46	2001 年 1—9 月	13%
奎斯特电信公司	950	2000—2001 年	3%
Reliant 资源公司	6390	1999—2001 年	10%
Versatel 电信公司	23	2001 年	9%

资料来源：黄世忠主编，《会计数字游戏：美国十大财务舞整案例剖析》P169，中国财政经济出版社 2003 年版。

同样道理，对于金融工具，尤其是那些不存在活跃市场的金融工具，判断其公允价值需要使用估计技术，包括使用现金流量现值法或各种复杂的估价模型及运用各种参数，这也同样需要会计人员的主观判断。如按照 FASB 的第七号概念公告，以未来现金流量为基础来计算现值，未必能求得真正的公允价值。因为，未来的现金流量是预测性的，此外，很难合理确定折现率（葛家澍，2003）。而运用模型所涉及的参数，会计人员甚至可以“随心所欲”地调整。如果经过公司精心策划，对于如何判断其公允价值，不仅注册会计师没有这种能力，甚至是监管部门在大多数情况下也是如此。

（三）全面公允价值带来的损益波动问题分析

以公允价值计量金融工具，将带来损益的波动加剧。这也是银行等金融机构极力反对的主要原因之一。对银行等金融机构来说，其资产负债表中拥有大量的持有至到期的资产，如贷款，在该资产产生时，其账面价值通常等于公允价值，然而随着时间的推移，市场条件发生了很大的变化（如利率或汇率的上升、下降），其结果是这些资产的公允价值不再等于其账面价值，如果用公允价值计量，将会引起损益的波动。很多学者经过实证研究证实了这一点。例如，Barth、Landsman 和 Whalen 等在《投资证券公允价值会计如何影响盈余波动、监管资本以及合同现金流价值》认为，公允价值信息增加了盈利的波动性。Mengle 在《市场价值会计与银行资产负债表》中认为，市场价值会计对银行资产负债表的现实影响较小，但会对损益表产生显著影响。

如果将公允价值变动地全部计入损益，其影响是：

第一，表现为持有金融工具的企业的利润状况将会出现大幅度波动，而这将会加剧金融市场的波动，带来不良的社会后果。目前我国金融工具价格波动剧烈，这就存在准则的制订是否要考虑经济后果的问题。

第二，将所有的公允价值变动都计入损益，可能会存在不合理之处。如对企业持有至到期的投资，不管在存续期内其经济价值如何变动，该工具在到期日的价值将和名义价值或票面价值相等。由于使用公允价值会计，金融工具在其存续期间引起的损益的变动可能不能提供非常相关的信息，甚至可能误导报表使用人员。

第三，将金融工具公允价值的波动计入损益，带来的另外一个影响是对经营人员的业绩的评价，在很多情况下，金融工具的价格波动并不是公司的管理层所能控制的，在经济景气时，金融工具价格上升带来的损益上升可能并不是因为公司经营人员比别人高明。根据业绩来评价可能会变得主观。

四、结论

通过以上的分析，我们可以看出，对所有的金融工具采用公允价值计量，在目前看来，似乎还遥不可及，如果强行推行全面公允价值，其带来的会计信息相关性的提高方面可能被其他的不利因素抵销。因此，在推进金融工具的公允价值的计量的过程中，加强金融工具披露也许是目前更为稳妥的方法。

博元投资会计舞弊行为及根源探究*

许文静　王君彩　梁　静

2016年3月21日，上海证券交所（以下简称“上交所”）作出了终止珠海市博元投资股份有限公司（以下简称“博元投资”）股票上市的决定。至此，博元投资成为中国证券市场上第一家因重大信息披露违法而被终止上市的公司。回顾退市事件始末，早在2014年6月17日，博元投资就因涉嫌信息披露违法违规，被广东证监局立案调查；2015年3月27日，博元投资因重大违法被证监会移送公安机关；同年3月31日，上交所对博元投资实施了“退市风险警示”的特别处理；5月，上交所宣布暂停其股票上市；2016年3月，博元投资被终止上市。在上述调查核实中，博元投资会计舞弊及违法行为十分严重，2011年至2014年期间，其多次伪造金融票据、虚构重大交易、披露严重虚假的会计报告。在博元投资长达四年的会计舞弊行为背后，其会计舞弊行为发生的根源是什么？企业管理者、相关社会中介机构和政府监管部门在其中发挥了怎样的监督作用？

中小投资者的利益是否得到了相应的保障？对我国现有的资本市场制度带来了哪些冲击？这一系列问题值得探究和解决。

一、博元投资会计舞弊行为分析

（一）博元投资会计舞弊起因分析

博元投资前身为＊ST方源，2010年4月由余蒂妮个人控制的珠海华信泰投资有限公司（以下简称“珠海华信泰”）通过拍卖的方式，获得该公司21.003%股权，成为该公司第一大股东，并于2011年9月将公司更名为“珠海市博元投

＊ 发表于《中国注册会计师》2017年第1期。

资股份有限公司”。珠海华信泰在博元投资股改时曾承诺，将以现金履行及代付股改业绩承诺。2011 年 4 月 29 日，博元投资公告称，已累计收到珠海华信泰支付的股改业绩承诺款 2. 78 亿元，并收到其代付的股改业绩承诺款共计约 1. 60 亿元，两者合计约 4. 38 亿元，至此珠海华信泰承诺已履行完毕。同时公告称因博元投资账户被限制使用，本次股改业绩承诺款项均支付至博元投资全资子公司珠海裕荣华投资有限公司（以下简称“裕荣华”）、珠海信实企业管理咨询有限公司（以下简称“珠海信实”）账户。2014 年 6 月 17 日，因涉嫌信息披露违法违规，广东证监局对博元投资立案调查，调查结果显示上述资金中有 3. 84 亿元并未真实履行，这是引发博元投资在后续的 2011—2014 年会计舞弊行为的直接起因。

（二）博元投资会计舞弊手段分析

为掩盖控股股东珠海华信泰 3. 84 亿元股改承诺资金未真实履行到账的事实，博元投资主要采取了如下会计舞弊手段：

其一，虚构银行交付数据。2011 年，博元投资的全资子公司“裕荣华”财务资料记载了 7 笔银行收付交易，涉及收回公司借款、银行间转账支付、公司的对外付款等，转账交易金额累计达到 15 亿元，最高的单笔交易金额为 3. 9 亿元。但经调查，裕荣华上述 7 笔银行收付交易都没有真实发生。

其二，伪造票据并虚构相关重大交易。2011 年到 2014 年间，博元投资和其子公司“珠海信实”“珠海青禧”以及“天津同杰”等公司分别有几十张应收票据交易往来。经调查核实，上述银行承兑汇票票据号码相一致的票据背书中，均没有记载“珠海信实”“珠海青禧”及“天津同杰”等公司的背书信息。此外，博元投资和相关银行分别提供的票据复印件存在部分票据票面信息或样式不一致等情况。博元投资存在多次伪造银行承兑汇票，虚构用股改业绩承诺资金购买银行承兑汇票、票据置换、贴现、支付预付款等重大交易的事实。

（三）博元投资会计舞弊后果分析

博元投资的会计舞弊行为导致其在对外披露的财务报表数据中严重失实。证监会调查结果显示，博元投资自 2011 年至 2014 年，在所有定期报告中虚增资产、负债、收入和利润，金额巨大。2011 年年报虚增资产 34705 万元（占资产总额的 69%），虚增负债 1223. 84 万元；2012 年年报虚增资产 36455. 83 万元（占资产总额的 62%），虚增负债 876. 26 万元，虚增营业收入和利润 1893. 2 万元（占利润总额的90%)；2013年年报虚增资产37800万元（占资产总额的62%)，虚增营业收入和利润2364.54万元（占利润总额的258%)；2014年半年报虚增营业收入和利润317.4万元（占利润总额的1327%)。

二、博元投资会计舞弊根源探究

（一）会计舞弊动因的四因素理论（“GONE”理论）

在会计舞弊动因理论研究方面，学者们相继提出了冰山理论、三角形理论、四因素理论、舞弊风险因子论和舞弊菱形理论等。其中，舞弊四因素理论流传最广，又称为“GONE”理论，是Bologua等人在舞弊三角形理论的基础上进一步拓展得到。该理论认为，舞弊由G（Greed：贪婪）、O（Opportunity：机会）、N（Need：需要）、E（Exposure：暴露）四因素组成，它们相互作用，密不可分，并共同决定舞弊风险程度。GONE理论实质上表达了会计舞弊产生的四个条件：当舞弊者有贪婪之心，且又十分需要钱财时，只要有机会，并认为事后被发现的概率很小，他就一定会舞弊。其中“贪婪”和“需要”与行为人有关，是从舞弊者自身的角度对舞弊“必要性”的考虑，构成舞弊行为的内因；“机会”和“暴露”则从内、外部环境角度，阐释由于制度机制不完善带来的舞弊机会及对舞弊被发现后果的考虑，构成舞弊行为的外因。下文将主要基于会计舞弊的四因素理论，对博元投资会计舞弊行为的根源进行深入剖析。

（二）博元投资会计舞弊根源分析

1.“贪婪”因素的分析

舞弊四因素理论中的“贪婪”被赋予了更广阔的含义：即道德水平低下。道德是舞弊者的一种心理因素，表现为一种价值判断。舞弊者进行会计舞弊首先是基于其价值判断，对符合其价值判断的行为推动实施，否则予以否定放弃。当舞弊者有不良的道德意识，或道德意识中不良价值判断占了上风，或已为违背良好的道德规范找到了合理的借口，会计舞弊就会成为符合其价值判断的行为。

博元投资会计舞弊案中，其舞弊的根本起因是掩盖其控股股东珠海华信泰3.84亿元股改承诺资金未真实履行到账的事实。其中舞弊行为的参与者并非为单一个体或单一群体，而是涉及一个自上而下的链条：从珠海华信泰及其实际控制人，到博元投资管理当局及其控制的子公司，下至具体实施的财务部门。即会计舞弊中道德问题是普遍存在于各个环节之中的，道德本身在目前的经济社会中很难主动发挥其抑制舞弊行为的作用，成为一个重要诱因。

2. “需要”因素的分析

任何行为都是在需要的诱导下产生的，舞弊行为也不例外。舞弊者进行会计舞弊最普遍和最基本的理由是“需要”，根据行为科学的观点，需要构成行为的动机。动机是会计行为产生的关键，正当的动机产生适当的会计行为，不良的动机在外界刺激下容易产生不正当的会计行为，发生会计舞弊。

博元投资是一家上市公司，对上市公司而言，只有达到监管部门在财务指标上的需要标准，公司才能得到资本市场认可，继续维持其上市资质及获得后续的增发、配股权利。一旦公司财务状况和经营业绩没有达到需要标准，公司控股股东、管理层在业绩压力下，就可能进行舞弊。同时在我国证券市场安排机制作用下，壳资源成为一种稀缺资源，保壳需要是上市公司进行会计舞弊的一个重要动机。珠海华信泰在 2010 年接手了博元投资，博元投资的前身为＊ST 方源，自 2009 年以来公司的主营业务一直处于停顿状态，而且受原＊ST 方源实际控制人影响，债务缠身多年，资产负债率居高不下。此后的数年间，在珠海华信泰的主导下，博元投资接连展开多项资本运作举措，最终均未能开花结果。证监会调查核实，经追溯调整后，2010 年至 2013 年连续 4 个会计年度博元投资的净资产均为负值，即如果没有进行会计舞弊行为，博元投资已达到退市标准。因而，迎合资本市场监管要求、保住上市资质、满足控股股东的意图是博元投资会计舞弊行为的根本需求所在。

3. “机会”因素的分析

机会因子是舞弊行为人自认为不被发现且躲避惩罚的时机。制度经济学认为完善的制度不会给人以可乘之机，然而制度不可避免地存在漏洞，信息不对称、逆向选择和代理成本等增加了制度缺陷的潜在机会，从而降低了舞弊成本，加大了舞弊行为的可能性。舞弊者面临的机会大小和程度取决于所处的内、外部监管约束力的强弱及机会渠道的多寡。内部监管主要来自公司治理结构的完善；外部监管主要涉及社会中介结构、政府部门的监管力度；同时关联交易拓宽了会计舞弊实施的渠道。

对于博元投资来说，其内部公司治理结构早已无法正常运转和发挥应有的监管作用。2015 年 4 月 30 日，博元投资发布的一份董事会、监事会及董事、监事、高级管理人员、财务负责人“无法保真”的财务报告导致资本市场一片哗然。此外，博元投资的会计舞弊行为基本通过其控股全资子公司“裕荣华”“珠海信实”的关联交易实施，极大拓宽了其舞弊的机会渠道。外部审计监管方面，在2011—2013年博元投资连续3年财务数据严重造假期间，担任其审计机构的中兴华会计事务所始终出具了标准无保留意见，外部审计的失灵揭示出审计监管制度存在的严重漏洞，同时也增加了舞弊实施的机会。政府监管方面，2014年6月17日因涉嫌信息披露违法违规，广东证监局对博元投资立案调查，历经10个月的调查后，2015年3月27日，证监会通报博元投资因重大违法被移送公安机关，至此博元投资四年持续会计舞弊的行为水落石出。2016年3月，基于2014年新实施的退市制度，上交所作出终止博元投资上市的决定。

4. “暴露”因素的分析

“暴露”因素包括两部分内容：舞弊行为被发现和披露的概率。对舞弊者惩罚的性质和程度。发现和披露行为的可能性大小，以及惩罚的性质和程度会影响舞弊者作出是否实施会计舞弊行为的判断。暴露因素的作用机制首先在于发现机制，发现和披露是进一步实施惩罚的前提，而惩罚的性质和程度是能否抑制舞弊行为，能否给舞弊者足够威慑力的关键。很明显，如果惩罚空间太小，力度过弱，即使能够发现和披露舞弊行为，但对舞弊者而言也没有约束力，反而会降低舞弊者的成本，助长舞弊行为的发生。

2011—2014年，博元投资已经成为资本市场的“违规专业户”，四年间被证监会发现和披露的违规违法行为累计达到15次。博元投资的违规行为主要涉及违规短线交易、利用内部信息交易、年报信息披露不明、涉嫌虚构交易、伪造金融票据、违规披露等。证监会对博元投资的处罚类型主要涉及向投资者公开致歉、罚款、立案调查、整改通知、问询、监管关注等。但可以看到，由于惩罚的性质和力度过弱，一直没有抑制住博元投资持续的会计舞弊行为。随着证监会调查的逐渐深入，2015年一年中博元投资被证监会披露的违法违规行为累计达到了28次，其中涉及从珠海华信泰手中接盘的新控股自然人股东庄春虹的违规减持行为，从而中小投资者成为博元投资退市前的最终接盘者。

三、博元投资会计舞弊案的相关启示

会计信息的真实性是资本市场有效运转的重要保障，会计舞弊将沉重打击投资者的信心，动摇资本市场的信用基础，给债权人、广大投资者乃至整个社会带来严重的财富损失。下文将在上述 GONE 理论分析的基础上，进一步基于会计舞弊决策机理的视角，提出会计舞弊治理的相关启示。

（一）会计舞弊决策机理分析

从经济学角度来看，任何决策机制都是受利益驱动，同时遵循成本收益原则，会计舞弊决策也不例外。当舞弊收益大于舞弊成本时，潜在舞弊者才会实施舞弊行为。上市公司会计舞弊的预期收益主要是通过虚假陈述财务报告信息，隐瞒信息不对称的监管者、中小投资者等，以达到维持上市资质、配股、增发的权利，或侵占中小投资者的利益，从而满足组织或个人的贪婪需要。会计舞弊的预期成本取决于利用监管制度漏洞的机会实施舞弊暴露后被惩罚的可能性，以及由于惩罚产生的额外损失。因而防治会计舞弊的关键是增大舞弊成本，降低舞弊收益，并使舞弊成本远大于舞弊收益。

（二）会计舞弊治理启示

1. 加大监管和惩罚力度，提高舞弊成本

舞弊成本取决于两个因素：舞弊暴露的概率及惩罚带来的额外损失，提高暴露概率及额外损失会增加舞弊成本。提高暴露概率需要进一步加强监管力度和效果，包括企业内部监管、企业外部的中介机构监管及政府监管。监管力度的加强需要建立相配套的针对监管主体的激励、相互制衡和惩罚机制，而非仅仅依靠监管主体自身的道德因素、执业水平的高低。博元投资会计舞弊案中，企业的内部监管、外部审计监管形同虚设，根本原因在于利益驱动力量过大，相应的监督激励机制、力量制衡及处理问题的惩戒机制不足，从而监管主体抵制、揭示舞弊行为的动力不足，积极性不高。

提高惩罚带来的额外损失需要进一步加强惩罚力度，且惩罚的实现机制要具有可操作性。相比国外会计舞弊案，我国对于会计舞弊行为的惩罚明显偏轻，没有起到应有的威慑作用。在针对博元投资一系列会计舞弊行为的处罚中，最大一笔惩罚是罚款 220 万元，这和舞弊者几个亿的资产造假、几千万的利润虚增无法比拟。同时，虽然基于史上最严的 2014 年退市制度的变革，博元投资最终退出了沪市 A 股，但中小投资者成为造假事件最终的买单者，舞弊行为的始作俑者控股股东却通过股权划转，继而违规减持而脱身跑路。依照我国法律，中小投资者可

以依法进行民事赔偿诉讼，但面对早已被掏空的博元投资，维权道路举步维艰。

2. 完善相关机制，降低舞弊收益

目前我国上市公司会计舞弊的主要动机在于满足监管制度的需要，从而达到保牌、配股、增发的目的。其中保牌是舞弊最基本需要，其根源在于非正常的“壳”资源稀缺价值，这和我国目前证券市场运行机制有关。此外，会计舞弊中侵占中小股东的利益也是舞弊收益的重要来源，其与公司治理机制有关，如何保护中小投资者的利益，平衡公司治理力量，牵制一股独大是解决问题的关键。博元投资会计舞弊案中，舞弊一开始的根本需求是达到监管指标要求，维持其上市资质；但随着后续公司被实施退市风险警示、暂停上市后，其控股股东又以违规减持、抛售股票，侵占中小股东利益为目的。因而完善证券市场相关运行机制、完善公司内部治理机制是减少舞弊收益的重要途径。

第五篇

无形资产与研发投入会计问题研究

无形资产领域的会计研究是王君彩教授近年来，尤其是进入21世纪以来重点研究方向之一。这里收集的论文包括：无形资产会计的几个问题、研究与开发支出处理的会计处理、知识的资产特征与权利保护、上市公司研究与开发信息披露的改进、知识类无形资产的定价缺陷分析、企业无形资产价值增值与价值止损、我国企业研究与开发人员的绩效评价，以及企业研发投入与经营业绩相关性的实证研究等。本篇摘要汇编8篇论文。

关于无形资产会计的几个问题*

王君彩　董利彦

知识经济的重要特征，表现在创造收益权、专营权、进出口许可证、专门技术行为的主要资源不是实物资产而是无形资产。无形资产在经济发展中的作用正变得日益重要，但在传统会计信息中，这些无形资产的价值并未真实地反映出来，例如微软公司1997年的市场价值1400多亿美元，而其资产负债表中的资本总额却不过140多亿美元，竟相差10倍。这充分暴露了传统会计的不足。一位著名会计学家曾说过，“会计的发展是反应性的”。面对知识经济的发展，会计需要及时做出反应，以便能充分、真实、全面地反映企业的财务状况和经营成果，为企业所有者、经营者的决策提供有用的会计信息。本文拟在知识经济条件下，就无形资产的确认范围、计量原则以及无形资产摊销和权益化等问题，谈点粗浅认识。

一、无形资产的确认范围

1. 传统会计对无形资产的确认规定。无形资产是指没有实物形态的，能为企业带来未来收益的非货币性经济资源。无形资产的这种特性，对传统会计的稳健原则构成挑战。在传统会计中，无形资产的确认范围是有限的。我国具体会计准则（讨论稿）中对企业无形资产的确认规定为：第一，该项目在促成企业获得经济利益方面的作用，以及发挥这种作用的能力能够被证实；第二，取得的成本能够可靠地计量。据此标准，我国传统会计中的无形资产只有专利权、商标权、非专利技术、著作权、土地使用权、特许使用权或专营和外购商誉等几项。

2. 无形资产存在的形式。无形资产一般可以划分为两大类，一是权力型无形

---

* 本文发表于《冶金财会》2000年第7期。

资产，包括土地使用权、矿产开发权、租赁权、特许经营可证、优惠融资条件等；二是知识型无形资产，包括专利、非专利技术、著作权、商业秘密、技术秘密等，与此有关的还有商誉、产品品牌、服务品牌、企业品牌。此外，管理水平、代理销售关系、原材料供应关系、市场占有率等也都属于无形资产，因为它们都在企业获取收益中起着作用。随着知识经济时代的到来，无形资产不仅占企业资产的比例越来越大，而且内容也日益增加。但其中的多数却因不符合会计准则中无形资产确认标准，而被排斥在资产负债表之外。

3. 无形资产应确认的范围。企业的无形资产有三个来源渠道，即接受投资、购买和自创。对于前两种渠道取得的无形资产，传统会计给予确认。对自创的无形资产，只有少数经过法律程序才给予确认。这种做法在无形资产较少的工业经济时代，对会计信息的质量也许不会造成太大的影响，但在知识经济的今天，这种做法却有违会计基本原则的以下要求：（1）相关性原则的要求。相关性原则又称有用性原则，是指会计信息要同经济决策相联系，要求为有关人士的决策提供充分的会计信息。现在，企业中无形资产所占比重越来越大，正左右企业未来盈利能力。上述被忽略、被排除的无形资产，往往就是有关人士进行决策的关键信息，有可能对企业未来盈利能力产生重要影响。不全部核算无形资产的价值，会计信息就会与实际不符，误导决策，这是违反相关性原则要求的。（2）重要性原则的要求。重要性原则是指会计全面核算企业经营状况时，对影响经营决策的重要业务或事项要单独核算。在知识经济中，知识更新快，市场变化快，企业为求得生存与发展，需要不断进行技术创新、管理创新。在同等技术条件下，管理水平对企业在竞争中取胜具有举足轻重的作用。所以，对创新事项的核算，首先是要对创新中产生的诸如非专利技术、商业秘密、管理水平等无形资产进行确认，才符合重要性原则的要求。（3）充分披露原则的要求。无论是外购无形资产还是自创无形资产，它们都是能为企业带来未来收益的资源。为了使有用的会计信息得到充分披露，全部有望实现未来经济利益的信息，都应该传递给信息使用者。所以，按此原则也要求确认全部无形资产。

二、无形资产的计量原则

在知识经济时代，由于无形资产范围的扩张，无形资产种类日益增加，客观上要求突破无形资产计量历史成本原则，实现无形资产计量原则的多元化。

1. 历史成本原则对自创无形资产计量的局限性。传统会计对外购和接受投资而取得的无形资产的计量比较合理。但是，历史成本原则对自创无形资产的计量，却有以下不可避免的局限性：（1）成本的不完整性。从理论上讲，按历史成本原则自创无形资产的成本，应包括从研究开发至获得成果的整个过程发生的全部费用。但在实际会计操作中，研究开发一项无形资产需要很长时间，成功率也很低，企业出于稳健性原则考虑，对所发生的研究开发费用作为期间费用计入当期损益，而不予以资本化。这样，无形资产的价值只是在依法取得时所发生的费用。如企业取得的专利权按历史成本原则计量，其价值只包括取得专利时支付的注册费和聘请律师费，而不包括研究开发此项专利时发生的费用支出。其会计价值不是它的全部历史成本，很不完整。（2）成本的弱对应性。在很多情况下，企业的几项无形资产可能是一并开发出来的，如企业品牌、商誉、市场占有率，它们可能是企业采取正确的广告策略，花费大量广告费用产生的共同结果。在分配联合成本时，很难确定各自应承担的份额，与其真实的成本对应性不强。

由于上述的不完整性和弱对应性，使得按历史成本计量的自创无形资产的价值只是象征性的，并没有实际解释意义。而且对于诸如管理水平、购销关系等无形资产，由于其形成过程的非显性，历史成本原则对其就更加无能为力。所以，对于企业自创的无形资产，历史成本原则是不适用的。

2. 知识经济要求无形资产计量多元化。在知识经济条件下，企业为在竞争中取胜，必须不断进行技术、管理等方面的创新。企业自创的无形资产会越来越多，起的作用越来越大，而历史成本原则又不能计量自创无形资产，为此要找到另一种计量原则来计量，以便与外购无形资产具有相同的价值解释意义。对自创无形资产可以采取“视同销售”方式计量，即如市场上存在与自创无形资产相同或相似的无形资产，则以市场价值计价；如缺乏上述参照坐标，则按预期能产生的未来现金流量，以适当的折现率贴现计算的现值确定。为减少主观因素，这种“视同销售”中的计价，应由独立的资产评估机构实施。

三、无形资产的摊销

无形资产的摊销，是指将无形资产的价值逐步地转移到受益期中产品的成本中去。由于无形资产与将来的经济利益之间不存在肯定、明确的关系，传统会计一般采用直线法对入账的无形资产在一定期限内等额摊销。

1. 缩短知识型资产的摊销期。在知识经济时代，知识更新快，市场变化快，技术创新成为企业竞争的焦点，技术更新的周期愈来愈短。据有关资料统计，20世纪40年代以前，一般产品的经济寿命平均为30年，20世纪80年代缩短到5年左右，而在20世纪90年代末期，流行的则是摩尔定律——技术18个月更新一次，体积缩小一半，价格下降50%。伴随新旧技术的快速更换，物化于产品中的落后技术与高新技术相比，带来的经济收益迅速下降，与这种技术对应的无形资产的价值也在很短期限内贬值。所以，在知识经济时代，总的趋势是要求缩短知识型无形资产的摊销期，采用加速摊销的方式。这是出于稳健性原则的要求，不宜在账面上保留过大的递延资产，以避免加大未来的经营风险。

2. 合理预期摊销期限。由于知识经济时代无形资产的种类繁多，性质各异，并不是所有无形资产价值的减损均与知识更新的速度有必然的关系，而且摊销期弹性很大，不能强求一致。例如商标权、市场占有率、商誉等，它们的经济寿命可能会很长。所以，应视无形资产创造收益的能力变动趋势，合理预期摊销期限并采用适当的摊销方式进行摊销。

四、无形资产的权益化

1. 无形资产权益化正在成为现实，贯彻科教兴国战略，我国采取“允许和鼓励以资本、技术等生产要素参与收益分配”政策。目前，资本入股已很普遍，相比之下，技术入股要滞后一些。但随着全球知识经济的推进，尤其在知识带来巨大收益之后，人们对知识的认识也正发生深刻变化，并在现实经济活动中显现出来，无形资产权益化也逐步进入我国经济生活。例如，在1999年进行的科研事业单位改制为企业过程中，就允许拥有高新技术等知识型无形资产的人拥有股份，而且有的甚至拥有30%。上海市工商局不久前还做出规定，“允许具有管理才能、技术特长的个人，可以此作为投资拥有企业股份”。在知识经济时代，拥有知识成果、管理才能等无形资产的人也应拥有权益，分享收益。而且，随着知识经济的发展，这种以无形资产获得权益、分享收益之经济事项会日益普遍。作为经济利益鉴证人和协调者的会计，对权益化的无形资产进行正确会计处理已十分必要。

2. 权益化无形资产的特点。与传统会计不同，这种无形资产有三个特点。第一，不可分性。这是指这种权益化的无形资产中的知识与拥有知识的人不可分，权益化无形资产中的知识与人只有同时为企业所拥有，才能为企业带来未来收益，两者共同构成权益资本。第二，时效性。在知识经济时代，知识更新非常快，一项价值很高的知识成果，很快就会被更先进的成果所取代，而不能带来超额收益，这时权益资本就会贬值。第三，再生性。知识经济时代虽然知识更新很快，但作为权益资本核心的人是具有再生能力的。在条件适当情况下，会及时更新知识，再创成果，这时权益资本甚至会增值。

3. 传统会计核算要进行调整，才能全面正确地进行反映，由于权益资本中的人与知识不可分的特点，会计上可采用“双轨制”。即一方面按传统会计核算方法，对支付给权益资本者的工资、资金等与正常职工的工资、奖金一样，作为期间费用处理；另一方面，要对权益资本拥有的股份进行专门核算，通常包括取得股份、期末分享收益、定期进行价值评估及对权益资本再投资等经济事项进行会计核算。在取得股份时，按权益资本 = 除权益资本外企业资本 × A%/（1 − A%）（其中，A% 是权益资本拥有企业的股份比例）来计算确认权益资本价值，同时确认无形资产——权益资本。期末若企业盈利，进行利益分配，若企业亏损则不分配利润。由于权益资本的时效性强，为真实反映其价值，要定期进行价值评估，评估结果有两种情况，即评估增值和评估减值。评估增值时，列入“资本公积——权益资本增值”；评估减值时，应先冲减“资本公积——权益资本增值”，不足部分，列入“营业外支出——权益资本减值”。企业对权益资本再投资时要视期限长短，作为递延资产或待摊费用处理。

会计是应经济的要求产生的，也随经济的发展而发展，但对无形资产会计中许多问题如何解决，有待进一步深入探讨。

论研究与开发支出的会计处理*

王君彩　王淑芳

在当前市场开放、竞争激烈的经济体系中，研究与开发（Research and Development，R&D）作为提高经济效率和竞争能力、扩大市场空间和销售数额的有效手段，受到各国企业特别是大中型企业的普遍重视。然而，由于研究与开发在不同阶段具有一系列的特殊性质，这些特性导致了会计界在研究与开发支出的确认、计量和处理上，出现了相当激烈的争论和不同的处理意见，进而影响了企业的研究与开发活动和政府部门的税收政策。本文主要根据研究与开发的特性和变化规律，提出对研究与开发支出应有条件地进行资本化的会计处理。

一、研究与开发支出处理的几种观点

研究与开发支出是指发生在研究与开发活动中的各种人力、财力和物力耗费。按照我国国家统计局的定义，研究与开发支出指报告期内用于研究与试验开发课题活动（基础研究、应用研究、试验开发）的全部实际支出，包括用于研究与开发课题活动的直接支出，以及间接用于研究与开发的一切支出。研究与开发支出一般被认为由以下几部分组成：（1）在研究与开发活动中消耗的材料和劳务费支出。（2）直接从事研究与开发活动的人员的薪金、工资和其他与雇员有关的成本。（3）外部购入无形资产的成本。购入无形资产的成本通常先资本化，然后摊销，如专利权和特许权的摊销。（4）合理分配的间接费用，即与研究开发活动明显有关，并可依合理和一致的基础分摊的间接费用，如固定资产折旧，专利权、执照费、保险费和租金的分摊。必须指出的是，研究与开发支出并不包括对目前已有产品和制造工艺的定期改进、市场调查与研究等企业的日常工作的

* 本文发表于《中央财经大学学报》2000 年第 9 期。

支出。

如何认识和处理研究与开发支出，会计界对此大致有以下几种观点：

1. 费用化方法。即将研究与开发支出在发生的当期全部予以摊销。该种方法的理论依据是：研究与开发活动的未来收益具有很大的不确定性，将其支出在发生的当期全部予以摊销更符合可靠性和稳健性的原则；研究与开发支出不符合会计中的资产概念；研究与开发费用具有弱对应性的特征，无法将形成的无形资产的成本准确地一一对应，归类计量。

2. 资本化的方法。即将全部研究与开发费用予以资本化，并将其在以后的收益期予以摊销。该方法的理论依据是：研究与开发活动的目的是希望在未来的时期而不是本期获得收益，根据收入与费用相配比的原则，研究与开放支出应予以资本化并在有效期间进行摊销。

3. 有条件的资本化。即确定若干项条件，符合条件的研究与开发支出予以资本化，其他的支出则在发生的当期摊销。这里所谓的条件是指能证实产品或工艺在技术上和商业上是可行的；企业有意完成并有足够的能力将其在市场上销售等。1998 年 1 月在伦敦召开的国际会计准则委员会（LASC）理事会上，与会的多数国家赞成有条件的资本化的方法。

二、研究与开发的特性

1. 不确定性。不确定性是指因信息不充分、不对称而造成的经济预测、决策和决策执行等经济行为的低效率状态，它分为风险性以及完全不确定性两类。不确定性在研究与开发中表现得特别明显：（1）企业的研究与开发项目中，有多少项目、多少支出没有白费，而最终形成了成果？这可以称为研究与开发支出的不确定性；（2）进而，研究与开发成果，能否改进生产方法或技术工艺、生产新产品、开辟新市场、发现和掌握原材料的新来源、实行新的经济组织形式，即转化为熊彼特所说的创新，这可以称为技术的不确定性；（3）再进一步，研究与开发成果对企业未来的成本降低、利润增长、市场扩张等能够起到多大数量、多少时间和空间的作用，因为有些研究与开发成果可能只改变企业的生产函数，但并没有改变企业的成本和收益水平，这可以称为商业或市场的不确定性。

2. 弱对应性。它是指许多研究与开发项目是相互混合、相辅相成的，一个项目的研究与开发活动往往和其他项目同时、重复、交叉、混合进行，一个项目目前的失败可能为其后续研究的成功创造条件，也可能为其他项目的成功提供机会，很难区分各个研究与开发项目的成本，也很难判断哪些项目取得成功，哪些失败，这就使得研究与开发活动过程中形成的无形资产的成本和收益很难准确地一一对应、归类计量，企业往往只好根据过去的数据或经验进行推断。当然，对应性在基础研究阶段最低，应用研究阶段次之，开发阶段最高。

3. 外部性。企业研究与开发的外部性（社会性）是指任何研究与开发项目的整个收益不可能为企业所独有，不能全部转化为企业的内部效益，研究与开发成果往往为社会上其他企业无偿分享，外部性在基础研究上表现得特别突出。外部性不仅削弱了研究与开发项目带给企业的技术和经济优势，而且削弱了企业的研究与开发动力。

4. 时滞性。一项研究与开发从提出到商业应用常常要花费很多年时间，有些甚至长期不能进行商业应用。

5. 支出数额大。企业为研究与开发活动必须投入大量的人力、物力、财力，一些高新技术的研究的花费可能数以亿计。

6. 投资性。企业进行研究与开发活动的最终目的是为了创造和增加智力资产即无形资产，在未来为企业带来经济收益。

三、研究与开发支出的会计处理

正是由于研究与开发活动具有的这些特点，致使对研究与开发支出的会计处理的主流观点是简单地将其全部支出费用化。如果从静态的角度看，将研究与开发活动的支出全部费用化的观点确实很有道理。但是研究与开发活动是一个复杂和变化的过程，我们应该具体、动态地分析其支出、技术、商业应用的特征。当一个项目从基础研究经应用研究到开发研究，其不确定性、弱对应性、外部性、时滞性是递减的，进入开发阶段后，时滞缩短，确定性、对应性、内部性递增，企业在特定的研究与开发项目上的相关资源投入和费用水平不断增加，企业从研究与开发中获得的技术、产品、市场收益和竞争优势也不断增加。

通过对研究与开发活动特性及其变化规律的探讨，我们可以得出这样的结论：研究与开发支出不能全部作为费用来处理，研究与开发的成果往往构成、扩大、优化了企业的资本；将研究与开发费用全部费用化和全部资本化都是武断的，而有条件的资本化是合乎研究与开发的特性和变化规律的。

在研究与开发活动的前期即基础性和应用性研究阶段，由于难以预测研究项目在多大程度上、在什么方向上能够获得成功，研究所可能带来的未来收益具有高度不确定性，此时的研究支出不符合无形资产确定的条件：未来经济利益的可流入性。又由于研究具有弱对应性，这使该阶段所形成资产的也无法准确地归类和可靠地计量。因此，研究阶段的支出应在发生时确认为费用，而不应予以资本化。

当研究与开发活动由前期的研究探索阶段转入后期的开发应用阶段，研究与开发上的弱对应性、不确定性和时滞性就开始递减，开发项目常常具有了技术上和商业上的可行性。在此阶段，当开发活动具备以下条件时，开发支出应予以资本化；（1）完成的无形资产在技术上是可行的；（2）有意完成该无形资产并有能力使用或销售它；（3）该无形资产可以在未来产生经济效益；（4）为完成该无形资产的开发，并使用和销售该无形资产，企业有足够的技术、财务资源和其他资源的支持；（5）对归属于该无形资产开发阶段的支出，可以准确地归类和可靠地计量。

如果企业不能准确地区分创造无形资产的内部项目的研究阶段和开发阶段，那么按稳健原则，将整个项目支出视同研究阶段的支出，全部费用化。

四、对我国研究与开发支出的会计处理建议

对研究与开发支出的会计处理，我国一直采用费用化的方法。不过，这种方法存在以下值得讨论的地方：

1. 如前所述，全部费用化方法不完全符合研究与开发的特性和变化规律，应根据具体情况，分别进行会计处理。

2. 与国际会计惯例脱轨。1999 年 7 月 1 日生效的《国际会计准则第 38 号—无形资产》虽然替代了《国际会计准则第 9 号—研究与开发活动的会计》，但对研究与开发支出有条件资本化的观点没有改变，这说明这一观点为世界上多数国家所接受。我国目前面临着市场经济不发达、会计职业水平较低等问题，向国际惯例靠拢一直是我国会计改革坚定不移的目标。如果一味地强调处理方法的简单

划一和可操作性，而忽视会计改革的方向，无疑是本末倒置、敷衍塞责的做法。除此之外，全部费用化方法对政府所得税收入、企业形象和推进研究与开发等也有一定的影响。首先，这将直接减少政府的所得税收入。就某一研究与开发项目的支出而言，全部费用化与先资本化后摊销的方法对单一税率的企业所得税的影响是一样的；但货币有时间价值，政府后期多实现的税款收入必然小于先期减少的税款收入。其次，全部费用化的方法因将研究与开发支出一次记入企业损益表，会较大地减少企业当期的净收益，降低上市公司的每股收益，从而影响公司的市场形象。再者，全部费用化方法对企业的研究与开发有一定的影响。虽然全部费用化方法可以减轻企业的所得税负担，使一些企业投入更多的资金用于研究与开发，但当企业需要保持较好的市场优势及效益时，费用化的处理方法也会使企业削减研究开发支出，让账面收益显得好看一些。

根据以上分析，对我国研究与开发费用的会计处理，我们提出如下建议：

1. 在制定无形资产具体会计准则时，应准确界定研究与开发的含义。这方面似可借鉴美国 FASB 和国际会计准则中的做法，具体规定哪些属于研究，哪些属于开发，二者之间有何联系，并在此基础上明确研究与开发支出的具体内容，以提高会计处理上的可操作性。

2. 根据研究与开发活动的特性及其变化规律，具体规定研究与开发支出资本化的必要条件。这一必要条件的核心内容是：研究与开发项目的技术和商业可行性均已得到论证；研究与开发项目可望在未来给企业带来经济效益；对形成无形资产的支出可以准确地归类和可靠地计量。对不符合资本化条件的研究与开发支出应在发生的当期全部计入损益表。

3. 对不符合资本化条件的研究与开发支出，应单列费用项目（如“研究与开发费用”），并在损益表中单独披露，不应将其计入管理费用。一方面，报表使用者可以更准确地了解企业在研究与开发上的投入；另一方面，管理费用是指“企业行政管理部门为组织和管理企业生产经营所发生的费用”，这与“研究与开发费用”的涵义也相去甚远。

4. 对资本化的研究与开发支出应在可望获益的未来期间进行系统摊销。这里涉及两个问题：一是摊销期限。对有法定使用年限的无形资产，其摊销期不应超过法定年限。对没有法定使用年限的无形资产，其摊销期应由会计准则制定机构具体规定。对一些时效性较强的无形资产，如计算机软件，应规定较短的摊销年限。对一些使用寿命无法预计的无形资产，应规定一个最长摊销期。二是摊销方法。一般可采用直线法。对一些更新较快、容易贬值的无形资产，可以采用加速摊销法；对确定为不能再取得未来收益或无服务潜力的无形资产，应在最短期限内摊完，必要时也可一次性销减。

5. 在会计报表附注中披露研究与开发支出的相关内容，如：本期确认为资产的研究与开发支出；使用的摊销方法、摊销年限、本期摊销额；本期确认为费用的研究与开发支出。

知识的资产特征与权利保护*

王君彩　王淑芳

借助知识产权制度，人类独创性、新颖性的知识成果在现代社会已经成为资产（财产）的构成形式，其产权已经受到法律的确认和保护，不过，一个看似浅显的问题是：创新性的知识为什么要成为资产？知识资产的特征是什么？如何界定知识资产的权利？如何进行知识资产的会计处理？本文试图对这些问题从经济学及会计学的角度进行分析。

一、创新性的私人知识：经济学视野中知识的含义

资产是人类进行社会经济活动的物质基础，对资产性质及其权利的分析已经成为解释经济发展的重要方法。资产的基本特征是其有用性和稀缺性；此外，某些资产还具有专用性、不可分性；私人财产还具有使用上的竞争性和排他性；对资产的占有和使用可以提高或改进资源的配置效率。

那么，知识是否满足有用和稀缺的资产特征？按照《中国大百科全书·哲学》的解释，知识是人类的认识成果，是对客观实际的反映。从广义的角度看，人类面对和拥有着巨量的知识，许多知识可以通过多种方式，自由、公开、免费或低成本地获得和使用，而且这种获得几乎不会影响个人的经济行为。然而并不是所有知识都如此，很多知识的形成与取得却要花费人类巨大的劳动，或简单或复杂。实际上，如果所有的知识均可以不付出成本就获得，缺乏一定的激励和保护机制，人类就不可能创造出越来越多的知识，也就不需要建立花费大量的交易和管理成本的产权制度。因此，经济学家并不是不分青红皂白地研究广义的知识，而是选择了一种特殊的角度，分析那些具有独创新颖性且能够直接或间接影

---

* 本文发表于《中央财经大学学报》2002 年第 12 期。

响经济活动的知识，即人的创新性知识或智力成果，这种知识主要属于私人知识，这种知识也正是本文分析的对象。

创新性的私人知识作为人类的智力成果，正体现了资产的有用性和稀缺性的特征。一方面，创新性知识能够直接或间接地影响人的经济活动，改进资源配置效率，熊彼特由此提出了以创新为核心概念的经济发展理论，罗默、卢卡斯等人的新增长理论也充分证明了知识在经济增长中的巨大作用。在高新技术行业，许多企业资产总额中的知识资产比例已经超过了有形资产。另一方面，人类在漫长的历史中积累了巨量的知识，但创新性的知识成果相对于人类的需求还是稀缺不足的。创新性的知识一般属于私人信息、不完全信息、不对称信息。

知识的占有和使用是否提高了经济效率？从目的上看，人类之所以占有、使用、处分资产，是为了获得最大化的收益：首先是为了尽可能高效率地配置和使用这种资产，用尽可能少的投入生产出尽可能多的产品和服务；进而尽可能高效率地占有、分配和消费这种收益，用尽可能少的收入获得尽可能多的满足或福利，即达到经济学上的瓦尔拉一般均衡与帕累托最优效率和会计学上的最小成本最大收益。

如果要有效解释现代经济的持续性、显著性、全面性增长，就至少要解决两个问题：一是从观念或基本假设上确定技术进步是内生的，技术进步是知识积累（如科学技术创新、新的物质资本或人力资本的形成）的结果，而知识积累应该通过企业和家庭的理性选择来实现，并由经济增长本身来说明；二是要把技术进步内生化，关键的问题是要突破主流经济学长期以来对生产函数规模报酬不变、单个生产要素边际报酬递减的假设，但生产函数规模报酬递增就会带来企业规模越来越大、从而可能导致垄断的问题，这与新古典经济学的完全竞争、市场均衡理论相矛盾。因此，新的经济增长理论还必须引进“外部性”的概念。对于某个企业而言，尽管其知识和技术投资的私人收益和社会收益存在着差异，但对于整个社会而言，外部经济正是知识和技术进步的显著特征。根据新经济增长理论，应将技术进步、人力资本等作为经济增长的内在因素纳入理论模型，并将这些因素给予充分估算，这是经济增长理论的一大发展。

从实践中看，到20世纪90年代，一系列的统计资料表明，知识和信息对美国经济增长的贡献率开始超过50%，技术对不同行业经济增长的贡献率上升到40%—70%。1996年，美国核心版权业的出口额达601亿美元，在历史上首次超过了农业、汽车制造业及飞机制造业的出口额，成为美国出口额最大的产业。

可见，由于创新性的知识属于有用、稀缺并能够提高经济效率的人类智力活动成果，故有必要对这些创新性的知识或信息设置一定的所有权或产权制度，赋予个人或组织对其在科学、技术、文学艺术等领域里创造的精神或智力成果享有一定的权利，这种权利就是现代社会中的知识产权。

二、知识的资产特征：知识资产化的依据

知识具有资产的有用性和稀缺性特征，作为一种不同于其他资产的资产形式，它还具有创新性、外部性、信息不对称性等特征，也正因为如此，应将知识资产化。

在创新性上，知识资产的价值在于它的新颖、创造性，是对已有的公开、公共知识的创造和发展。与已有的公共知识相比，只有创新性的知识才是稀缺的有用的知识，而且只有创新的知识才需要投入一定的人力物力，才能够明显地影响经济活动，带来一定的经济收益；知识的所有者才能够要求确认和保护其产权，社会也应赋予其一定的权利。知识一旦成为公共知识，就会自动丧失其权利的存在基础；在使用上，知识资产由于其独创、新颖的特点，只要产权所有者不转让其使用权，产权的排他性就意味着其知识资产以及这种资产所形成或凝结的物品在社会或市场上具有独占即垄断的特点。因而，知识产权与特许权、政府专营（国营）权等同被视为行政性垄断。

有用性是指知识资产能够被制造、复制、使用，能够产生经济收益。创造和购入知识资产主要是基于投资和营利的目的。比如，对于专利权，有用性就有以下判断基准：一是再现性，即所属技术领域的技术人员可以根据公开的技术内容，重复实施该技术方案，实施的结果是相同的；二是可实施性，即所属技术领域的技术人员可以将该技术方案在产业中加以利用和实现；三是有益性，即该技术方案的实施可以产生对人类社会有益、积极的效果，主要是指经济收益。

在外部性上，知识资产具有典型的经济学上的外部性（externalities，即外部效应），包括外部经济与外部不经济（external economies，external diseconomies）两个方面的特征。外部性是指经济活动中的私人成本与社会成本之间的不对等现象，这一现象也是理解知识资产的关键因素。知识资产是人类智力的成果，其本质是人的一种精神产物，但它又必须借助一定的物质载体形式才能被社会所认

识、评价、交换和使用。知识资产的这一精神性、无形性直接导致了其外部性。具体来说，私人的智力成果如果要得到社会的承认和保护，就必须通过社会公共部门（一般为政府的知识产权管理机构）的确认、登记和公告，如专利在初审时公开，商标作为企业和产地的信息必须公开，著作也必须以有形形式公开，这就使得原本私人的、秘密的知识变为半公开或公开的知识，并以相对低廉的成本被广泛了解和传播，知识资产有了一定的公共性或所谓的易逝性（fugitive property），公众就可以共享这些新知识，不付或少付费用而学习和模仿，甚至把某些新知识用于社会经济活动以获取收益。

外部性使得知识资产在使用或消费上具有公共资产或公共物品（public goods）的部分特征。私人资产或私人物品在消费或使用上具有竞争性和排他性，而知识资产的特性决定了它只具有部分的竞争性和排他性。知识资产的部分竞争性体现在知识可以共享而并不减少其知识的价值和经济的价值；部分排他性体现在知识如技术或商业秘密很难被私人完全保密和独自地使用，同时知识所有者一旦获得产权就必须放弃或部分放弃知识的私人秘密性。这样，知识产权即使属于私人产权，也很难完全竞争性和排他性地被实际生产、提供和使用，从而容易出现外部效应。

收益的风险性和不确定性是知识资产的又一个重要特性。这一特征与知识资产的外部性和信息不对称性是密切相关的。在大多数情况下，知识资产能够给企业带来价值的区间可能分布在零和很大的金额之间。有些知识资产可能与某一产品的开发制造有关，有些知识资产可能与该产品需求的拓展和维持有关。前者主要有专利权和著作权等，后者主要有商标权和商号等，两者兼而有之的是商誉。然而，所有这些代表未来利益的知识资产的价值都具有高度的风险性和不确定性，难以与特定的收入或确定的期间相联系。

三、知识资产的权利界定

知识资产具有独特的属性，因此在知识资产的权利界定和保护上，历来存在着不同的意见。第一种观点认为专利权等知识产权有利无害，如19世纪的J. 边沁、J. M. 穆勒就持有这种观点，而今天的许多学者也认为专利制度保障了私人产权，可以激励发明创造。第二种观点则截然相反，坚持专利权有害无益，这以当代经济学家巴泽尔（Y. Brazel）和阿罗为代表，如巴泽尔认为专利制度会导致众人为争夺专利权而重复研究，阿罗认为知识资产是公共物品，其边际成本为零，而将知识资产私有化会增加边际成本，从而减少发明的使用和推广。第三种是专利权中性的观点，认为专利权对发明数量的增长毫无帮助，如20世纪初的陶西格（F. Taussig）和A. 庇古就认为发明是自发行为，专利制度与发明数量的增长没有关系。

上述各不相同的观点恰恰说明了知识资产的独特性质。据史料记载，大发明家爱迪生一概不理会无利可图的发明，认为有市场价值的发明才大量投资，并日夜催促下属工作；他从不捐款；如果认为他人侵犯了他的发明，就诉诸法律，为打官司不惜花费巨额金钱。显然，知识资产的外部性特征，尽管为知识资产的公共使用提供了一定的依据，但在市场经济之光的普照下，人们的行为或多或少都带有经济利益的考虑，经济人应该是描述人的行为模式的普遍假设。确立一种投入与产出之间正相关的，既能够有效激励个体的创新行为和保护其经济利益又能够促进社会经济进步的经济机制，以及能对侵犯知识产权的行为进行惩罚和救济的法律制度，应该是界定和保护知识产权的目标约束条件。

私人收益率的规范研究就是确立知识资产权利的一种重要方法。既然创新性的知识资产是一种稀缺性资源，那么就应当在知识资产制度上建立一种投入与产出或努力与报酬之间的清晰有效的经济关系。由此不少学者已提出了多种不同的理论基础，包括：（1）报酬论，创造者应该得到其努力的回报；（2）奖励论，创造者因其创造性劳动应该得到社会的奖励；（3）激励论，保护知识资产的创造者的利益可以从制度上激励未来的创造性活动；（4）扩大公共知识论，保护知识资产的私有权可以鼓励其他人的知识创造活动，在一定时期后这些知识资产根据法律就成为了公共物品，这就为增加社会的知识存量并为以后的知识增长创造了条件；（5）降低风险论，由于研究开发智力成果具有风险性，因此开发者希望通过制度上的支持，以确立其智力成果的私有产权，保障收回其研究开发的成本；（6）促进经济增长或公共利益论。

实践中的知识产权制度往往是对上述理论的折中应用：首先保证知识资产所有者的权益，同时促进经济增长和公共利益。一方面，在所有者的权益方面，法律应当确定以私有和行政垄断为内涵的知识资产的独占权——所有者对其知识资产的唯一占有权或独占权。知识资产独占权或者是自动产生的，如著作权和商业秘密；或者是登记、审查产生的，如专利权和商标权。独占权可以依法通过谈判、继承、有偿或无偿等方式进行转让和分享，所有者从中可以获得收益。独占权可以通过国际性的管理和协调而在全世界范围内受到保护。在所有者权益的保护中，如何处理产权受到的侵犯或干扰是一个重要问题。按照法律的一般原则，如果被告侵犯或损害了原告的财产利益，那么被告就有责任向原告支付赔偿金；如果被告无法支付赔偿金，那么被告的财产就可能被没收、被公开拍卖以筹集用于赔偿的金额。这就是法律赔偿（legal relief），或损害赔偿原则。另一种赔偿被称为平衡赔偿（equitable relief），即通过某种手段将被告的行为限制在所要求的范围内，或者使被告的行为尽量符合原告的要求。该赔偿通常以禁令的方式阻止被告做某件会有损于原告的事情。这两种赔偿方式有着显著的区别：法律赔偿是被动的或消极的赔偿，因为它要求被告对原告已造成的损失进行赔偿；平衡赔偿则属于主动或积极的赔偿，因为它试图阻止被告在未来某个时间侵犯原告的利益。从现实上看，解决争端的可能方法和原则不外乎：谈判交易的合作方法或诉讼处理的不合作方法，按法律赔偿或平衡赔偿的原则进行赔偿。至于采取何种方法和原则，则要具体问题具体分析。

知识资产具有创新性、外部性、时效性等不同于有形资产的特征，这也加大了知识资产的权利确认和界定的难度，如对专利权的审查和确认时间过长、程序烦琐，大大降低了知识资产的应用和转让。对此，各国近期纷纷改革知识资产制度，简化知识产权的确认和登记程序，如我国1999年12月修订的《公司法》和2000年12月通过的《中关村科技园区条例》，在2001年12月加入世界贸易组织前后对知识产权法的修订和对知识资产所有权的规定，都强化了知识资产的保护，提高了知识资产在企业注册资本中的比例。近年来，知识产权制度还受到了新的挑战，其中发达国家与落后国家之间的知识产权保护，以及经济信息化、全球化与知识产权保护问题日见突出。由于知识产权具有经济技术上的垄断性，在一定程度上会阻碍甚至扼杀经济进步和技术传播；同时，知识资产又具有公共物品的某些特征，因此出于促进经济增长和提高社会公共利益的考虑，各国政府都对知识产权作出种种限制，典型的限制就是规定有期限的独占权，如专利权的有效期限一般在10年左右，商标权的有效期限在5年左右；政府或社会由于公共利益的需要，可以依法实施知识产权的强制许可使用；某些知识不授予产权，如政府提供的公共信息、科学发现等。

知识资产的会计处理是指知识资产的确认、计价、摊销和报表披露的方法和过程。按照传统的资产定义，资产的确认和处理一般要具有可辨认性、可控制性、可计量性、可带来预期收益等几个条件。可辨认性指交易中的资产或资产的收益可以单独辨认，自创的知识资产的可辨认性较差；可控制性指对资产的控制随着产权的转移而明确，无形、外部性的知识资产的可控制性较差；可计量性指可辨认、控制的被确认的资产能够可靠地计量，且可靠计量的主要依据是历史成本，但知识资产可依据的历史成本范围过窄、数据失真，知识资产的成本和价值处于不断变化之中。这就要求对知识资产的会计处理进行创新。由于对于非自创知识资产，在计价和摊销之前，要进行知识资产的价值评估，故广义上的知识资产会计处理也包括价值评估。而如何确认、评估、计价和摊销知识资产将有待于会计理论和实务界的进一步研究。

上市公司研究与开发信息披露的改进*

王君彩　王淑芳

技术进步是现代经济持续增长的一个决定性因素，企业在研究与开发（简称“研发”）方面的大量投入是推动国家技术进步与经济增长的主要动力。所以，上市公司的股东和其他利益相关者都希望了解公司研发的相关信息。不过，大量的经验研究表明，研发信息的披露严重存在不足。

一、影响上市公司研发信息披露的因素

（一）研发活动的特点

1. 先期投资大，边际成本低，使研发成果在应用时往往具有规模递增的特点。企业为研发活动必须投入大量的人力、物力和财力，一些高新技术研发支出可能数以亿计。虽然研发的先期投资巨大（即具有巨额的沉没成本），但是在具体应用研发成果时，边际成本通常较小。这使得研发成果在应用时往往具有实务资产不具备的规模递增的特点。

2. 高风险性。在不确定的经济环境下，所有的投资和资产都具有风险，但是研发投资的风险显著高于实物资产和金融资产投资。据专家分析，高新技术研发项目在技术上一般只有57%能获得成功，这些成功项目又只有55%能实现商品化，而商品化的研发项目只有38%能产生经济效益。

3. 部分外部性。企业研发成果的部分外部性（社会性）是指任何研发项目的收益都不可能全部为企业所独有，不可能全部转化为企业的内部收益，而往往被其他企业无偿分享。研发成果的部分外部性使得企业对研发成果缺乏完全的控

* 本文发表于《财会月刊》2005年第6期。

制，这不仅削弱了研发成果带给企业的技术和经济优势，而且削弱了企业的研发动力。

4. 不易交易性。能够明确地规定交易各方的行为方式和成果分享方式是活跃市场存在的前提条件。由于通常难以明确规定研发成果交易各方的行为方式和成果分享方式，并且很难在投资者之间事先划分权利和义务，所以在企业的研发计划中制定交易双方的契约将非常困难。另外，由于研发的先期投资巨大，而边际成本较小，这也导致了研发成果没有稳定的价格体系和市场。研发成果的不易交易性导致研发成果难以量化，这是研发支出不能在财务报告中确认为资产的原因之一。

研发成果应用上的规模递增的特点，使得企业的研发支出与企业的业绩、投资者的回报有很强的相关性。因此，无论是企业内部的管理人员、财务分析人员还是企业的投资者、社会公众都特别关注与研发相关的信息。而研发成果的部分外部性、不易交易性和研发投资的高风险性使得企业对研发活动缺乏完全的控制，计量上也缺乏可靠性，因此财务报告中一般不将研发支出确认为资产，而是在发生的当期予以费用化。

（二）现行财务会计本身的局限

现行的财务会计与财务报告的规范模式是在1930年左右形成的。当时的产业结构和主要的生产要素均以工业化时代的特点为主，企业的发展主要依赖于大量的资本投入、有形资产规模的扩大和雇佣更多的劳工。在这样的背景下形成的财务会计模式的主要特点是：①反映的对象是已经发生的交易或事项；②以货币为主要计量单位并假设币值不变；③以历史成本为主要计量属性，以反映有形资产的账面价值为主；④主要目标是对外传输会计信息；⑤可靠性、相关性和可比性是会计信息最重要的质量标准；⑥以权责发生制为基础确认收入、费用并以此计算盈亏。

在这样的财务会计模式下，无形资产很容易被忽略，其根本原因在于财务会计的固有局限——货币计量的假设。以货币为主要计量单位是商品经济的自然选择，唯有货币计量才能统一衡量经济交易与事项。然而，货币计量也限制了会计报表所能反映的信息的空间。研发支出的弱对应性就使得用货币计量研发支出很难符合可靠性的质量标准。

（三）企业管理层隐藏研发信息的动机

一般观点认为，当存在信息需求时，通常会有足够的激励机制促使企业管理层供给信息。只要有一家企业认为资本市场并没有反映其真实价值，它就会有动力向资本市场提供企业真实的信息，并且使保持沉默的企业的价值下降。最后，保持沉默的企业也被迫披露信息。如果不考虑披露成本，这一过程将一直持续到所有的企业都披露它们的信息。这被称为完全披露原则。但这一原则在研发信息的披露上通常是失灵的，原因在于企业管理层出于自身利益的考虑往往有隐藏研发信息的动机。研发支出的当期费用化，可夸大企业未来的收益和资产价值。而且，研发支出费用化也会导致常用的利润指标如权益报酬率和资产报酬率增大，而这些指标一般是企业管理层报酬的决定因素。失败会比成功更引人注意，研发支出的当期费用化，可以避免在财务报告中披露研发失败的信息，也避免了对失败的必要解释。

二、上市公司研发信息披露的现状

国际上对研发支出的会计处理方法主要有两种：①全部费用化。这种观点认为，研发支出能否产生未来收益很不确定，即使产生收益也很难与特定的研发项目相联系，从规避风险和谨慎的角度考虑，研发支出应予以费用化。②有条件地资本化。这种观点认为，研发支出在符合一定条件的情况下应予以资本化，而不应武断地将研发支出全部费用化。

我国的会计制度和会计准则均要求企业将研发支出在其发生时直接计入当期损益；对自行开发并按法律程序申请取得的无形资产，只按取得时发生的注册费、聘请律师费等费用计入无形资产科目。同时，无论是会计准则还是会计制度均没有对研发支出的具体内容做出规定，也没有要求企业在财务报告中披露研发支出的具体信息。2001 年 3 月 15 日发布实施的《公开发行证券的公司信息披露的内容与格式准则第 1 号—招股说明书》，首次要求上市公司在“主要财务会计资料部分”列出研发支出占主营业务收入的比例。此外，上市公司在中期报告、临时公告、配股说明书中披露募集资金的使用情况时，也会涉及研发的相关信息。但是，上市公司在招股说明书、配股说明书等资料中提供研发信息往往是为了特殊的目的（顺利筹资），信息的真实性值得怀疑。另外，在反映上市公司全年财务状况等重要信息的年度会计报表中，并没有要求披露有关研发的具体信息，因此上市公司披露的研发信息缺乏连贯性，不利于投资者对企业的研发活动及其所产生的效益进行客观的评价。

三、上市公司研发信息披露的改进措施

（一）修改会计制度和会计准则，对研发支出允许有条件地资本化

研发支出是否能够及在多大程度上能够为企业带来未来经济利益，大多数情况下人们无法预测，这是研发支出资本化的障碍所在。所以，只有解决了不确定性问题，才可以将研发支出确认为一项资产。一般而言，随着产品研发进程的不断深入，即从最初想法的形成到技术可行性测试再到最终产品的形成，产品研发成功与否的不确定性在不断降低。因此，从信息可靠性和相关性合理权衡的角度看，当产品研发通过技术可行性测试后，再对研发支出予以资本化是比较可行的做法。而且，资本化的金额也应包括通过技术可行性测试前发生的研发支出。对研发支出允许有条件地资本化，不仅可以使每期成本和收益的确认更符合配比原则，而且能够使企业管理层向投资者传递有关研发项目开发进程和成功可能性的内部信息，从而有利于投资者评估研发活动的投资回报率。

（二）在财务报告中对研发活动予以多层次披露

大多数研发支出不满足资本化的条件，但就我国企业对研发信息披露的现状而言，充分披露比其他任何会计处理方法都更为重要。目前，我国上市公司对研发信息的披露仅在损益表里的管理费用中做简单呈报，但这种披露相对信息使用者的需求而言是远远不够的。对于研发信息，笔者认为应在会计报表附注中予以多层次披露。除了在正表部分披露符合确认标准（即可以予以资本化）的研发信息外，还应当在会计报表附注中披露不符合资本化条件的研发支出的具体数额，企业对研发支出所采用的会计政策、摊销方法、期初和期末未摊销的研发支出余额等。除了披露研发支出的数量信息外，还应在不泄露上市公司商业秘密的基础上披露研发项目的进展情况。

知识类无形资产的定价缺陷探析*

王君彩　罗晓文

一、知识类无形资产的概念与特点

2006年颁布的《企业会计准则第6号—无形资产》，将无形资产定义为企业拥有或者控制的、没有实物形态的可辨认非货币性资产。对无形资产必须在与其相关的经济利益很可能流入企业并且能够可靠地计量该无形资产的成本时，才能予以确认。准则同时明确规定了符合无形资产定义中的可辨认性标准：一是能够从企业中分离或者划分出来，并能单独或者与相关合同、资产或负债一起，用于出售、转移、授予许可、租赁或者交换；二是源自合同性权利或其他法定权利，无论这些权利是否可以从企业或其他权利和义务中转移或者分离。

我国学者将无形资产分为四大类：一是知识产权类，就是科研成果在一定条件下形成的企业无形资产，主要包括企业专利权、非专利技术、商标等；二是契约权利类，就是指由契约、合同所形成的无形资产，主要包括政府特许权合同、优惠性合同等；三是关系类无形资产，就是指企业在长期经营过程中与外界有关企业、机构、人员以及企业内部员工之间形成的特定关系，包括稳定的客户关系、有效的销售网络和成熟的公关技巧等；四是综合类无形资产，指不能脱离企业整体而独立存在，关系企业竞争力和企业整体形象的无形资产，如商誉、企业形象、企业文化、企业综合人力资本等。为了本文研究的方便，我们暂时将无形资产分为两大类，即知识类无形资产和非知识类无形资产。

知识类无形资产包括专利权、非专利技术、商标权、著作权、商誉等，是人类知识、智慧的结晶，它具有载体无形性、权利保护地域性、使用空间外部性、权利客体可复制、易模仿等特征。知识类无形资产是在市场运营中逐步形成和积

---

* 本文发表于《金融会计》2006年第9期。

累价值，本身是没有市场价值的，其价值只能在投入大量资金进行经营的过程中产生。一般来说，知识类无形资产的价值与投资或经营规模成正比，如一个经过数十年甚至于上百年磨炼的商标品牌、一个投入巨额广告费用和发达营销网络形成的市场优势。因此，知识类无形资产必须同时具备三个附加条件才能够实现其价值，即巨额的货币性投资、合适的管理性人才、特有的专门性技术等，这些附加条件就是其定价缺陷，造成知识类无形资产难以定价和非常容易流失。

非知识类无形资产包括租赁权（收费权）、开采权和土地使用权等，它们是可以单独定价、单独出售，在香港等地甚至不将土地使用权等作为无形资产处理。租赁权（收费权）、开采权、土地使用权本身是无形的权益，但其对象或客体是有形物，即它们的载体是有形的，它们的使用空间局限在该有形载体上而不具有外部性，一般表现为确定的权利客体并且不可复制、不能模仿。非知识类无形资产本身具有价值，例如公路收费权、矿山开采权、土地使用权等，你不投资、不经营，它本身仍然具有价值。任何时候，只要你盖起收费站就可以收费、买或租来设备就可以开矿、盖起楼来就可以卖。

二、从知识类无形资产的特征分析其定价缺陷

（一）知识类无形资产本身并不具有价值，只有不断投资、不断经营才能实现其价值

1. 知识类无形资产的价值难以确定

知识类无形资产不具有实物性，通常也不反映在财务报表中，即使有记录，反映的也只是无形资产的发生成本而非其真实价值，因此，其价值很难确定。

第一，知识类无形资产具有很强的隐蔽性，即使通过某种条件限定和某种计算方法，能够比较准确评价出无形资产价值，也难以进行横向和纵向的比较，而且难以对评估方法和参数进行可靠性审计。2004 年《商业周刊》评出的全球最具价值品牌中，位于榜首的“可口可乐”价值高达 674 亿美元，同年“世界品牌实验室”评出的中国最具价值品牌中，位于榜首的“海尔”价值高达 612 亿元人民币。这些经过全球著名机构评估出的品牌价值，不能在财务报表上体现，不能用于抵押贷款，不能作为主要出资，也不能作为支付手段。

第二，知识类无形资产比有形资产具有更大的不确定性，而且容易受到企业经营状况等内部环境变化和竞争对手、政策法规等外部环境变化的影响。

第三，知识类无形资产具有附着性，必须依附于有形资产或个人，而不能独立存在。

2. 知识类无形资产的定价受投资的影响程度很高

知识类无形资产本身并不具有价值，必须在企业的经营过程中逐步发挥其价值，销售量越大，市场占有率越高，其价值越大。斯普瑞格和坎宁提出“未来经济利益观”，认为应从未来收益角度对无形资产进行估价，或者进一步从未来税后现金流量增量角度对无形资产进行估价，这种思路目前是各种无形资产价值评估的主要方法。这种方法需要合理地估计企业未来几年的销售收入、毛利率和现金流量，进而估算出超额利润，这种超额利润就是该知识类无形资产的价值。

本文认为，由于需要资金的支持，知识类无形资产的定价就不能只考虑未来收益，而至少应考虑将未来的广告宣传费纳入定价模型。

3. 知识类无形资产很容易流失

中外合资、合作企业组建过程中，由于很多企业没有进行无形资产的价值评估而又合资心切，往往导致外商提供的专利、非专利技术诀窍、海外供销网络等知识类无形资产作价过高，中方所出的收费权、土地使用权、优惠合同、特许经营权等非知识类无形资产作价过低，而著名商标等知识类无形资产则常常白送。

国有企业股份制改造过程中，由于被经营者操纵而致使非知识类无形资产得到一定程度的评估和考虑，而知识类无形资产则被排除在股本之外，包括商誉、商业秘密、特许经营权、供销网络和素质较高的职工队伍等，造成知识类无形资产的大量流失。

国有企业承包、租赁经营过程中，同样由于被经营者操纵，不少国有企业承包、租赁时对无形资产未做任何评估而被承包租赁者无偿使用，或承包、租赁基数没有考虑无形资产获利能力变动的影响等而造成无形资产的大量流失。

（二）知识类无形资产价值的实现需要专业人才。企业的优秀营销人员、高级管理人员和核心技术

人员由于种种原因离开企业，引起的专有技术、营销网络、客户资源等重要商业秘密的泄露，将会对知识类无形资产的价值造成巨大的影响。

（三）知识类无形资产价值的实现需要有领先的技术

知名品牌多存在于激烈竞争行业，在激烈竞争中胜出的知名品牌中，我们都能够发现其技术的先进性。先进技术能够有效提升产品的质量、降低成本、使产品拥有特殊品质等，使企业在竞争中取得有利地位。因此，知识类无形资产的定价，必须考虑该企业自身的技术优势，以及竞争对手的技术能力。

企业无形资产价值增值与价值止损探究*

王君彩

尽管创造价值是一切经济活动的永恒主题，但是，在不同时代，创造价值的要素则不尽相同，从农业时代到工业时代，以至于当今的知识经济时代，在创造财富、创造价值的舞台上，其主要角色一直在不断地更替着。今天的经济生活正在经历一个根本的转变，决定企业存在与发展的基础已经由传统的有形资产转化为无形资产，市场竞争已经从传统的货币投资、物质设备和规模化扩张转向人力资本、客户资源和精细化经营。有形资产曾经是工业经济时代企业价值创造的主要源泉，而伴随着知识经济时代的到来，整个经济发展的内存动力和价值创造的驱动因素都发生了根本变化，无形资产正日渐成为企业价值创造的主要驱动要素。

一、无形资产正演变为企业核心竞争力

其实，可能正是无形资产的复杂性和诱惑力，导致人们对无形资产的认识尚处于初级阶段，这就形成了无形资产仍然是一个相对比较宽泛的概念，既包括人才和物化了的智力成果、智力产品，又包括无形的信息、知识、智力活动和智力劳动，其实是源于有形资产又高于有形资产的劳动成果。从历史的角度看，人类有史以来就在进行各类智力活动，无形资产也一直作为生产要素在经济活动中发挥作用，但长期处于被支配的地位，也没有得到人们的基本认可。自工业化中后期以来，无形资产的重要性日益显现，它不仅可以部分代替或减少原料、劳动

* 本文发表于《会计之友》2006后第11期（下旬刊）。本文系教育部2005年人文社科研究项《无形资产流失：来自国企改制中的经验证据》（批准号05JD630108）、中央财经大学2005年度校级科研课题《无形资产：价值提升与价值止损——来自国企改制的思考》（批准号05XY0016）之阶段性研究成果。

力、设备、库存等物资投入，而且可提高资本周转速度，能够在相当程度上左右资本流向，从而大大提高了经济效益。

（一）无形资产种类及其保护性约定

关于无形资产的分类问题，目前也存在着多种多样的观点，但是，从我们研究企业现实中无形资产价值属性出发，我们将无形资产分为知识背景下的无形资产和权力背景下的无形资产两大类型。知识型无形资产的构成主要是依靠高度密集的知识、智力、技术和技巧及其可能带来的高附加值，如专利技术、驰名商标、计算机软件、工业产权等；权力型无形资产的构成主要是依靠特许权利和可获赢利条件的关系，如土地使用权、采矿权、专营权、进出口许可证、生产（设计）许可证、雇员关系、顾客关系、代理销售关系、原材料供应关系等。

在知识经济时代，决定经济发展的不再是货币资产、权力和自然资源，而主要是知识、品牌、专利、信息等无形资产；经济增长模式不再是“劳动力经济”加“自然资源经济”为主导，而是以“以知识为基础的经济”为核心。无形资产的形成是一个历史的、动态的渐进过程，其内涵和外延也在不断变化中。结合目前我国国有企业经营的实际，能够给企业带来相应经济价值的标准看，无形资产的存在形态，除了根据《企业会计准则第 6 号—无形资产》已经纳入会计核算系统进行确认、计量和披露的各项无形资产项目外，事实上还应包括厂商字号、产地名称；计算机软件、企业形象设计、科技成果权；专营权、进出口许可证、特种经营许可证、生产许可证；荣誉称号、税收优惠、融资优惠等优惠政策；市场信息、营销渠道、管理方法等经营秘密；矿业开采权、水电使用权、通讯权、租赁权；人才及企业家等诸多类别。基于无形资产在经济发展和社会进步中的重要地位，相关国际组织相继出现了一系列的保护性组织、公约、条约。其中，主要国际组织有 1884 年成立的保护工业产权巴黎同盟和 1970 年成立的世界知识产权组织；主要国际公约《建立世界知识产权组织公约》《保护工业产权巴黎公约》《商标注册马德里协定》《保护文学艺术作品伯尔尼公约》《专利合作条约》等 10 多个国际公约；一些国家也先后订立了区域性的保护知识产权公约，如 1968 年荷兰、比利时、卢森堡三国订立《荷比卢统一商标法》，1977 年非洲知识产权组织通过《班吉协定》，以及 1973 年西欧国家缔结的最具影响的《欧洲专利公约》等。随着我国市场经济的发展和法制建设的强化，保护知识产权的制度体系也得到了相应的发展和完善。

（二）无形资产的形成与显能的样本分析

无形资产门类繁多，特征各异，不同类别的无形资产具有不尽相同的价值生成机理。深入研究无形资产群体中由研究与开发生成的知识产权，具有重要的意义，笔者以此来阐释无形资产的形成过程和效能释放过程。

中国正在致力于建设创新型国家，自然离不开技术创新。研究与开发是技术创新活动中最常用、也是最重要的基本概念。一个国家研究与开发力量的强弱，是整个国家科技力量强弱的根本指标，也是衡量国家创新能力的基本指标。研发的目的在于增加知识的存量，其中包括对人类文化与社会的认识以及运用这些知识开拓出新的应用。经济合作与发展组织（OECD）认为："研究与开发是一种有系统的综合性的工作，其目的在于丰富有关人类、文化和社会的知识宝库，并利用这些知识去进行新的发明。"根据内在活动特征，研究与开发一般按照其演进过程将分为基础研究、应用研究和开发研究三个阶段：基础研究是指以现象和可观察到的事实为基础所从事的实验工作或理论探索，主要是为了获取新知识而没有任何具体的应用目的，即没有特定商业目的，以创新探索知识为目标的研究；应用研究则主要是对某个特定应用领域或具体实用目标以获取新知识，利用基础研究成果和有关知识为创造新产品、新方法、新技术、新材料的技术基础所进行的研究；开发研究是指利用基础研究、应用研究成果和现有知识为创造新产品、新方法、新技术、新材料，以生产产品或完成工程任务而进行的技术开发活动。随着人们对技术创新认识的变化，人们对研究与开发的认识也在发生重大的变化。基础研究、应用研究和开发研究之间尽管存在区别和界限，但也不能完全割裂开来。近年来，国际上一些国家（如日本）把开发研究加以延伸，细分为开发研究、设计研究、生产研究、流通研究、销售研究、使用研究和回收研究，并把产品的开发、设计、生产、流通、销售、使用和回收的全过程，都视为开发研究的范畴。

从经济学的视角看，研究是实现将货币转化为知识，而开发则是实现将知识转化为货币，实现知识商品化。这也正是我国新《企业会计准则第 6 号—无形资产》对企业研究与开发活动分为研究阶段与开发阶段两个阶段，实施不同会计确认标准的依据，即对研究阶段的费用完全进入期间费用处理，而对开发阶段的费用在符合特定标准时进行资本化处理。R&D 与技术创新有着紧密的关系，这种关系可以用图 1 示意。

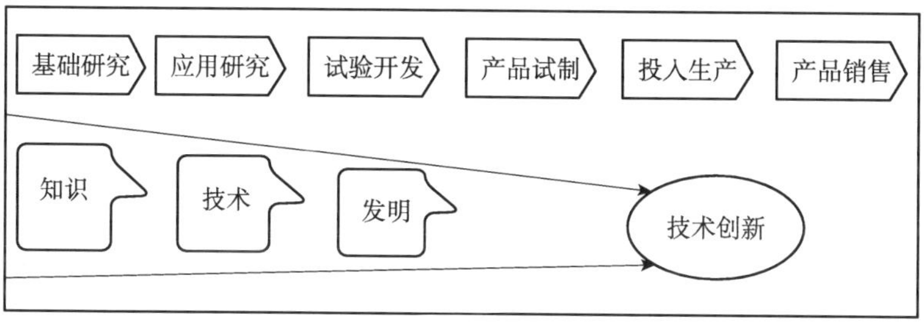

图1　R&D与技术创新的关系

由图1可见，研发是一个漫长的过程，但是，通过创新所引发的产品销售，必然实现了内含的超额利润，这也正是研发形成无形资产、构成企业核心竞争力的基础所在。

（三）无形资产在经济建设中的内在决定作用

关于无形资产对于企业价值创新和社会经济建设的内在决定作用，笔者通过许多视角来深刻认识，起码可从以下几方面来考察：

一是高智力投入占据企业成本的比重逐步上升。企业的经营成本不再主要是厂房、机器设备等有形资源和实物资产，而信息、知识、品牌、人力资源等非实物资产和形式多样的无形资产投入在企业资产中所占份额越来越大。

二是研究开发投资成为增强企业后劲的法宝。目前发达国家研发费用占GDP比重为2%—3%，国外企业的R&D费用一般都占其年销售收入的5%—10%，世界500强企业普遍达到10%以上。中国政府把改革初期“以市场换技术”的思路调整为建设自主创新国家就是一个明证。

三是企业员工教育培训投资增长成为自觉行为。跨国大公司一般都设有专门的培训机构甚至大学。美国企业界对员工的教育培训支出从1983年的396.66亿美元，提高到1995年的6000亿美元，增长了14倍。

四是产品或服务包含的知识成分大大增加。知识价值在产品总价值中的比重不断上升，智力产能化和知识密集化趋势日益凸显，知识产品成为最具代表性和竞争力的产品。如软件产品中物资消耗成本占产品价格的比重微不足道，其价值主要决定于包含的智力成分。

五是科技进步对经济增长的贡献加大。经济发达国家技术进步对经济增长的贡献率已从20世纪初的5%—20%，上升到80—90年代的60%—80%，已明显超过资本和劳动力的贡献。其中，技术进步对美国经济增长的贡献，1929—1947

年为31.7%，1948—1969年为47.7%，20世纪90年代达到80%以上。经济合作与发展组织（OECD）报告指出，其主要成员国国内生产总值超过50%是以知识为基础的。

六是无形资产成为企业利润本源。智力资源在现代企业增值活动中的作用日益显著，并逐渐取代资本成为利润的主要本源。在当今全球500强企业中，最有价值的公司是那些资产规模相对较低的知识型企业。如微软公司的账面资产不到通用汽车的三分之一，而其股票市值却高达通用汽车的10倍以上。

七是智力贡献因素开始主导利润分配。1995年美国企业收入高达64%的比例，落入知识拥有人之手。全球500强新型企业中，目前投资人所占的利益大多在30%左右，70%被发明人和知识拥有人占有。

上述发展趋势标志着一个新的知识经济时代的到来。在这一时代，无形资产在经济增长中的角色已经从农业经济或工业经济中的辅助要素或"外生变量"上升成为竞争力的核心，成为决定性的终极资源和核心生产要素。

二、无形资产价值运营规律：驱动效能与抑制效应

无形资产的有效利用是现代企业成熟的标志。无形资产必须与有形资产融合起来，才能实现生产要素的优化组合和资源的合理配置，在企业价值创造中发挥能动性的驱动效应与抑制效应：

（一）无形资产对企业价值创造的驱动效应

有形资产曾经主导了工业经济时代的企业价值创造，而在新的经济条件下，无形资产正在壮大成为企业价值创造的主要驱动因素。无形资产的价值驱动具体表现为升级潜能和网络效应：

1. 升级潜能

升级潜能表现为非竞争特性和报酬递增性。非竞争特性是相对于实物资产的竞争性而言的。竞争性就是一项资产在用于此处的同时是不能被用于彼处的。而无形资产的非竞争性表明，可同时用于不同的用途，在一个地方使用无形资产并不会妨碍在他处使用，且多数无形资产使用的机会成本是微乎其微的。非竞争特性使其用途只受制于市场规模，而不受其本身重复利用的影响。在实践中，那些

更多依赖于无形资产投资的产品往往具有较高的固定或沉淀成本和微小的变动或增量成本，这正是无形资产的非竞争性所带来的结果。例如，软件的初始开发成本极高，而销售的软盘成本却可以忽略不计。报酬递增性无形资产的特征经常表现为不断增加的规模收益。承载“软黄金”的最终消费产品，其制造过程则是简便易行，完全可以按市场需要低廉、快速地扩大产销。在无形资产中，常常会蕴涵在一种新的商品或者服务系统中的观点、知识和研究的有用性并不受实物资产规模收益递减规律的制约。

2. 网络效应

基于信息技术对传统产业改造的完全融合特点，网络对生产、制造、服务领域的渗透和流程改造也使无形资产的网络效应得到了普遍的扩展。网络效应其实融合了良性反应、外部效应和行业标准。网络收益随着网络规模的扩大而增加的特性往往会产生良性效应，即成功的公司会更成功。外部效应是随着网络规模的扩大，新技术的获取和应用速度也大大提高，进而增加了网络市场中的收益。网络市场“先发优势”也是其无形资产价值的体现，即如果产品或系统可以标准化，那么该产品或系统的微弱的有利条件可能会转化为未来巨大的优势。标准或者主导地位一旦确立，消费者被标准锁定，企业的市场主导地位就容易确定。

（二）无形资产在企业价值管理中的抑制特征

无形资产对价值创造的抑制与影响主要表现在三个阶段，即创造高额利润所承担的内存风险性、现实市场交易培育欠缺所隐含的交易困难性和权属与权益控制所产生的非完全性特征诱发的抑制表现：

1. 内在固有性风险

尽管在不确定的经济环境下，所有的投资都面临着一定的风险，然而，无形资产风险显著高于实物资产。许多自主创新活动可能会在未来“颗粒不收”，而实物资产投资却很少遇到这种情况。内在风险性是与创新过程的风险特征密切相关的：相对于企业其他经营活动（如生产、营销等）而言，创新活动具有更大的风险；创新活动的演化过程通常是以探索（提出新概念和新知识）阶段为起点，经过新产品或服务的技术开发阶段，并以创新成果的商业化阶段为终点，自始至终都与风险是孪生姐妹。

2. 市场交易性缺陷

无形资产的本质决定了无形资产很难完全交易兑现。法定产权不明晰，难以达成灵活的契约，以及许多无形资产的成本模式（大量的沉没成本和微乎其微的边际成本）阻碍了价值体系的稳定。因此，无形资产交易市场发育迟钝。具体障碍表现在：非交易性使得人们无法直接测量无形资产投资（如研发投资）的市场价值，也很难寻找到参照物，从而导致对无形资产投资的评价不可避免地包含许多不确定性和随机因素；非交易性导致大多数无形资产无法在企业财务报表中作为资产而确认和计量；非交易性导致无形资产缺乏流动性，并且极大地限制了风险分担的机会。这些影响进一步增加了无形资产投资的风险，限制和阻碍了无形资产的增长。

3. 部分独占性特征

部分独占性是相对于有形资产所带来的效益可以有效地被它们的所有者独自享用而言的。对于无形资产，很难阻止其他方（非所有者）部分地享用一些投资收益。当专利到期后他人就可以免费使用这些发明，即使是专利还未到期，由于竞争者的仿效重新设计产品，也存在外部效应，从而产生了所谓的溢出效应(spillover)。此类侵权诉讼案件表明了盗用专利权成果会给拥有专利权公司带来的巨大困难和高昂成本。身上渗透着无形资产的员工的流通也成为企业的现实威胁。

综合前述，无形资产在价值创新过程的能动效应，既有驱动性，又有抑制性。因此，为实现高效率的投资与管理，必须认识其积极作用与消极影响，趋利除弊。

三、国企无形资产运营进程的价值管理

伴随着越来越活跃的市场交易，国有企业在市场竞争中、在产权改革中，都需要进一步强化其自身的无形资产价值管理，即在研究探索无形资产价值提升的同时，注意防范无形资产的价值止损。市场驱动下的价值提升，需要通过表内与表外相统一来实施，而管理驱动下的价值止损，则需要对经营性流失和改制性流失双管齐下。

（一）国企无形资产的价值提升

国企无形资产的价值提升需要在新的理念框架下，认识价值创造的固有规

律，进行价值测度，实施具体的提升措施。

1. 认识和尊重无形资产价值创造的固有规律

在当今经济转轨与社会转型的角逐中，理智的无形资产管理思想应该是遵循无形资产领域的规律进行整合性管理，尤其需要注意：

（1）纵横一体原则。一体化原则来源于系统化的概念，它是指在无形资产整合过程中，要充分考虑企业经营业务流程中各个要素之间的关系，将最合适的无形资产要素安排在最合适的岗位上，注重强调的是最合适而不是最好，并且要从整体着眼，统筹兼顾，局部服从整体，以求在企业全局上使无形资产状况达到最优。

（2）以人为本原则。这是现代企业无形资产管理的核心理念在管理实践中的体现，它要求管理者在制定无形资产管理与开发规划时，要时刻意识到企业员工是企业的主体、员工积极参与的管理才是最有效的管理、管理核心目标应该是使人的潜能得到最大的发挥，同时，尊重人、依靠人是人本主义思想的基本内容和特点。

（3）责任与效益原则。管理是企业追求效益的过程，效益是企业管理的永恒主题。作为企业管理职能的一项重要分支，无形资产管理与开发的终极目标也是为了提高企业的效益，只是它所体现的效益是间接的，是通过各种管理制度，明确员工的工作责任和工作目标，辅之以各种激励手段，发挥各级、各类员工的工作积极性，在员工创造性的劳动中获得企业的进步。

2. 适应市场的国企无形资产测度机制

要准确量化国企的无形资产，必须把它作为一个整体，作为有机组合成的一种收入来源。在经济实践中，某项本身无实际价值或难以确定其价值的收入来源，在转让、出卖时，它的价格往往表现为资本化的该项收入。例如，土地价格表现为资本化的地租、股票价格不外乎是资本化的股息。据此，国企无形资产的出让价格，也可看作是资本化的无形资产利润。据此原理，国企无形资产的价值评估，可按以下步骤进行：（1）推算企业无形资产利润。为估算国企无形资产价值，假定企业的全部利润都是资产的报酬。这样，只要在企业利润总额下扣除有形资产产生的利润，就可以推算出无形资产的利润。（2）确定无形资产价值系数。无形资产价值系数，也称作无形资产收益的资本化率，它直接关系到无形资产价值的大小。在计算上，可以依据计算土地、股票等价格的相同原理确定。（3）通过折现就可以测算确定企业的无形资产价值。

3. 建立正常的国企无形资产管理体系

要从全面认识无形资产的价值入手，严格按照国家规定，对各类无形资产进行科学、全面、准确的确认、计量、核算和管理。（1）强化依法保护无形资产的理念。对于任何一个国企而言，必须要求其有用法律手段确认和保护无形资产的意识，对于企业无形资产要及时登记注册，取得合法权利。企业上下强化无形资产的理念是防范无形资产流失的第一道防线。（2）探索无形资产核算的新政。由于会计制度的固有缺陷，造成了大量无形资产“飘”在外面。为了保证无形资产的完整性、持续性和有效性，企业就必须依法支付无形资产有关的各项注册费用、登记费用、维护费用，切实保护、维护无形资产的价值所在，真实、全面、系统地反映无形资产资源及其相关业务的全貌。（3）纳入企业经营业绩考核的视野。在依靠无形资产发展经济的过程中，要在内外两个层面，建立科学的管理与考核责任体系，使每一项无形资产、每一个管理环节都能具体落实到人，确保无形资产价值管理融合到企业的“有形”网络系统中。

（二）国企无形资产的价值止损

近年来，不少国企在对外合资合作、对内承包经营、资产改组上市、产权改制退出等领域，甚至在人才流动中，都先后引发了严重的无形资产流失现象。笔者现从价值管理角度对国企的无形资产流失进行分析。

1. 国企无形资产价值流失的主要表现

根据我们的调查，许多国有企业在经营过程中、在产权改制中，都发生了一定的无形资产流失问题，有的甚至特别严重。从各类无形资产流失的表现来看，一类是对历史上没有进行会计确认的无形资产不予认可；一类是对已经纳入会计账内核算的无形资产严重低估；还有一类是中介机构对无形资产评估时刻意贬低其价值，此外，人才流动引致的国有无形资产流失也极为严重。

2. 国企无形资产价值流失的防范对策

不论是正常经营中，还是产权改制中，都需要严把国企改制过程中的各个关口。其一，进行扎实、深入的无形资产内部审计。企业应建立无形资产管理责任制度和无形资产内部审计制度，通过对无形资产的全面审计和管理，充分关注自身无形资产的价值，促进无形资产转让的会计核算，促进对无形资产的监管，及时对无形资产的未来收益、经济寿命、资本化率进行评估和确认。其二，进行全面、客观的无形资产专业评估。搞好无形资产评估，科学、稳健地量化无形资产，有赖于评估机构不断地改进评估技术，广泛收集市场资讯，逐步提升评估的准确性、公开性，以赢得政府、企业和社会的长久信赖。企业无形资产的评估必须规范推进，环环紧扣：申请立项是前提，调查核实是基础，评定估算是关键，各个步骤必须逐步推进、环环紧扣，只有稳步推进并经权威部门确认后的评估报告才能成为生效的价值认可依据。其三，实施无形资产流向的跟踪监管。加强对企业无形资产的管理，首先必须针对企业的不同情况，逐步建立必要的无形资产内部监督与管理制度，为规范企业自身行为，提供保证和依据；同时对这些制度的贯彻实施进行内部监督检查，针对存在的问题及时提出审计建议，尤其是对转让过程中的每一个经办、审批环节，要严加关注，以防造成无形资产的严重流失。

论我国企业研究与开发人员的绩效评价*

王君彩　王淑芳

R&D 活动的复杂性给企业研发人员的绩效评价带来很大的挑战。由于研发活动普遍采用项目制，研发人员的个人绩效对团队存在着较大的依赖性，因而传统强调个人业绩的员工评价方式就出现了许多不适应性（Paseaella，1997）。本文在系统论述研发人员绩效考核指标体系的设计原则、考核方法以及研发人员绩效评价支持性体系的基础上，分析了我国企业研发绩效评价中存在的问题，并针对这些问题试图提出解决的措施。

一、研发人员绩效考核指标体系设计的原则

（一）导向原则。研发人员考核指标的设计必须紧密结合企业的战略，并依据企业总体目标和部门目标，层层分解，研发部门、研发团队和研发个人的考核指标必须息息相关，是由上而下的指标分解过程而形成的体系。

（二）结果考核、行为考核和能力考核相结合。对于绩效内涵，目前有三种观点，即结果绩效、行为绩效、能力绩效。在进行研发人员绩效考评时，应综合考虑这三种观点，不能顾此失彼。研发人员的绩效考评应当以结果考核为主，但是由于研发的高难度和不确定性，工作结果并不能完全反映工作能力和努力程度，许多测度系统对 R&D 产出和成果赋予了过多的权重，致使 R&D 人员倾向于研究风险小、时间短、见效快、容易出成果的短平快项目，但这不一定对企业的长远发展有益；基础研究对组织长远发展有益，但风险大、研究周期长、见效慢，过于侧重结果考核会对从事基础研究的人员产生负面的激励。在对企业研发人员的绩效进行评价时，应采用较为宽泛的绩效概念，同时包括行为和结果两个

* 本文发表于《中央财经大学学报》2008 年第 2 期。

方面，而能力对于行为的过程乃至结果的达成有内在的驱动作用，因此也应将个人能力纳入对研发人员绩效评价的范畴。

（三）价值评估与产出评估相结合。盈利性是企业的本质特征，只对研发产出进行评估是不够的，必须对研发为企业带来的价值进行评估，即研发效果的评价。诚然，论文数、论文被引次数、专利数以及新产品数等指标可以反映一定时间内的R&D产出和成果，但R&D产出和成果并不等同于R&D绩效。研发的效果更重要地体现在新产品的开发、成本降低、销售量上升、产品改进、市场占有率等方面。

（四）内部评价和外部评价相结合。在研发人员的绩效评价中，上级评价和自我评价等内部评价是必需的，但过分强调内部评价是很危险的，因为内评很可能不太关心研发对企业的实际价值。为了充分获取有效的绩效评价信息，应强调绩效评价基础信息多重来源之间的互补，突出表现在“360度考评”和“用户导向”（Custemer Oriented）观念的引入。

A. N. Chester（1995）强调R&D职能的评价应通过这样的措施来保证其有效性，也就是把激励建立在或者是客观的指标或者是来自于R&D部门之外的评价之上。这也就意味着在R&D部门及其员工绩效考评上，不仅仅是对其技术开发活动的内部评价，内部用户和外部用户都将参与到绩效评价活动中。这样做可以有效地将市场压力传递到R&D部门和R&D人员，从而改变了传统意义上R&D部门和人员过于注重技术推动（Technology Push）而忽视市场拉动（Market Pull）的倾向。

（五）评价系统要尽量客观。在评价研发业绩时，尽管不可能用十分客观的方式进行测评，但在设计评价过程时可以尽量减少主观性。许多组织在没有有效的定量方法的情况下，仍是靠上级或R&D负责人对R&D活动和人员进行以定性为主的主观评价，自然不可避免地会产生很多人为误差，例如易受考评者素质、“晕轮效应”（Halo Effect）和以前印象的影响，员工往往会觉得结果不合理，从而引发矛盾，影响组织绩效。员工也会为在评估中获得好成绩而做手脚，例如在考评前一段时间格外表现以留下好印象，而考评过后就松弛下来。

二、指标体系的设计

可以从业绩、行为、能力三个方面构建研发人员的绩效考评指标，具体说明如下：

（一）业绩指标。企业的研发人员主要分为从事基础研究的研发人员、从事应用开发的研发人员等，对不同的研发人员，业绩考核的指标有所区别。对于从事基础研究的研发人员，评价工作效果的指标有发表论文的数量、取得的专利数等。对于从事应用开发的研发人员，评价工作效果的指标可以是新产品销售率、新产品成本降低率、销售增长率以及EVA等。

（二）行为指标。对于研发人员工作行为的评估，可以从主动性、服从性、责任心、协作精神、工作合理性、纪律性等方面进行考评。

（三）能力指标。能力指标可以分为两个一级指标，创新能力和知识技能指标。其中创新能力指标可以分解为新观点或建议的数量、知识产权的拥有数量等二级指标；知识技能可以分解为受教育程度、技能经验程度等二级指标。对于项目经理以上的研发人员，可以增添领导控制能力、决策能力、指导帮助下属能力、组织能力、员工管理能力等指标。

以上只是给出了考核指标的框架，具体应用时，还应根据不同的考核目标，选择适当的指标体系。如果要考评研发人员过去特定一段时间的工作表现，且考核结果将用于加薪、发放奖金、红利等奖励，则考评指标体系主要为业绩指标和行为指标；如果考核结果将用于教育培训、能力开发、升迁、调动等人力资源规划与配置，则考核指标体系应包括业绩指标、能力指标和行为指标。各指标之间的权重也应因考评重点不同而相应变化。

三、研发人员绩效评估的方式与方法

对研发人员的考核一般可由人力资源部来组织，由自评和他评相结合。

自评，就年初和年中设定的各项能力目标进行自评，由员工对过去一定时间内能力实现的程度进行评估。自我考评是同自我管理和充分授权等组织方式相伴而生的。由于员工对自身能力、工作行为和业绩都会有比别人更多的了解和把握，因此，自我考评具有较准确的评价基础。另外，自我考评结果能够被员工自身积极地接受，从而有利于根据评价结果制定自身发展计划和努力方向。但是，自我考评容易导致过高的“宽厚性错误”（Halo Error），影响了它在实务中的应用。归因理论（Attribution Theory），自我提升理论（Self-enhancement Theory），以及社会比较理论（Social Comparison Theory）三者从不同的角度对自我考评的宽厚性错误产生的根源进行了分析。归因理论认为，在认知过程中，个体往往将成功归因于自己，将失败归因于环境或他人；自我提升理论认为，个体为维持一个较好的自我感觉，信息收集、存贮和回忆业绩信息的过程都会不同程度地被有意或无意扭曲，以证明自己是一个有能力的个体；社会比较理论认为，在缺乏绝对评价标准时，个体是通过将自身同其他个体对比来进行自我评价的，而在选择参考系时，个体往往选择业绩较差的员工。在实际应用自我考评形式时，可以通过强化考评责任，限制考评结果的使用范围，设计非对称的评价刻度（Rating Scale）来减少宽厚性错误。大量研究表明，当评估的目的是制定雇员发展计划而非用于行政决策时，自我考评的效度相对较好。所以，自我考评较宜用于发展而非行政目的的评价。

他评，包括上级考评和第三方评价，主要是对该研发人员在过去一定时期内所从事的一定任务，按照绩效标准对绩效考核的各项指标进行考评。对员工进行考评，是上级领导一项重要的职能。通过考评，上级可获得组织所赋予的指导、控制和激励员工的权利，从而为组织员工完成共同任务提供可能和便利。通常认为，作为考评者的上级，由于个人利益并不直接同员工考评结果相关联，一般而言能够较公正和客观地对下级员工进行考评，但是，并非说明上级考评完全公正无偏。许多研究表明，为了某些特定事实上的目的（如避免冲突，培养忠诚的下属，解雇某位员工），故意扭曲评价结果的行为常有发生。另外，晕轮效应和宽厚性错误是上级考评认知过程中常见的两项影响评价效果的重要因素。研发人员绩效的上级考评一般是由该员工的部门经理进行的。为了充分获取有效的绩效评价信息，“第三方评价”（Third-party Appraisal）是一个重要的数据来源，由一些更掌握绩效信息的部门和人员来从第三方的角度客观而公正地作出评价。具体而言，也就是在R&D部门的绩效评价中引入“用户满意度”，这里用户不仅仅是指通常意义上的产品用户，还包括公司内部彼此之间存在业务流程关联性的部门和人员。例如对于R&D部门的评价而言，各个事业部、制造部门和营销部门都是它的内部用户，由它们来作出评价将更具有客观性。

根据以上研发人员自评和他评两项得分进行加权，最终得出该研发人员绩效评分，这可以较为客观地反映该员工本年度内的绩效。

四、研发人员绩效评价的支持性体系

绩效评价体系还必须建立相关的制度体系作为支持，例如技术等级制度、员工沟通制度、有效的激励制度等。缺乏这些相关的支持体系，员工绩效评价在实施过程中将易于产生偏差，进而导致达不到管理层的预期目的。

（一）建立与员工绩效评价相联系的技术等级制度。美国微软公司、波音公司、西部电子公司等技术型企业都普遍建立了技术等级制度。这种“双轨制”（Dual Ladder System）产生的原因在于为员工设定明确的个人职业发展路径，避免有才能的技术核心人员过度地向偏向管理阶梯进行发展，从而充分利用技术人员所积累的专业知识和技能，保护公司在以往技术和培训上的投资（Allen and Kat，1986）。人们在管理实践中经常发现，由于在大多数企业当中只为员工设立了管理等级制度，因此，员工们如果希望不断提升自己在组织中的地位和价值，他就不得不进入管理阶梯，通过拥有一定的权力和地位来获得组织的认知。这导致一些很有才华的技术人才为了追求个人发展而放弃了自己的技术专长，成为一名管理阶层人员。因此，越来越多的大公司尤其是技术型公司普遍设立了技术等级体制以作为管理等级体制的补充。例如1983—1984年，微软公司为程序开发员建立技术等级晋级制度；国内如深圳华为公司也设立了类似的技术等级体制。这将使得公司员工可以根据自己的职业发展取向来选择相应的事业发展路径，从而在推动公司发展的同时实现自己的个人事业发展。

（二）完善绩效评价基础信息与数据的获取。在传统的员工绩效考评方式中，大多数企业都是在考评期末采用问卷形式进行员工考评，但是，这种做法工作量大，同时难以避免对业绩的主观评价等问题。因此，除了来自于考评问卷的信息，还应有其他的绩效评价基础信息与数据的获取渠道。企业R&D部门应建立项目管理系统和目标管理体系（MBO）。包括微软公司在内的许多高技术企业都建立了较为完善的项目管理体系，在对R&D项目的分类管理基础上（典型地，R&D项目被划分为平台项目、改进项目、应急项目、潜力项目等类型），通过标准化的项目管理文档实时地记录了研究开发活动进行中的许多信息。这些信息除了一些项目相关的技术信息，还包括了项目价值（货币化价值与潜在价值、技术价值与市场价值）、成本、难度、质量、进度的相关信息和数据，以及这些绩效数据在员工个体上的分配。通过目标管理体系来获取考评信息也是一种常见的做法，例如通信系统制造商北电网络（Nortel）公司的员工考核主要分为员工的行为（Behaviors）和绩效目标（Performance/Outcome）两个方面，通过每位员工在年初时与主管确定的当年主要工作目标来进行持续性业绩评价。

（三）建立员工沟通制度。沟通贯穿整个绩效考核的全过程，而不只是在某个时点、某个环节交换信息。首先，在绩效目标的设定过程中，研发部门主管要与研发人员进行沟通，让员工明确部门目标，帮助他们根据部门目标确立自身目标。其次，对研发人员的考核指标和标准的确定，应该由研发部门的主管以及研发人员进行共同讨论，获取考评人与被考评人的认同。最后，在绩效评估结束后，上级要把考核结果及时反馈给下级，并与下级进行沟通，以避免黑箱操作，同时有利于下级改进工作。

（四）建立货币化与非货币化激励、物质激励与事业激励相结合的激励体系。绩效评价应为员工及团队的行为提供导向性激励。如果员工能够在激励与绩效评价之间建立清晰的逻辑认识，那么绩效评价体系将对员工产生行为诱导，并使之朝公司所希望的方向发展。为了实现这一目标，多层次的货币化与非货币化激励、物质激励与事业激励相结合的激励体系就成为一种必然的选择。

五、我国企业研发人员绩效评价存在的问题

（一）目标单一、缺乏导向性。我国企业研发人员的绩效评价系统往往是孤立的，大多与组织经营目标相脱节，缺乏导向性和战略眼光。从目前的情况来看，我国许多企业在建立 R&D 部门的员工绩效评价体系时，往往比较注重薪酬分配方面的作用，但对其在人力资源效率提升和员工行为导向性激励方面的价值还重视不够，往往过分注重最终成果，绩效考评对于员工关键典型行为、员工发展及企业未来业绩的导向功能相对弱化。

（二）指标体系设置不合理。多数企业过分关注研发人员个体的直接产出和成果，不能充分反映研发人员对于团队所做的贡献，以及对科技与组织长期发展的贡献。容易导向研发人员倾向于研究风险小、时间短、见效快、容易出成果的短平快项目，不利于企业的长远发展对研发的要求。

（三）偏重内部评价，忽略外部评价。尽管强调考评主体多元化，还是过于倚重内部考评，而忽视客户的考评。只注重部门内部的反馈，而忽视使用科研成果的部门的反馈和考评。而且，对于不同考评主体的考评内容及权重缺乏考虑，造成考评过程民主但不科学，对考评结果的满意度成为需要解决的问题。

（四）激励机制不健全。大多数企业只为员工设立了管理等级制度，员工们如果希望不断提升自己在组织中的地位和价值，他就不得不进入管理阶梯，通过

拥有一定的权力和地位来获得组织的认知。这导致一些很有才华的技术人才为了追求个人发展而放弃了自己的技术专长，成为一名管理阶层人员。一些近来的研究表明，尽管大量不同的奖励方式被用来激励研发人员，但从实践操作角度来看，短期激励占绝对主导，长期激励明显不足。股权激励等长期激励方式在企业中的应用还处于起步阶段。自2005年起，中国证监会、国资委等部门先后颁布了《上市公司激励管理（试行）办法》《国有控股上市公司实施股权激励的试行办法》等，占研发中间力量的国有企业和上市公司才将股权激励这种长期激励手段提上公司议程。

（五）缺乏研发人员绩效评价的支持性体系。刘春草、徐寅峰、孙利辉（2003）认为，78.5%的企业对研发人员没有完整的评价体系，能结合财务和非财务指标对研发人员进行评价的企业仅占23%。梁莱歆在2004年进行了一项针对高新技术企业R&D管理的问卷调查，调查结果显示，在被调查的400家高新技术企业中，81%的企业未开展过R&D绩效评价工作。在开展研发绩效评价的企业，绩效考评基础工作也存在不健全的问题，诸如职务分析、工作流程、目标体系、考评组织设置与人员配置不能充分支持绩效考评要求等等。

六、完善研发人员绩效评价的措施

绩效考评体系存在的种种弊端，已经影响了企业对研发人员的激励，日益成为企业发展的障碍。为此，企业变革绩效考评体系显得十分重要。

（一）均衡研发人员绩效评价的目标，为员工及团队的行为提供导向性激励。由于研发活动的复杂性，研发的绩效评价不应只狭隘地以研发人员的薪酬分配为目标，还应当有助于企业长远发展的目标，如为制订公司人力资源规划及评估招聘、培训、人力资源开发的效果提供信息与依据；为员工及团队的行为提供导向性激励等。

（二）完善考核指标体系。研发人员的贡献具有以下特征：（1）研发人员对于企业的贡献形式远远不限于职位工作输出成果本身，个体对团队其他成员输出成果、团队总体绩效、良好团队氛围和企业文化，也是研发人员贡献的重要组成部分；（2）研发人员的贡献在短期内往往很难表现为具体的成果，所以需要借助于其行为表现、能力等来间接反映；（3）受环境因素的影响，科研人员最终的工作成果并不一定能够真实地反映其个人贡献，通过考评工作行为和个人能力，可以作为很好的补充。考评指标应由单纯考评“结果”转向兼顾“结果、行为与个体特质”的多个方面，保证考评内容与方案对多个考评目的的兼容性。

（三）内、外评价兼顾，设置多源化的考评主体。伴随充分授权、自主管理、项目组与团队型工作组织的日益普遍，传统的由主管作为“单一化”考评主体的考评机制，已经显得不太合理，而应设置“多源化”“多方参与型”的考评主体，实行多元绩效评价。除了上级以外，企业还需要吸收相同项目组内的研发人员、使用研发成果的内部和外部客户、直接下属作为考评主体，这样才能更加客观地反映研发人员的业绩，引导研发行为。为保证多主体考评的科学性，需要根据各考评主体对于各种绩效信息的把握程度、所担当角色与行为特征，确定其参与考评的侧重点与考评结果的分量，使得绩效考评兼顾民主性、科学性与客观性。

（四）建立、健全研发人员绩效评价的支持性体系。绩效评价体系还必须建立相关的制度体系作为支持，例如员工申诉制度、技术等级制度、内部创业机制。缺乏这些相关的支持体系，员工绩效评价在实施过程中将易于产生偏差，进而导致达不到管理层的预期目的。建立基于公司内部网络的绩效考评数据库是值得推荐的做法，以便及时有效地收集相关数据，提高员工绩效考评的效率，从而大大缓和在传统操作方法中对绩效评价实施人员的工作量压力。

企业研发投入与业绩的相关性
——基于电子信息行业的实证分析*

王君彩　王淑芳

一、文献综述

由于微观数据的可得性，国外对私人企业的 R&D 和企业业绩相关性的研究较多。Ben - Zion（1978）研究了企业市值与账面净值的差与企业 R&D 和广告费的关系，William N. Leonard（1973）、Ben Branch（1974）等也做过相关方面的研究，他们利用美国丰富的微观统计数据从不同角度得出的结论都支持了企业 R&D 投入与企业业绩之间存在正相关性的结论。

在我国，由于缺乏公开披露的 R&D 经费支出信息，对 R&D 支出对企业业绩影响进行实证研究的很少。薛云奎、王志台（2001）根据沪市的经验数据（1996—1999）证明了单位无形资产对企业经营业绩的贡献要高于固定资产。由于当时上市公司的 R&D 信息披露极度缺乏，几乎没有 R&D 支出的具体数据，他们没有对 R&D 投入与公司业绩的相关性进行实证研究。梁莱歆、张焕凤（2005），程宏伟、张永海和常勇（2006），根据上市公司财务报告中披露的公司信息，利用一元线性回归模型分析了研发支出对公司业绩的影响。梁莱歆等认为 R&D 投入强度与主营业务利润率有较强的相关性，R&D 投入产出效应具有明显的滞后性。程宏伟等人的研究表明我国上市公司 R&D 投入与公司业绩正相关，R&D 投入对公司业绩的影响逐年减弱，上市公司的研发投入在投入之后的 1—2 年中对公司业绩的影响没有表现出滞后性，R&D 投入比重太低、不足以推动业绩的持续增长。这些研究从微观方面对研发支出和企业业绩之间的关系作了有益的探索，但是，一元线性回归的分析方法具有较大的局限性，从而影响到结论的说服力。

---

* 本文发表于《中央财经大学学报》2008 年第 12 期。

二、研究设计

（一）研究假设

假设1：R&D强度与企业的业绩正相关。

企业进行R&D投入的根本目的不是获取专利、开发出新产品、新工艺，而是利用这些成果来提高企业的经济效益，促使企业业绩的改变，实现企业利润最大化。国外的实证研究已证实了R&D投入与业绩之间的正相关关系，如Lev（1999）指出，大量经验研究结果表明，一个国家、一个行业、一个公司在无形资产方面的投入与经济的增长、生产率的提高、公司盈利之间呈显著的正相关关系。为了验证我国企业R&D投入的实施效果，笔者假定企业R&D强度与企业的业绩正相关，即在R&D对企业业绩改变的回归方程中，回归系数显著不等于0，并为正。

假设2：R&D强度对滞后期的公司业绩影响更大。

从研发投入到产品研制成功，再到将产品顺利销售取得利润，需要很长时间。薛云奎、王志台（2001），何玮（2003）和梁莱歆与张焕凤（2005）的研究都表明：研发投资的收益具有一定的滞后性，当年的研发收益可能不在当期体现。因此，本文假设R&D投入对滞后期的公司业绩影响更大。

假设3：研发及技术人员在企业总人数中所占的比重越大，企业的业绩越好。

企业研发及技术人员在企业总人数中所占的比重越大，说明企业越重视研发活动，研发的成果可能就越多，相应地企业的业绩可能也就越高。

（二）样本选择及变量设计

1. 样本选择

由于目前上市公司信息披露制度的不完善，大多数上市公司没有在其年度财务报告中披露R&D支出情况，为了对研发经费支出对企业的业绩影响进行分析，本文选取了2004年电子信息百强企业中的上市公司，样本数共54家。有关研发的数据来自2004—2006年电子信息百强企业名单中提供的数据，电子信息百强企业为集团企业的，本文假定集团公司的研发强度和上市公司的研发强度是一致的，根据集团公司的研发强度和上市公司的主营业务收入推算出上市公司的研发支出的数据。其余的数据来自2004—2006年上市公司公开披露的信息。

2. 变量设计

企业R&D投入包括资金、人员、创意和信息等。除了创意与信息缺乏客观、可量化的标准，其他投入均可以用货币进行计量，在会计核算中体现为研发费用。由于不同企业的规模不同，研发投入的绝对数额不可比，所以选取研发强度与研发和技术人员的比重反映企业的研发投入情况。

研发强度。本文中的研发强度是指研发支出和主营业务收入的比率。经过统计计算和整理后，样本公司R&D强度指标如表1所示。

表1　　2004—2006年样本企业研发强度分布情况

R&D投入强度区间分布	2004年		2005年		2006年	
	企业比重	强度均值	企业比重	强度均值	企业比重	强度均值
0—2%	20.00%	0.84%	11.11%	1.01%	13.33%	1.02%
2%—3%	20.00%	3.01%	24.44%	3.47%	24.44%	3.49%
3%以上	60.00%	30.61%	64.44%	22.83%	62.22%	23.19%
平均	100%	19.14%	100%	15.67%	100%	15.42%

根据2006年的科技统计报告，我国高科技产业R&D强度为1.08%，其中电子及通信设备制造业的R&D强度超过13%。从表1中R&D强度分布的情况来看，连续3年60%以上的样本公司的R&D强度超过了5%，样本整体的强度均值均超过了15%，明显高于高科技产业和同行业整体水平，原因可能有二：一是电子信息行业是高科技上市公司中科技含量较高的行业，其研发强度一般较其他行业高；二是因为样本中的企业为上市的电子信息百强企业，其研发能力和资金状况一般要好于其他电子信息企业。

（1）研发和技术人员比重。本文中研发和技术人员比重指的是研发和技术人员占全部职工人数的比重，这一指标可以从另一侧面反映企业对研发的投入和重视程度。样本企业研发和技术人员占全部职工人数的比重如表2所示。

表 2　　2004—2006 年样本企业研发和技术人员比重分布情况

研发和技术人员比重分布	2004 年		2005 年		2006 年	
	企业比重	研发和技术人员比重均值	企业比重	研发和技术人员比重均值	企业比重	研发和技术人员比重均值
10%以下	28.30%	5.85%	35.85%	6.48%	28.85%	6.01%
10%—20%	43.40%	15%	35.85%	15%	40.38%	14%
20%以上	28.30%	39.32%	28.30%	42.73%	30.77%	41.18%
平均	100%	19.36%	100%	19.88%	31%	19.93%

从表 2 可以看出，约 70% 的样本企业 2004 年、2005 年、2006 年 3 年研发和技术人员的比重在 20% 以下，表明企业研发人力资源的投入偏低。

（2）主营业务利润率。本文选择主营业务利润率衡量企业业绩。之所以不选择净利润、利润总额等常用的考核企业业绩的指标，主要是基于以下考虑：企业的净利润不仅与新产品、新工艺的开发与生产有关，还与企业的其他业务收入、偶然性收入等有关。R&D 活动的经济效益主要体现在增加企业的主营业务收入或者降低主营业务成本上，所以在分析研发投入和企业业绩之间的关系时，用主营业务利润率更为合理。

（三）回归模型的建立

参照王志台、梁莱歆、何玮、周亚虹等人的实证结论，拟根据方程（1）来检验当年 R&D 投入对企业当期经营业绩的影响；用方程（2）检验当年的 R&D 投入对随后企业经营业绩的影响。

$$P_{it} = a + \beta_1 RDI_{it} + \beta_2 ERD_{it} + \beta_3 P_{it-1} + \varepsilon_{it} \quad (1)$$

$$P_{it+j} = a + \beta_1 RDI_{it} + \beta_2 ERD_{it+j} + \beta_3 P_{it+j-1} + \varepsilon_{it} \quad (2)$$

i 表示公司，t 表示 2004 年度，j = 1，2。

模型中 P_{it} 表示第 t 年 i 企业的主营业务利润率，RDI_{it} 表示 t 年 i 企业的研发强度 P_{it-1} 属于引入的控制变量，用来控制盈利的时间序列性对未来年度主营业务利润率的影响，本文利用该指标力图把公司的利润分离为两种：一种是研发的投入对利润的推动效应；一种是企业除研发以外的其他投入对利润所作的贡献。a 为第 i 个电子信息企业不可观测的个体特征，ε_{it} 为误差项。

三、实证结果

（一）企业研发投入与业绩相关性的描述性统计

1. R&D 强度与主营业务利润率的相关关系分析

对样本公司 2004—2006 年不同 R&D 强度下的企业盈利能力进行了统计分组，如表 3 所示。从表 3 中可以看出，除 2004 年研发强度处于 2%—5% 范围内的企业主营业务利润率高于研发强度处于 5% 以上的企业外，研发强度和企业的主营业务利润率存在着较明显的正相关关系，即 R&D 强度越高，相应的主营业务利润率就越高。

表 3　2004—2006 年样本企业不同研发强度下盈利能力指标的分布

R&D 投入强度区间分布	平均主营业务利润率		
	2004 年	2005 年	2006 年
0—2%	15.41%	8.17%	9.18%
2%—5%	20.75%	13.49%	11.63%
5% 以上	17.78%	14.18%	14.05%
平均	17.90%	13.35%	12.81%

2. 研发和技术人员所占比重和主营业务利润率的相关关系

对样本公司 2004—2006 年不同研发和技术人员比重下的盈利能力进行了分组，如表 4 所示。从表 4 可以看出，研发和技术人员的比重和企业的主营业务利润率之间存在较明显的正相关关系，即企业研发和技术人员的比重越高，主营业务利润率就越高。

表 4　2004—2006 年样本企业不同研发和技术人员比重下盈利能力指标的分布

研发和技术人员比重	平均主营业务利润率		
	2004 年	2005 年	2006 年
10% 以下	12.56%	7.87%	9.18%
10%—20%	11.28%	10.52%	11.63%
20% 以上	17.14%	17.19%	14.05%
平均	13.45%	11.46%	12.81%

（二）企业研发投入与业绩相关性的多元回归分析

回归结果如表5所示，从中可以看出：（1）三个方程的研发强度的回归系数均为正值，但是，研发强度系数对应的T值没有通过显著性检验，这说明研发强度和主营业务利润率之间不存在显著的正相关关系。（2）从模型的F检验值以及调整后的R^2来看，滞后一期、滞后两期的模型明显比研发支出发生的当年优化。（3）三个方程的研发和技术人员比重的系数均为正，但是只有2004年的T值通过了显著性检验，说明研发及技术人员比重和主营业务利润率之间不存在显著的正相关关系。

表5　　研发投入与企业业绩相关性模型回归结果

方程		t = 2004	t = 2004，j = 1	t = 2004，j = 2
样本数		53	53	52
β_1		0.035709	0.029787	0.023555
T检验（β_1）	T值	0.803061	0.348532	0.509297
	Sig	0.4258	0.7289	0.6129
β_2		0.163373	0.004677	0.001054
T检验（β_2）	T值	2.468521	0.607673	0.957716
	Sig	0.0171 **	0.5462	0.3430
β_3		0.029763	1.123697	0.267435
T检验（β_3）	T值	0.786168	4.397734	4.177713
	Sig	0.4356	0.0001 **	0.0001 **
F检验	F值	2.507441	6.787313	7.186516
	Sig	0.069764 *	0.000644 **	0.000443 **
调整后的R^2		0.080010	0.250309	0.266815

注：*表示在10%的显著水平下显著，**表示在5%的显著水平下显著。

四、研究结论与启示

通过以上对样本公司R&D投入与其绩效的统计及分析，得到如下主要结论与启示：

（一）企业的研发投入水平偏低，对企业业绩的作用不明显

上面的实证研究表明，企业的研发投入与业绩之间不存在显著的正相关关系，这可能和我国企业研发投入不高有很大的关系。根据2006年的科技统计报告，电子及通信设备制造业的R&D强度在高科技上市公司中排名第二，但是研发强度也只是略超过13%。本文所选取的样本公司为电子及通信设备制造业的部分上市公司，较之一般的公司，应该更有实力进行研发活动，但是，如表1所示，仍有50%以上的样本公司研发强度在5%以下，可以说，我国企业研发投入仍然处于一个较低的水平，与国外企业相比还存在很大的差距，而国内外企业面对的是同一个竞争市场，以当前的R&D投入水平，在长期的竞争中必然会处于劣势。因此，我国企业应进一步加大R&D投入，全面提升企业的技术实力和核心竞争力。

（二）我国企业研发的效率低下

研究的结果表明，研发投入对企业业绩相关系数较低，这从一个侧面说明了我国研发的效率低下，具体体现在以下几个方面：

1. 企业的自主研发意识不强，重于模仿和技术的引进、改造。由于在技术水平上与国外有较大差距，从短期利益出发，企业更愿选择外购技术及设备。在笔者选取的54家样本公司中，只有24家公司拥有专利及专有技术，而且绝大多数是外购或接受投资取得的，自主研发的专利或专有技术寥寥无几。对于现代企业来说，单纯引进技术不可能取得技术上的领先地位，企业唯有通过研发，提高自主创新能力，才能提高企业的核心竞争力。

2. 缺乏高水平的科研人员和研发机构。高水平的科研人员和研发机构的缺乏，可能使投入的研发经费无法得到充分的利用，从而造成短期效应。从我国现实情况看，当前我国大中型工业企业、研发人员占总职工人数的比重偏低，2006年只有1.63%，而在国外这一比例一般在8%—20%，有的高达30%。我国企业拥有的研发机构比重也较低，2006年我国大中型工业企业中，设有科技机构的仅为23.2%，其中高水平的研发机构则更少，大部分的企业研发活动处于一种松散状态。这就不能不影响到我国企业的产品开发和技术创新能力。因此，只有不断地提高企业自身的研发能力，重视对高素质人才的培养，建立高水平的研发机构，才能较好地利用研发投入，创造出更多的产出，才能有利于企业的可持续发展。

（三）应加强研发信息的披露

企业研发能力的评价，研发活动的绩效评价都离不开充分的研发信息。2006年颁布的无形资产会计准则要求企业披露计入当期损益和确认为无形资产的研究开发支出金额，但这种披露对会计报表使用者远远不够，也为公司管理层回避研发投入留下了空间。在 R&D 活动的信息披露方面，笔者认为应有创新思维，应将财务会计报告和管理会计报告相融合，予以多层次披露。（1）在会计报表中报告符合资本化条件的 R&D 信息；（2）在会计报表附注中以表格的形式揭示以下有关 R&D 的信息：企业对 R&D 支出采取的会计政策、R&D 支出的期初余额、本期增加发生额、本期转出额、本期摊销额和期末余额、R&D 支出的摊销方法以及摊销期限、R&D 支出当期应计提的减值准备等；（3）在财务情况说明书中告知披露以下信息：当年 R&D 支出占销售收入的比重、企业取得的专利数、新产品收入占总收入的比重、研发合作联盟和合作企业的投资等和投资者决策高度相关的信息。

第六篇

双碳经济背景下企业会计问题研究

碳达峰是指全球、国家、城市、企业等主体的碳排放在由升转降的过程中，碳排放的最高点即碳峰值。碳中和是指人为排放量与通过植树造林，碳捕捉与封存（CCS）技术等人为吸收达到平衡，狭义上指二氧化碳排放，广义也可指所有温室气体排放。碳达峰，碳中和的本质是更高质量地可持续发展。在此背景下，限制碳排放的私人收益（本国利益）小于社会收益（全人类的利益），这会导致发展中国家限制碳排放的意愿并不强烈。

中国会计界对碳经济的认知和研究是近年来的一个学术热点。王君彩教授近年来，先后或独立或指导学生进行了多篇相关研究，本文集收入的论文主要是两篇碳专题的实证研究，一篇是碳披露、企业回应动机与市场反应——基于2008—2011年CDP报告的实证研究；另一篇是低碳背景下森林碳汇的资产属性及其评价方法探讨。本篇摘要汇编2篇论文。

碳披露、企业回应动机与市场反应
——基于 2008—2011 年 CDP 报告的实证研究*

王君彩　牛晓叶

一、引言

为了解气候变化给企业带来的影响及企业的应对措施，2003 年由全球大型机构投资者发起设立的民间非营利组织——碳信息披露项目（以下简称 CDP），开始对全球多家大型企业发出碳信息披露调查问卷。2008 年，CDP 开始对中国市值最大 100 家公司发出问卷，截至 2011 年，四年中我国企业对 CDP 的回应率从 25% 提高到 47%，呈现不断上升趋势。基于 CDP 的民间组织性，企业的回应行为完全是自愿的。但是企业对 CDP 问卷的回应是需要支付成本的，除了核算成本，还可能因为披露引发潜在的管制风险甚至诉讼。Healy 和 Palepu（2001）指出，当信息的披露有可能会降低公司的竞争优势时，公司有动机不披露其信息。那么，受邀回答 CDP 问卷的企业自愿做出回应的动机是什么？按照自愿信息披露的信号传递论，管理层可能希望通过自愿的信息披露来向市场传递公司“低碳”的信号，从而影响投资者对公司的看法。而在我国非强制减排制度背景下，投资者是否关心企业的低碳行为？是否会对回应 CDP 问卷的公司给予正面反应？本文以受邀填写 CDP 问卷的中国公司为对象，研究其对 CDP 问卷做出回应的动机和市场反应，希望为政府和监管方决策提供相关的经验性证据。

二、文献回顾

关于公司自愿信息披露的动机，Healy 和 Palepu（2001）从资本交易市场、

* 本文发表于《中央财经大学学报》2013 年第 1 期。本文为中央财经大学会计学院王君彩“碳会计研究”课题的部分研究成果。

公司控制权竞争、股票期权补偿、诉讼风险、专属成本和管理者信号六个方面进行了阐述；Verrecchia（2001）认为公司面临的公众压力、外部监管越严格，其选择披露的可能性会越大；王雄元和王永（2006）从寻租理论、经济后果理论和印象管理理论阐述了企业自愿的信息披露行为。当前对环境信息披露的实证研究，多集中于从财务状况和公共压力、合法性理论等角度考察企业披露水平的影响因素，但结论有所不同。Trotman 和 Bradley（1981）研究发现公司规模越大，环境信息披露水平越高；Anderson 和 Frankle（1980）发现公司业绩越高，环境信息披露水平越高，而 Freedman 和 Jaggi（1982）却认为公司绩效与企业信息披露水平负相关；李晚金和匡小兰等（2008）研究发现公司规模、公司绩效和法人股比例高的企业的环境信息披露水平高，而公司财务杠杆和股东性质对环境信息披露水平没有显著影响；Patten（1992）从政治学的合法性理论角度研究了同类行业的环境事故对企业环境信息披露水平的影响；Deegan（1998）发现了舆论压力对企业信息披露的影响，认为媒体对企业报告数量越多，企业披露的正面的环境信息越多；肖华和张国清（2008）基于“松花江事件”的重大环境事故，从公共压力角度分析了企业自愿环境信息披露的动机，并解释它是企业为生存的“正当性”进行辩护的自利行为。

随着 2003 年以来 CDP 报告数据的不断增加，学者开始利用 CDP 报告进行碳信息披露水平的实证研究。Stanny 和 Ely（2008）发现公司 CDP 披露水平同公司规模、之前的披露和国外销售等因素有直接关系；Pardo（2009）从公司规模、公司财务杠杆、盈利能力、公司成长性、是否属于社会责任指数公司、所属国家是否签订京都议定书等方面分析了世界范围内全球 500 强企业碳信息发布情况的影响因素。Stanny（2010）考察了美国标准普尔 500 家企业在 2006—2008 年有关温室气体排放的自愿性披露，认为之前的披露水平是解释当前披露状况的最重要因素。张萍（2011）从经济压力、监管体制压力、社会及财务金融市场压力四个方面研究了全球 500 强企业在 2010 年 CDP 问卷中披露情况的影响因素。

总的来看，一方面，当前关于环境信息披露水平影响因素的实证研究比较丰富，而对基于 CDP 问卷的碳信息披露动因研究比较少，且一般以世界 500 强为样本。由于 CDP 问卷是由全球 385 家代表资产管理总额达 57 万亿美元的机构投资者联合签署的，因此企业对 CDP 问卷做出回应以披露碳信息的动机可能不同于环境信息披露动因。另一方面，由于环境信息一般与企业年报一起披露，使得单独研究环境信息的市场反应变得不可行，因为难以分离开年报的影响。而中国 CDP 报告公布时间一般在11月份左右，这就为我们研究投资者对企业碳信息披露行为的市场反应提供了可能。基于这两方面的考虑，本文拟结合中国当前非强制减排背景，以中国2008—2011年受邀填写 CDP 问卷的企业作为研究样本，试图研究哪些公司层面因素会影响受邀公司是否对问卷做出回应的行为选择，并实证检验资本市场对公司回应行为的反应。

三、理论分析与研究假设

（一）股东积极主义

碳信息披露项目能够促使企业对其问卷做出回应，原因在于它把全球大型的机构投资者联合起来，对公司管理者施加了压力。如 Song 和 Szewczyk（2003）所言，一组投资者而非单一投资者对公司施加的压力，更能促进公司组织变革的效率。该项目向全球大型企业发放 CDP 问卷，回收的问卷在 CDP 网站上予以公布，并定期发布 CDP 报告，这就把被调查公司置于公众关注之下，使得被调查公司不得不满足机构投资者信息需求，披露企业碳信息，CDP 组织的运作本身是股东积极主义行为的表现。基于此，本文认为当受邀企业的机构投资者比例高时，一方面表明企业精明投资者的比例高，对公司透明度要求比较高，公司披露环境信息的“阀门”比较低（Dye，1998），企业更可能对 CDP 问卷做出回应；另一方面，公司的机构投资者会比较关注企业对来自“同行”的 CDP 问卷的回应情况，促使企业管理层对 CDP 问卷做出回应。

假设1：相对于机构投资者持股比例低的公司，机构投资者持股比例高的公司更有可能对 CDP 问卷做出回应。

（二）公共压力理论

公共压力由文化环境、政治环境和法律环境组成（Walden，1997）。Cho 和 Patten（2007）认为，公共压力产生于公众、政治团体、管制机构或社区群体的忧虑和关注。国有经济是我国经济的主导，相对于民营企业，除了经济目标，它还要服务于社会目标（比如就业目标、社会稳定和环境保护等），媒体和公众对国企的关注度比较高，对其在环境保护绩效的期待也比较高，而来自政府的监管压力也迫使国企比较注重低碳环保，在自愿的碳信息披露方面起到表率作用。

假设2：相对于非国有公司，国有公司更有可能对CDP问卷做出回应。

（三）印象管理理论

印象管理是人们试图通过自己的行为用来控制他人对自己形成印象的过程。人们认为外界对自己的信息不了解时，就更倾向于进行印象管理（王雄元和王永，2006）。京都议定书的生效表明了发达国家的强制减排义务，欧美诸国正在酝酿推动碳税和行业碳排放标准的实施。这使得境外发达国家更注重其进口产品的“碳足迹”，在进口供应链的选择上会尽量选择低碳产品，以降低产品的“碳足迹”。由印象管理理论，对于产品倾向于外销的企业，由于国外企业对其情况了解甚少，企业可能倾向于通过对CDP问卷做出回应，来向其产品进口国留下尽可能美好的印象。

假设3：相对于产品内销公司，倾向于产品外销的公司更有可能对CDP问卷做出回应。

（四）披露成本理论

高碳排放企业与低碳排放企业对CDP问卷做出回应的成本是不同的，原因如下：第一，CDP问卷中“温室气体排放核算”，包括直接温室气体排放和间接温室气体排放。根据Greenhouse Gas Protocol（简称“GHG”协议），对于低碳排放企业，温室气体排放主要是间接排放，计算起来比较容易。而对于高碳排放企业，比如电力公司、石油化工制药企业，则要计算整个业务流程中燃料设备、化学处理过程中直接的碳排放量，核算起来比较复杂，甚至需要支付额外的人工成本。第二，高碳排放企业的碳排放信息可能会引发未来更严格的管制，甚至引起集体诉讼（周一虹和孙小雁，2006）。

假设4：相对于高碳排放企业，低碳排放企业更可能对CDP问卷予以回应。

（五）信号传递理论

Healy和Palepu（2001）认为，管理层有动机通过自愿的信息披露来向市场传递公司能力的信号，从而影响投资者对公司的看法，以影响公司价值。由此，本文预计公司对CDP问卷做出自愿回应，表明企业已经开始为低碳时代做准备，并制定好应对战略（张萍，2011），能够向市场传递公司“低碳”的信号。反之，若企业对CDP问卷保持“沉默”，则会向市场传递一种其不关心气候变化带来的风险，并缺乏低碳应对战略的信号。

假设5：在中国CDP报告公布期间，相对于对CDP问卷未做出回应的公司，做出回应的公司将出现正面的市场反应。

四、样本与模型选择

（一）研究样本

本文选取2008—2011年中国受邀填写CDP问卷的公司为样本，根据4年的CDP中国报告，中国每年的受邀企业均为当年中国市值最大的100家公司，4年累计公司数为400家，剔除B股、H股公司86家，剔除财务数据缺失的公司28家，得到的有效样本289家。为了研究市场对公司回应行为的反应，还要扣除事件估计窗口较短的样本公司10家，得到研究市场反应的样本为278家。本文的数据来源有两个：一是手工整理2008—2011年的中国CDP报告，收集样本公司回应情况信息；二是通过wind数据库获取样本公司的财务数据信息。所用的统计软件为stata10. 0。

（二）模型与变量设定

本文的实证研究分两部分，一是用Logistic模型考察公司对CDP问卷回应的动机，验证本文的假设1—4；二是用事件研究法检验市场对企业回应行为的反应，验证假设5。变量设定及其定义见表1。

模型一 logistic 模型：$f(resp) = 1/(1+e^{-resp})$

其中，$resp = \beta_0 + \beta_1 inshare + \beta_2 state + \beta_3 outsale + \beta_4 ind + \beta_5 size + \beta_6 roe + \beta_7 lev + \beta_8 q + \varepsilon$

模型二 CAR 模型：$CAR = \partial_0 + \partial_1 resp + \partial_2 size + \partial_3 \Delta roe + \partial_4 lev + \partial_5 q + \varepsilon$

表 1　　　　模型中涉及的变量的定义

变量名	变量名称	变量含义
resp	公司是否做出回应	公司回应 CDP 情况有四种：填写问卷、提供信息、没有回应和拒绝答复。本文把“填写问卷”和“提供信息”视为企业对 CDP 问卷做出回应，*resp* 取 1，否则取 0。
CAR	股票累计超常收益率	股票预期收益率的计算采用单因素市场模型。中国 CDP 报告分别公布于 2008 年 10 月 24 日、2009 年 11 月 25 日、2010 年 10 月 29 日与 2011 年 11 月 3 日。本文将这四个日期定为事件日。事件窗口分别为［-2，2］、［-5，5］、［-7，7］、［-9，9］，估计窗口为事件日之前的［-200，-30］共 171 个交易日。
inshare	机构投资者持股比例	受邀填写 CDP 问卷公司上一年年末全部机构投资者持股比例。
state	公司所有权性质	受邀填写 CDP 问卷公司上一年年末属于国有企业取 1，反之取 0。
ind	公司所属行业类型	受邀填写 CDP 问卷公司属于高碳排放行业则取 1，反之取 0。
size	公司规模	受邀填写 CDP 问卷前一年年末公司资产总额的自然对数。
lev	财务杠杆	受邀填写 CDP 问卷前一年年末公司长期负债占总资产的比例。
q	成长性	受邀填写 CDP 问卷前一年年末公司股票总市值除以公司账面净资产。
roe	公司绩效	受邀填写 CDP 问卷前一年公司的净资产收益率。
Δ*roe*	未预期盈余	受邀填写 CDP 问卷当年（第三季度净利润－第二季度的净利润）/第三季度净资产。

五、实证检验与分析

（一）数据描述性统计

表 2　　　　主要变量的描述性统计

第一部分　模型一的变量						
变量	样本量	均值	标准差	最小值	中位数	最大值
resp	289	0.367	0.483	0	0	1
inshare	289	0.548	0.225	0.034	0.566	0.980

续表

第一部分　模型一的变量						
变量	样本量	均值	标准差	最小值	中位数	最大值
state	289	0.709	0.455	0	1	1
outsale	289	0.093	0.170	0	0.007	0.889
ind	289	0.381	0.486	0	0	1
size	289	15.89	1.916	11.95	15.50	21.02
lev	289	0.082	0.106	0	0.035	0.572
q	289	1.547	1.850	0.004	1.011	10.82
roe	289	0.154	0.0989	-0.456	0.150	0.517
第二部分　模型二的变量						
变量	样本量	均值	标准差	最小值	中位数	最大值
CAR [-2, 2]	278	-0.039	0.043	-0.129	-0.008	0.143
CAR [-5, 5]	278	-0.007	0.061	-0.191	-0.015	0.245
CAR [-7, 7]	278	-0.073	0.074	-0.314	-0.007	0.290
CAR [-9, 9]	278	0.071	0.084	-0.388	-0.012	0.341
Δ*roe*	278	-0.057	0.028	-0.194	-0.003	0.127

表2报告了变量的描述性统计结果，可以看出我国受邀企业对CDP问卷做出回应的比例为36.7%，表明我国企业对CDP问卷的回应率偏低；*inshare*的均值为0.548，方差为0.225，不同企业机构投资者持股比例相差悬殊；受邀企业多数为国有企业，占比70.9%；*outsale*均值（中位数）为0.093（0.007），呈右偏分布；受邀企业多数为低碳排放企业，高碳排放企业比例仅为38.1%；*CAR*在事件期前后2天、前后5天、前后7天和前后9天均值分别为-0.039、-0.007、-0.073和0.071，说明受邀公司在事件窗口的市场反应整体为负，随着事件窗口期变长，*CAR*最大值和最小值的差距也从0.272（0.143+0.129）增大到0.353（0.341+0.012），说明投资者对整个市场不看好。

（二）多元回归分析

1. logistic 回归结果分析

表 3　受邀填写 CDP 问卷公司是否做出回应的 logistic 回归结果

	模型 1a	模型 1b	模型 1c	模型 1d	模型 1e
因变量	resp	resp	resp	resp	resp
Constant	−10.370*** (−5.88)	−10.036*** (−5.75)	−11.712*** (−6.13)	−10.284*** (−5.92)	−12.308*** (−5.99)
inshare	0.015** (2.28)				0.016** (2.47)
state		−0.647** (−2.15)			−0.725** (−2.26)
outsale			0.260** (3.12)		0.300** (3.67)
ind				0.089 (0.29)	0.502 (1.52)
size	0.538*** (5.20)	0.582*** (5.71)	0.645*** (5.90)	0.572*** (5.66)	0.652*** (5.58)
lev	1.154 (0.84)	2.078 (1.48)	1.331 (0.95)	1.240 (0.85)	1.063 (0.66)
q	0.173* (1.68)	0.216** (2.09)	0.266** (2.56)	0.195* (1.82)	0.244** (2.33)
roe	0.318 (0.23)	0.781 (0.54)	0.366 (1.39)	0.956 (0.67)	−0.019 (−0.01)
样本量	289	289	289	289	289
pseudo_R2	0.139	0.137	0.134	0.125	0.164

注：变量定义见表 1，***，**，* 分别表示系数在 1%，5%，10% 水平上显著。

表 3 报告了 logistic 模型的回归结果，模型 1a 中 *inshare* 的系数为 0.015，在 5% 水平上显著，验证了假设 1，机构投资者持股比例越高的公司会倾向于支持股东积极主义行为，更有可能对机构投资者联署的 CDP 问卷做出回应。

模型 1b 中 *state* 的系数在 5% 水平上显著为负，为 −0.647，表明国有公司相对于非国有公司对 CDP 问卷做出回应的可能性更低，同假设 2 恰好相反，说明我国国有企业在自愿的碳信息披露中并没有起到模范带头作用，来自媒体、社会和机构投资者的关注并没有使其产生足够压力来积极回应 CDP 问卷，这与 Liu 和 Anbumozhi（2009）的研究结论一致，Liu 和 Anbumozhi（2009）指出在企业众多的利益相关者中，我国国有企业对政府这个利益相关者最为敏感，其环境信息披露水平倾向于满足政府的要求，而对其他利益相关者比如债权人、其他股东和社会公众的环境信息需求关注不足。模型 1c 以境外销售收入比重作为自变量，回归系数为 0.260，且在 5% 的水平上显著，同假设 3 提出的产品倾向于出口的公司的对 CDP 问卷的回应可能性更高的预期一致，表明公司希望通过积极回应 CDP 问卷给国外进口商留下企业环保低碳的印象，这也间接体现出当前发达国家在碳管制时代对低碳产品的偏好，同 Stanny 和 Ely（2008）的研究结果一致。模型 1d 中行业类型对公司是否回应 CDP 关系不显著，符号也与预期相反，说明高碳排放企业并没有由于较高的披露成本而降低披露的可能性。这可能是因为未来的碳管制会给高碳排放企业带来大的挑战，而作为市值 100 强公司，它们不会坐以待毙，而是提前对自身碳排放进行梳理，为低碳时代做准备，从而在一定程度上降低了其由于披露成本高而不愿意回应 CDP 问卷的可能性。模型 1e 的结论同样支持了假设 1 和假设 3，同假设 2 预期相反，不支持假设 4。

2. CAR 回归结果分析

表 4　　公司是否回应 CDP 问卷的市场反应 CAR 模型的回归结果

	模型（2a）	模型（2b）	模型（2c）	模型（2d）
因变量	*CAR* [-2, 2]	*CAR* [-5, 5]	*CAR* [-7, 7]	*CAR* [-9, 9]
resp	-0.001 (0.17)	-0.004 (-0.52)	-0.012 (-1.15)	-0.017 (-1.41)
size	-0.006*** (-3.60)	-0.003 (-1.32)	-0.002 (-0.72)	0.000 (0.05)
Δ*roe*	0.150 (1.33)	0.290*** (2.86)	0.081*** (4.32)	0.351** (2.12)
lev	-0.021 (-0.85)	0.064** (2.14)	0.049 (1.23)	0.056 (1.26)
q	-0.002 (-1.01)	0.004 (1.48)	0.006** (2.15)	0.006* (1.79)
Constant	0.104*** (3.33)	0.039 (0.88)	0.023 (0.40)	-0.016 (-0.25)

续表

	模型（2a）	模型（2b）	模型（2c）	模型（2d）
因变量	*CAR*［−2，2］	*CAR*［−5，5］	*CAR*［−7，7］	*CAR*［−9，9］
样本量	278	278	278	278
R − squared	0.069	0.079	0.070	0.052
F	4.155	6.592	8.617	3.532

注：变量定义见表1，***，**，*分别表示在1%，5%，10%的水平上显著。

表4报告了市场反应CAR模型的回归结果，从结果看，不论事件窗口为事件日前后2天、前后5天、前后7天还是前后9天，*resp*系数均为负，但不显著。表明市场并没有对回应企业给予正面反应，反而对其做出了并不显著的负面反应。不支持假设5提出的市场对回应公司会有正面市场反应的预期。这可能是因为我国非强制减排的制度背景下，投资者环保意识不强，并不关心企业是否在为低碳做准备，甚至认为企业没有必要提前为低碳时代做准备。也可能是由于CDP问卷所披露出来的碳信息对投资者缺乏价值有用性（Kolk和Levy，2008），谭德明和邹树梁（2011）指出CDP披露的碳信息缺乏可比性，内容难以理解价值，缺乏审核和统一量化标准，造成碳信息披露的价值相关性不强。

为了检验本文的研究结果是否稳健，本文做了如下的敏感性检验：首先，考虑到金融保险业资本结构的特殊性，本文在样本中排除金融保险业，重做logistic回归，结论不变。其次，对机构投资者和境外销售比例分别等额分为十组，并标准化处理，重新做logistic回归，结论没有改变。最后，用市场调整法计算CAR，重新做CAR回归，结论不变。

六、研究结论

本文以2008—2011年受邀填写CDP问卷的中国企业为样本，从股东积极主义、公共压力、印象管理和披露成本四个方面考察了受邀企业对CDP问卷回应的动机，并检验了市场对公司回应行为的反应，得到如下结论：（1）股东积极主义行为在公司治理中正在发挥作用，机构投资者逐渐开始参与并影响公司的决策，由被动变为主动，成为积极的投资者，机构投资者持股比例高的公司更可能对CDP问卷做出回应。（2）国有企业并没有从机构投资者的联合信息诉求中产生压力感，国有企业对CDP问卷做出回应的可能性更低，正如Liu（2009）所述，国有企业在其利益相关者中，对来自政府的压力最为敏感，而其他投资者、债权人和社会公众对其的影响并不大。（3）产品倾向于外销的企业更可能对 CDP 问卷做出回应，原因是《京都议定书》的签订使得多数发达国家注重产品的碳足迹，进口时会偏好低碳绿色产品，促使产品外销公司有动力对 CDP 做出回应以留取“低碳环保”印象。（4）高碳排放行业对 CDP 问卷回应可能性并不显著低于低碳排放行业，表明我国 100 强公司中的高碳排放企业并没有坐以待毙，而是积极参与到了减排行动中。（5）市场对公司的回应行为并不看好，没有做出正面反应，表明我国在当前非强制减排阶段，投资者并不关心企业是否低碳，甚至认为公司当前没有必要为低碳做准备，而对做出回应的公司给予了不显著的负面反应，同时也说明 CDP 问卷所提供的信息缺乏价值相关性。

本文在实证研究的基础上，提出如下建议：第一，进一步改善公司治理的宏观环境，如强化股东保护力度、完善内部控制等，为股东积极主义更好发挥作用创造条件，并鼓励机构投资者在股东积极主义方面加强合作；第二，借鉴碳信息披露项目问卷设计内容，构建适合我国国情的碳信息披露框架，对企业碳信息披露形式和内容做出约束，提高企业披露的碳信息的价值相关性；第三，由于国有企业对来自政府压力最为敏感，为了鼓励国企提高碳信息披露水平，政府可以把碳管理绩效指标纳入国有企业的业绩考核中，以使其履行更多的碳减排责任；第四，在我国进一步倡导低碳环保理念，引导消费者对低碳产品选择，加强投资者对气候风险的认识，明白低碳战略对企业长期竞争地位的影响。

低碳背景下森林碳汇的资产属性及其评价方法探讨*

王君彩　牛晓叶

从1997年的《京都议定书》到2007年的《巴厘岛路线图》再到《哥本哈根协议》，全世界范围内正在经历从传统高碳社会向低碳社会的转型。目前，全世界范围内主要通过两种途径来减少大气中的碳气体浓度，一是减少温室气体排放源；二是增加温室气体吸收汇。而森林作为陆地上最大的碳储库，其巨大的碳汇功能日益受到人们的重视。Ratnatunga（2004）认为，对于具有碳固价值的森林资源，其吸收CO_2的能力可以为企业创造额外的碳减排指标，在低碳背景下，森林资源的价值不仅仅体现为其传统意义上所界定的生物资产的账面价值，更体现为碳固价值。

基于低碳背景下森林的巨大碳汇价值，对森林碳汇价值的评估能够使人们更加地清晰了解到森林的环境价值，加强对森林的保护，并提高林业生产者的工作积极性。然而，由于当前国内以及国际碳汇市场发育不完善，森林碳汇计量相关技术比较复杂，如何客观准确地评估森林碳汇价值是一个有待于深入研究的课题，本文试图在现有评估理论基础上，结合森林碳汇的特点，探析森林碳汇价值的相关评估问题。

一、文献回顾

森林资源的环境价值，早在18世纪就受到人们的关注，但大都是基于公共产品视角的森林生态效益的评估，包括涵养水源价值、固碳释氧价值、保育土壤价值、净化空气价值、休闲旅游等方面。1992年联合国环境发展大会以及我国制定

---

* 本文发表于《会计之友》2013年第3期。

的《21 世纪议程》中，提倡对森林的社会价值和生态价值进行计量，并将其纳入国民经济核算体系。之后，1995 年侯元兆等出版了《中国森林资源核算研究》，首次对林地、林木及森林的涵养水源、保育土壤和固碳制氧效益进行了核算。关于森林资源价值评价的方法，大都从揭示消费者的支付意愿着手进行。马中（1999）根据消费者支付意愿方式的不同，把森林资源价值评价方法分成直接市场法、揭示偏好法和意愿调查法三类；陈应发等（1995）从影子价格和消费者剩余等替代市场技术来评估森林资源价值。

在低碳背景下，森林资源巨大的碳汇价值也逐渐得到人们的认可，许文强（2006）运用换算因子连续函数法计算得出黑龙江三北防护林第一阶段人工碳汇价值为 12. 49 亿元；李荣和杨婧（2008）估算出糯扎渡自然保护区森林资源碳汇量为 741. 26 万吨。学者对森林碳汇量的估测方法可以分为涡旋相关法、蓄积量法和生物量法等，价值计量方法有工业处理成本法、造林成本法、碳税法和避免损害费用法等（邢美华等，2007）。从评估的对象和目的看，大都属于一定区域内森林总固碳能力的碳汇功能评价。

随着碳交易市场的建立，碳汇价值的资产属性逐渐显现出来，许文强（2008）认为森林碳汇归属于企业的一项资产，我国不少学者也提出企业碳资产的概念（万林葳和朱学义，2010；林鹏，2010；张鹏，2011）。因此，森林碳汇的资产属性已得到部分学者的认可，但是当前关于森林碳汇价值评估方面文献还比较少。

二、低碳背景下森林碳汇的资产属性

回顾会计学界和评估学界资产的定义，2006 年《企业会计准则—基本准则》中资产的定义为："资产是指企业过去的交易或者事项形成的、由企业拥有或者控制的、预期会给企业带来经济利益的资源。"评估教材中资产的定义为："资产是经济主体拥有或控制的，能以货币计量的，能够给经济主体带来经济效益的经济资源。"笔者认为，在低碳背景下，随着《京都议定书》强制减排法规的出台，森林碳汇功能逐渐成为对森林所有者有价值的资源，相当于企业的一项无形资产，可以为企业带来经济利益。理由如下：

1. 森林碳汇是一种资源。拉马迪认为，"资源对人类而言意味着任何形式的能量或物质，这种能量或物质对于满足人类生理、社会经济和文化娱乐的需要都是必不可少的”。尽管森林的碳汇能力不具有实物形态，但森林资源在生长过程中，可以从大气中吸收并储存大量的二氧化碳，从而抑制全球变暖，减少气候变暖带来的损失。

2. 森林碳汇功能归属于森林的所有者。森林碳汇功能的载体是森林，该能力是森林所附带的一种生态产品，所以，谁拥有或控制了森林的所有权，便同时拥有或控制了与森林相伴而生的碳汇价值。

3. 森林碳汇功能预计能够给其所有者带来一定的经济利益。在《京都议定书》对发达国家的强制减排限定下，各个国家为了完成强制减排限额，实行了总量—交易控制，即国家对国内企业的碳减排量进行了限定，如果企业的碳排放额度超过其限额，就需要到碳排放市场中购买多余的碳排放信用，反之，则可以把剩余的碳排放配额在碳交易市场中出售，转化为经济利益。这时，对于拥有森林资源的企业来讲，其所拥有的森林资源的碳汇能力显然可以抵消企业碳排放量，或为企业创造额外的碳减排指标在碳交易市场进行出售。

4. 森林碳汇不具有实物形态。森林碳汇功能是森林所具有的一种功能，该功能依托于森林这一载体，在一定条件下（叶绿素、光能等）与一定的物质实体（水、CO_2）相结合，发挥其碳汇功能，该功能是看不见、摸不着的。但是只要森林不停止生长，其碳汇功能就会持续。

综上，笔者认为森林碳汇是依托于森林的一种无形资产，它没有具体的物理形态，但能够为其拥有者带来长期经济利益。若森林资源的碳汇功能这项无形资产价值长期得不到实现和认可，将会大大低估森林资源的价值，影响林业生产者的积极性，可能还会严重影响我国林业的发展，因此，基于森林碳汇的资产属性，我们有必要对其价值进行评估，为该项无形资产的确认和交易提供价值依据。为了能够全面客观地对森林碳汇价值进行评估，让我们首先了解森林碳汇价值的影响因素。

三、森林碳汇价值的影响因素分析

森林碳汇价值是碳汇量和单位碳汇价值两方面因素共同作用的结果。因此，其影响因素也从这两方面进行分析。

（一）森林碳汇量的影响因素

森林碳汇功能是一个十分复杂的生物学和生态学过程，其碳汇量的大小既取决于森林树种、林龄等自身因素的影响，也受到造林面积、森林病虫鼠害面积、人为抚育管理支出等自然、社会因素的影响。

1. 不用品种的林木的碳汇功能不同。由于森林的空间地理差异导致的水热条件以及林分结构和土壤性状的变化，不同品种的林木的碳密度不同，森林的碳汇能力也存在很大差异。毕君（2011）就以林分尺度为基础，调查收集了木兰围场六种林分类型的森林碳密度为 142.083—218.6947 t/hm^2 不等，其排序为山杨林 > 灌木林 > 白桦林 > 落叶松林 > 蒙古栎林 > 油松林。

2. 森林的碳汇功能与林龄相关。森林资源的成长可以分为幼龄林、中龄林、近熟林、成熟林或过熟林等阶段，随着森林从幼苗到成熟，树木的每年的固碳量是不同的。一般来说，当树木达到最佳生长状态时，单位时间内树木形成的固碳量是最大的，当树木达到成熟后，虽然立木蓄积量达到最大，但树木单位时间的固碳量已经达到最低。一般来说，树木的碳固总量随着时间推移不断增大，但每年的固碳量却是逐渐变小的。

3. 森林碳汇功能受到自然因素的影响。不同生长环境中森林的碳汇能力是不同的。因为每一片森林由于生长的环境，比如土地肥沃程度、病虫害的侵害程度、气候的适宜程度等不同，它所吸收的碳数量的多少，即碳固能力也是不同的。Steven Running 发现，湿度增加会使植物孔径放大，让更多二氧化碳进入叶片，使光合作用更快进行。

4. 森林碳汇功能受到抚育管理因素的影响。增加森林种植面积、延长木材轮伐期、减少对现存森林的破坏以及增加对森林的有效抚育管理，改善森林的生长环境，这些人为因素能够提高森林的碳汇功能。沈文清等指出，“人为干扰对森林植被碳密度的影响可能远高于气候等自然因素，人们对森林的抚育管理能在增加林分质量的同时，增加其固碳和贮碳能力”。

（二）单位森林碳汇价格的影响因素

森林碳汇价值的重要评价参数是碳汇价格，单位一般是元/吨碳。评价的目的不同，碳汇价格的确定方法不同，可以有影子价格、工业减排成本、碳交易价格、碳税价格等。其中，影子价格一般是考察森林碳汇对国民经济和气候变化的贡献，而如果进行经济评价，则并不适用。而后三种价格中，工业单位减排成本对于不同的企业是不同的，是工业企业自身进行碳交易决策的依据；而碳税价格虽然比较稳定，但是不能反映碳汇的公允价值。而碳交易价格最能反映碳汇的市场价格，且市场上已建立了芝加哥气候交易所、澳大利亚国家信托、英国排放权交易体系和欧盟排放权交易体系四个比较有规模的碳交易所，我国也逐渐建立了北京、天津、上海、昆明等环境交易所，但是碳交易市场还是处于形成阶段，碳交易价格波动比较大，容易受到全球碳经济和政治博弈、全球经济形势和碳供需关系、金融市场投机资本和碳交易市场成熟程度等多种因素的影响（江璐林，2011）。

四、森林碳汇价值评估前需明确的几个问题

根据《无形资产评估准则》，我们在进行森林碳汇价值评估之前，需要首先明确评估基准日、评估目的、评估对象和范围、森林碳汇量的监测计量方法等几个问题。

（一）评估基准日

碳交易市场确立后，全球碳交易发展迅速，但碳交易价格波动比较大。2006年4月中旬，欧洲气候交易所每吨碳交易价格高至30欧元，但到5月中旬就跌至10欧元，2007年的期货价格甚至降到了4欧元。2009年平均价格约是2008年平均价格的1.6倍。由于碳价格波动剧烈，评估时要首先确定评估基准日，选择评估基准日的碳汇价格作为评估依据。

（二）评估目的

根据评估准则，“一般当出现无形资产转让和投资、企业整体或部分资产收购和处置等经济活动时，注册资产评估师可以接受委托，执行无形资产评估业务”。同样当发生碳汇交易、森林产权变动或生态效益评价时，就涉及森林碳汇价值的评估。由此，笔者把评估目的分为碳汇交易评估、碳汇林交易评估和碳汇功能评价三种。

由于当前碳交易市场的标的物分为碳减排量和碳排放权两种，前者是指《京

都议定书》建立的清洁发展机制（以下简称CDM）下，对CDM项目所带来的碳减排量的项目型交易；后者是指具有减排义务的发达国家之间存在的以碳排放权为标的物的配额型型交易，该交易一般采取总量—交易控制机制来实现，以年为单位来分配配额，如果当年企业的碳排放额度超过其配额，就需要到碳排市场中购买多余的碳排放权，反之，则卖出多余的碳排放权。由此，笔者又把碳汇交易评估分为项目型碳汇交易评估和配额型碳汇交易评估，前者是对CDM项目下的森林整个生命期内预计的碳固量的价值评估；后者只是对森林某年碳固量的价值评估。

（三）评估对象和范围

森林碳汇的评估目的不同，森林碳汇的评估对象和范围也不同，具体表现如下：从项目型碳汇交易角度看，评估对象是一定区域内森林在未来生命期内的预计碳固量，不是森林实物量或其现存的碳固量。从配额型碳汇交易角度看，评估对象是一定区域内森林在某一年或时间段内的碳固量，而不是森林未来整个生命期内的碳固量。从碳汇林交易评估角度看，评估对象包括森林实物本身及其碳汇功能两部分，是对一定区域内森林的实物量和该片森林未来生命期内的碳固量的价值评估。从碳汇功能评价角度看，是对一定区域内森林的总固碳功能的评估，评估对象既包括森林某一时刻的碳存量，也包括其预计的未来碳固量，这是基于社会角度对森林生态效益的评估，现有的大多数关于森林碳汇价值评价的文献（许文强，2006；郝婷婷，2006；等等）均属于对森林碳汇功能评价。

从各种评估目的下的评估对象的不同可以发现，项目型碳汇交易评估和碳汇林交易评估符合“经济资源观”理念，认为资产价值取决于其未来带来的经济利益的现值，是对价值的公允评估；而配额型碳汇交易评估是对某年或某一时间短内的森林碳固量的评估，评估的是某一阶段的贡献价值；而森林碳汇功能评价并不仅仅注重森林未来碳固量，更是对森林当前的碳存量的评估。

（四）森林碳汇量的监测计量方法

森林碳汇监测计量是林业和生物学领域的范畴，考虑到该工作是进行森林碳汇价值评估的重要环节，评估过程中评估师可以借助外部林业或相关专家的帮助，以客观准确地计量森林的碳汇量。我国国家林业局为规范碳汇项目的计量与监测方法，2010年出台了《造林项目碳汇计量与监测指南》（以下简称《指南》），为我们进行森林碳汇的计量和监测提供了参考。当前森林碳汇监测计量的方法很多，可以分为两大类：一类是与生物量紧密相关的反映碳蓄积量的方法，包括蓄积量法、生物量法和生物量清单法。另一类是利用微气象原理和技术测定 CO_2 通量，再进行碳储量换算的方法，包括涡旋相关法和涡度协方差法等。各种方法对森林碳汇量的测度成本、精度等都有所不同，比如蓄积量法由于以森林蓄积量数据为基础，可以充分利用大规模的森林资源清单资料，适合于大尺度的森林碳汇量的测算，但该方法容易忽略森林地下项目的碳固量，使得统计结果出现较大误差；而涡旋相关法能够长期对森林生态系统进行通量测定，并且测量精度高。但是该方法需要精密的仪器和一套特殊的系统，因此测量成本也较高，且不宜对大尺度、宽范围的森林碳汇量进行监测。因此在实际评估过程中，评估师要根据评估目的和范围、项目尺度大小、监测成本和精度要求选取合适的碳汇监测计量方法。

五、森林碳汇价值的评估方法

当前开展的森林碳汇价值评价多是基于森林碳汇功能评价角度的事后评估，缺乏对以碳汇交易或碳汇林交易为目的的事前评估。在此，笔者结合资产评估相关理论，以项目型碳汇交易评估为例，探讨传统的成本法、市场法和收益法如何用来对森林碳汇价值进行评估。

（一）成本法

成本法是从成本取得和成本构成的角度对被评估资产价值进行分析和判断的过程，其评估思路是以被评估资产在评估基准日的重置价值，扣除资产从形成并投入使用至评估基准日这段时间内的各种损耗来得到资产的评估价值。由此，森林碳汇评估值是以现时工价和生产水平重新获得最优状态的森林碳汇功能所需要的成本费用，扣除森林当前的碳存量。由于森林碳汇功能是伴随森林实体而存在的，其不能脱离森林而单独存在，因此如何将营造碳汇林的成本进行分解，以确定森林碳汇功能的成本是该种方法的难点。本文借鉴万道印和周建宇（2011），首先计算采用现时工价和生产水平重新营造与被评估碳汇林相类似林分所需成本费用，然后计算采用现时工价和生产水平计算当地营造与被评估碳汇林收获量相类似的普通用材林所需成本费用，最后二者相减得到营造森林碳汇功能所需要的成本费用。该种方法为获取碳汇功能的成本提供了一种思路，由于普通用材林与碳汇林在树种结构、经营期限等多方面存在差异，实际评估中，要根据情况进行调整。

成本法评估的原理是资产的价值取决于资产的成本，而对于伴随森林资源相伴而生的碳汇功能，随着森林从幼龄林长至中龄林，其碳固能力逐渐变大，这期间需要的森林抚育支出也比较大。而在中龄林向成熟林的生长过程中，森林碳固能力逐渐达到最优，而所需要的抚育支出可能逐渐变小。因此，成本法比较适合对人工种植的中幼龄林的价值评估，因此该阶段对森林碳汇的抚育支出较大，而森林的碳汇功能还比较小，比较符合成本法的评估原理。

（二）市场法

市场法是以活跃市场上与被评估资产同样或类似资产的近期交易价格为基础，经过直接比较或类比调整来得到被评估资产评估值的方法。利用市场法评估森林碳汇价值的步骤是：第一，在碳汇交易市场中寻找与被评估森林品种、树龄相同或相近的参照森林；第二，找到被评估森林与参照森林在碳汇功能的差异因素（比如种植面积、病虫害侵害面积、抚育管理支出和时间因素等）；第三，在参照森林碳汇成交价格的基础上，调整各项差异指标，得到初评结果；第四，对初评结果进行分析，结合统计分析或其他分析方法判断结果的合理性；第五，在综合分析的基础上，得到森林碳汇的评估结果。

应用市场法评估直接利用市场成交数据，评估值更为客观，评估结果也易于理解和接受。但该方法的关键是：其一，存在碳汇交易的活跃市场；其二，在该活跃市场中找到可比案例。而当前碳汇市场交易中，森林碳汇交易量和交易额都非常低。很难找到近期成交的可比案例，这给市场法的应用带来困难。不过在现有评估案例中，也有相关专家通过构造虚拟市场，通过询问、调查消费者对于不同森林碳汇功能的支付意愿，来确定碳汇的虚拟市场价格。

（三）收益法

收益法是通过估测被评估资产未来预期收益的现值来判断资产价值的一种评估方法。利用该方法评估森林碳汇价值的步骤如下：第一，根据森林碳汇量的历史数据，合理预计被评估森林未来期间的年碳固量，再乘以单位森林碳汇价格，得到预计的森林未来各年的碳汇收益；第二，合理预计森林能够创造碳汇收益的期限；第三，根据获取森林碳汇预期收益所承担的风险大小预计合适的折现率，一般可以采用林业行业的平均收益率作为折现率；第四，采用折现技术，对森林碳汇预期的未来收益进行折现，得到森林碳汇在评估基准日的评估值。

应用收益法评估的关键是预计森林碳汇未来期间的碳汇收益，适合于森林碳汇功能稳定的中龄或成熟林的碳汇价值评估。该方法认为森林碳汇的评估值取决于未来期间森林碳汇的预期收益，未来期间森林碳汇功能越强，森林碳汇价值越大，这是对基于“经济资源观”的资产价值的直接估算。需要注意的是，碳汇收益额是森林碳汇未来预期的客观收益，而不是其历史收益或现实收益。

六、结论

自 1997 年《京都议定书》以法规形式确立的对发达国家的强制减排约束以来，森林碳汇功能逐渐从最初的生态价值变得具有商品价值。尽管当前我国的森林经营碳汇项目还不能进入国际碳汇市场交易，但随着我国对企业碳排放权的管制和碳交易市场的不断规范和完善，森林碳汇价值必将得到大家的认可。森林碳汇相当于增加了企业的一项无形资产，在低碳时代我们需要逐步探索森林碳汇资产的评估技术，由上文分析可知，传统的成本法、市场法和收益法在对森林碳汇价值进行评估时，各有利弊，在实际评估过程中评估师要根据评估目的、市场条件、可搜集到的资料等情况选择合适的评估方法。

秋之果：
专著教材出版

大学教学，以学生为最关切之对象，除了课堂教学之外，教材建设、课题专著也是一个个系统工程。

本书简要介绍近年来王君彩教授编著出版的主要教材，以及相关的研究专著。

财会纵论

一、教材类

中级财务会计（第七版）

王君彩　主编
经济科学出版社
2019 年 2 月
教育部管理类专业主干课程推荐教材
中央财经大学会计学科重点系列教材

该教材定位的针对性强、知识结构的系统性强，便于知识积累和训练遵循从易到难循序渐进呈螺旋式上升的规则；便于教学设计时前后照应、整合内容、反复渗透，就容易串起教材的线索，更便于学习理解的模块逐个掌握与知识系统领会。多年来深受师生欢迎，已经成为经典教材。

会计学

王君彩　主编

高等教育出版社

2008 年 3 月

根据大学财务管理专业学生对会计学课程的定位，拥有本科专业教材的思想性、科学性、启发性、适合我国会计专业教学的先进性和教学上的适用性等“五性”。依据“五性”与教材质量关系，坚持“五性”标准，确保持续提高教材质量，为提高教学质量提供可靠的教材保障。

企业财务会计学（第二版）

王君彩　主编
经济科学出版社
2011 年 5 月
21 世纪高等院校财会系列教材

根据高等院校财会系列教材的要求，贯通财务会计体系，教材。活灵活现地融合常规性生产经营活动、各种投资活动，固定资产与折旧、存货进出与盘点、无形资产与研发，甚至各种准备、报表、资本、清算、重组。从会计核算基础理论、财务分析。

二、专著类

现代企业集团财务管理研究

王君彩　主笔

中国财政经济出版社

2005 年 7 月

全书共分导论、财务管理基础、短期筹资研究、长期筹资研究、对外投资研究、资本经营研究、分配政策研究、整体价值研究、理财战略研究、财务监督研究、财务预警研究、财务管理研究、E 化理财研究等 13 章。

中日上市公司信息披露制度比较研究

王君彩　王瑞华　赵雪媛　著

中国财政经济出版社

2004 年 5 月

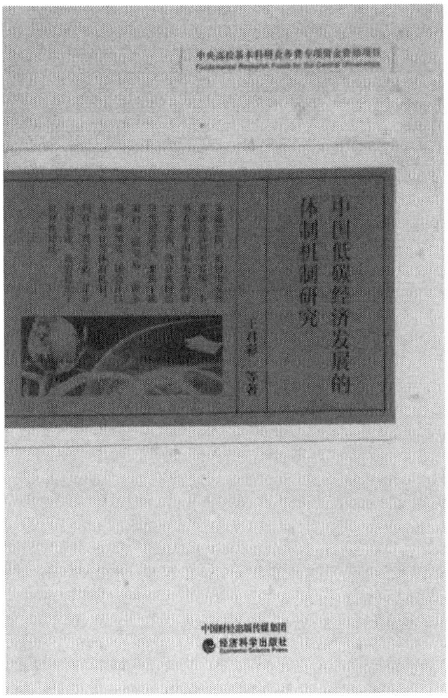

中国低碳经济发展的体制机制研究

王君彩　等著
经济科学出版社
2019年2月

全书共分导论、低碳经济文献和理论基础、低碳经济演进的技术经济特征分析、低碳经济发展的中国行为态势、低碳排放权交易的国际经验探路、碳排放权交易设计的中国尝试、低碳经济发展的核算监督分析、低碳模式信息披露的实证研究、研究结论与政策建议等9章。

小企业会计实务

王君彩　刘彩霞　编著

中国财政经济出版社

2004 年 11 月

公立医院会计实务

王君彩　许文静　刘彩霞　主编
中国财政经济出版社
2014 年 6 月

冬之藏：学生感怀出师

大学的教与学，学生是整个教育成功与否的直接象征，而老师则始终对这群学生包括硕士生、博士生等采取言传身教、循序渐进、关心爱护的教育方法，从做人、做事、做学问诸方面，传道、授业、解惑。对老师来说，确保每一个学生既能学到知识又能适应社会，是自己最大的感动与满足。

财会纵论

我和我的老师*

柳元首

我2002年考上中央财经大学会计学院研究生，并有幸成为王君彩老师指导的研究生，从投拜导师至今已满整整20年了。冬去春来二十载，师恩持久更厚实。成为王老师的门下学生，已经成为我人生的一个重要转折，研究生3年的学习生活，对我的重大认知、专业技能和生活格调都带来了重要而系统的变化。回忆研究生起这20年的学习、工作和生活，一方面要衷心感谢我们这个伟大时代带来的时代红利和发展机会，另一方面，更要诚挚感恩王君彩老师对我的关心、教诲和培养。

我当时读的研究生学制三年，与后续两年期研究生学制相比，有更充裕的时间用于专业学习，也有更多的机会得到老师的亲切指导和专业熏陶。记得当时与我一起入学的硕士研究生有夏鹏、张林、刘全华等同学，比我大一级的硕士研究生有罗乐等，当时的在读博士研究生有余应敏、王保平等师兄（二位均脱产读，一起住研究生楼），在皂君庙并不宽大的校园内，凝聚着会计、财税、金融的精专深修炼环境，学生与老师二者互动生辉、宿舍图书馆与教室三点融合一体，读书进取、研究向上、面向实践、服务未来，恰如其分地呈现出散则满天星，聚则一团火的研究生培养之场景画卷。印象深刻的是：

一、自由的研究空间

2002年开学不久，在和老师初次见面时，老师就鼓励我们要利用好人生最宝贵的三年时间，系统学习好会计学、金融学、经济学等等相关知识，只要自己感

---

* 本文作者柳元首为王君彩教授2002—2005年指导的硕士研究生，现为中国农业银行上海分行国际金融部总经理。

兴趣的，都可以去深入学，不必过早确定研究方向。正是在王老师的鼓励下，我们都非常珍惜在校时间，努力学习，除了会计专业的相关核心课程外，我们对政治经济学、西方经济学、金融学等均有所涉猎，有时候还去旁听其他学院的课程，和余应敏、王保平等师兄也有很多交流，拓宽了我自己的视野，这些都为今后工作打下了较好的基础。印象中，当时美国发生了安然会计利用特殊目的主体的造假事件，由此撕毁了号称世界“五大”金字招牌之一的安达信会计师事务所，全球会计学术界瞩目的“五大”变成如今的“四大”，影响当然很大很刺激。监管机构、学术机构都在反思会计体系存在的问题，对股票期权的过度激励等等均进行反省，并导致了萨班斯－奥克斯利法案的颁布。国际上已经潮起潮涌，国内会计界对衍生金融也朦胧启动，也从那时起，我对金融工具的确认和计量产生了浓厚的兴趣，在认真学习 IAS 国际会计准则和美国 FASB 相关金融工具确认和计量的变化后，我决定将金融工具的会计确认和计量作为我后续研究的主攻方向。在向王老师汇报选题之后，王老师给予了肯定和鼓励，也进一步指出了类似专题领域的学术前沿、关注热点等，在论文写作期间，老师亲自指导，提了不少修改的专业性建议，这甚至影响了我后续的工作生涯选择，最大限度地发挥了研究方向与论文选题的“变现价值”。在研究生毕业找工作时，有四大会计师事务所、央企、银行等各类 OFFER，但由于之前对金融工具研究的兴趣，我在工作时决定选择离开北京而到陌生的上海，将农业银行上海分行作为我的工作单位，先后在上海分行旗下的静安支行、分行，浦东分行，服从组织安排，积极进取提升。可以说，这么年来的个人进步，既是赶上了银行业这十多年的快速发展，也受恩于老师给予的专业修炼、为人处事的影响。

二、乐观的生活态度

在校期间，时常听老师和王柯敬校长说起他们当年大学毕业去新疆工作的经历。老师作为 20 世纪 60 年代的大学毕业生，经历了“文化大革命”，毕业后奔赴新疆工作，在新疆工作了 10 多年，直到 1978 年复校后才回到北京。老师和我们说起新疆的那段经历时，很少说新疆工作生活之苦，更多的是和我们说起在新疆发生的各类趣事、各种美食。我想作为当年 20 多岁的大学毕业生，刚毕业就奔赴祖国边疆，对未来更加茫然，工作生活种种条件是艰难的，但老师从来没有抱怨过，总是很乐观，认为各种问题总能解决，在工作期间也继续坚持学习，这种乐观精神，潜移默化也影响了我。我2005年毕业时，是同班同学中少数离开北京到外地工作的。我毕业后到农行上海分行工作，我从支行普通的工作岗位做起，努力做好自己的本职工作，遇到不顺心的事不抱怨，不管碰到多大困难，总是保持乐观，应该也是受了老师乐观主义精神的鼓舞。

三、浓厚的师门亲情

上学时，老师每周都会到学校上课或办公，我和夏鹏、罗乐等会定期会到王老师办公室汇报学习生活的情况，每学期也会定期去太月园老师家，和老师聊学习、聊家常，王老师平易近人，给了我们很多指导，还有很多生活上的关心。印象中最深刻的是每年新年到来前老师和校长组织师门聚会，除了我们在校生外，毕业的只要有空，老师都会叫上，还有不少在外地工作的师兄师姐，也会赶回来。这是一年一次的大聚会，也是我们开阔眼界的机会。各位优秀的师兄、师姐们给了我们很多指导，不少更是成为了好朋友，比如邱小兵师兄，作为比我们早毕业多年的优秀师兄，从事投行和证券投资业务，我们在师门聚会上相识，后续就有了很多交流。在上海工作后，老师和校长还时常挂念我。我记得工作多年后老师有次到苏州讲课，还特意打电话给我，我们在苏州相聚，和老师汇报了工作生活情况，一起逛了苏州观前街，离开时和老师依依惜别。疫情期间，老师和校长到上海看望孙女，我们得知后去酒店看望老师和王校长，再次和老师回忆起当年在校的经历，感觉往事历历在目。在上学期间，除了老师的指导外，师门师兄弟之间互相帮扶，让我们有了家的温暖。老师和校长带的学生众多，我们同门的师兄弟更是亲如一家，特别是余应敏、王保平、罗乐师兄，当时我们都脱产住校，除了在学业上得到他们的指导外，在生活上也打成一片，还经常让几位师兄请客破费。毕业多年后，我和余应敏、王保平、罗乐师兄，夏鹏、张林、全华等，还保留着定期沟通交流的机会，只要有合适的时间，我们还定期碰头，还是和在校时一样，碰面时无话不谈，交流到深夜，怀念当年在校时光，可惜的是余应敏等师兄们因为保养身体原因，好像已经不喝酒了，甚是遗憾。回想学生时代，或酒或茶，师生时不时聚会，对专业问题互动争论，对人生社会交流沟通，甚是一种享受与乐趣。

学制有限，师恩无限。今年是我研究生入学20周年，如今王老师已届满80高龄，以此短文怀念当年上学之时光，感恩老师之培养，祝福老师福如东海、寿比南山！

师恩至纯，惠泽弟子！谨记于心，笃之于行！

我的导师王君彩先生*

金　鑫

2022年秋天的一天，保平师兄联系我，告之今年恰逢老师80岁大寿，拟出版论文集以纪念，邀我写一篇回忆老师的文章。我感到荣幸之至，欣然应允。备茶展纸，端坐桌前，回忆读书期间受教于老师的点点滴滴。

2001年，我从山东青岛的一个小县城考入中央财经大学会计系。2005年因成绩优异保送本校会计学院研究生，拜入王君彩老师门下。2010年，在中国银行总行财务管理部工作三年后，我通过博士招生考试，再次回到母校跟随老师攻读博士学位，并于2013年毕业。

在我的印象中，老师总是左肩背着一个装满材料的大大的灰黄色帆布单肩包，右手拿着一个保温茶杯，微歪着头，笑眯眯地向我们走来。离校日久，我已记不清老师曾经多少次把我叫到办公室修改论文，也记不清曾经请我们吃过多少次饭，但回忆起老师来，总是被一股浓浓的亲情所包围，老师曾经说过的一句话和两件事记忆尤为深刻……

一、“都不是什么大事”

与老师的大多数交谈，都是在她办公室。下午的阳光透过窗户照进来，老师侧坐在办公桌前，桌案上放着一叠叠材料，我们几个搬个方凳坐在老师对面，或讨论课题，或闲谈趣闻，印象中老师总是和蔼可亲，微笑着和我们说话。有一次聊起现在大学生压力挺大，甚至有学生轻生。老师面色变得很严肃，一下站起身来，走到我们身边，叮嘱我们，一是不要议论，二是一定不要学，不要走极端。

* 本文作者金鑫为王君彩教授2005—2007年指导的硕士研究生、2010—2013年指导的博士研究生，现为中国银行海南三亚分行副行长。

"你们都还年轻，人生的路还很长，现在求学阶段遇到点挫折和困难，都不是什么大事。记住啊，不论是考试没考过还是感情出问题了，都不是什么大事，就算是后面毕不了业，也不是什么大事，人生的路很长。"

在我的印象中，这是老师少有的对我们严肃的嘱咐和要求，我也一直谨记着老师的教诲。在之后的求学、工作和生活中，在痛苦彷徨、感觉撑不下去时，都会记起老师说的这句话，在心里告诉自己"这都不是什么大事"，慢慢地拖一拖、扛一扛，再大的事情也就过去了。

老师朴素的话语饱含着她睿智的人生智慧。人生不如意事，十之八九，无人能事事如意。生逢这个伟大的时代，处于这个伟大的祖国，作为普通人的我们，很少遇到需要牺牲自己去完成的使命，所以善待自己，也是放过自己，毕竟除了生死，都不是什么大事。

二、找宿舍

2010年秋，我通过了博士入学考试，可以重回老师门下读博士。给老师打电话告知结果时，老师很高兴，约好等我入学报到那天去她办公室见一面。办完入学手续后，我时隔三年在那间熟悉办公室再次见到老师，印象中那天下午的阳光也是一样的温暖，桌上还是那个灰黄色的单肩挎包和保温茶杯，只是老师的头发花白得更多一些。闲聊中，老师得知我们在职读博士期间，周六周日要集中上课，但学校宿舍紧张，要先照顾全日制读博的同学。老师站起身来，说："走，现在报到快结束了，我们去宿管老师那，看看还有没有剩余的宿舍床位。"那个下午，年近七十的老师带着我，从教师办公楼穿过校园走向报名处。我跟在老师身后，看着她脚步匆匆的背影，贪婪地沐浴在师恩中……后来，宿管老师帮忙在校外宿舍区帮我找到一个床位，和一个上届的师兄同住。

时至今日，一想起老师在那个秋日午后为一个学生的住宿舍小事而步履匆匆的身影，我仍会心潮汹涌、情难自抑。老师德高望重而又待人和善，事事处处替对方着想，无论是学界的合作者还是历届的学生，谈到老师都是钦佩不已，与老师的交流的感受都是让人如沐春风。作为有幸两次跟随在老师身边学习的我，也是时时处处以老师为人生榜样，努力将老师待人和善的特点传承好。

三、赶论文

由于是一边工作一边读博，面临的压力和挑战都超过我之前预期，渐渐的我这个老师印象中的“好学生”的学习进度就落后了，自觉汗颜的我也不敢去主动找老师汇报，反倒是老师经常给我打电话询问工作情况，督促论文进度，并迁就我的时间来帮我研究论文选题、协调开题时间等。曾经有一段时间，我感到同时兼顾工作和学习压力太大，想申请推迟一年做毕业答辩，与老师商量后，老师不同意。老师以她的人生经验告诉我：“时间从来都是挤出来的，今年你想推迟到明年，但明年就一定有时间吗？与其把希望寄托在明年，不如从现在开始努力。”后来，在老师的指导下，我制定了严格的时间表，每天无论工作到多晚、白天多么辛苦，回家后都要按计划写完规定字数才能休息。完成一章内容，发给老师修订，每次都能很快收到老师的修订意见。在老师的孜孜教诲和严格督促下，我最后竟如期博士毕业了。

如果没有老师当时拒绝我延期答辩，我深知自己的读博之路很可能半途而废，根本不可能如期毕业。老师就是这样一个人，她治学严谨，温柔慈祥，从不对我们横加指责。但她一直在关注着我们的成长，在我们人生关键的岔路口，帮我们指引方向。

韩愈说：师者，所以传道授业解惑也。我的恩师用她的言传身教让我深刻地感受到了这六个字：找宿舍这件小事，让我学到了要待人和善、主动助人的处事之道；赶论文这件事，让我学到了要把握当下，珍惜时间的治学之理；而都不是什么大事这句话，成为我度过人生挫折，解答人生之惑的“救生绳”。

五年求学，一生受益，何其幸也能够拜入老师门下。在老师的引荐下，我得以在硕士期间就结识保平师兄、六满师兄、建华师姐等人品、学识俱佳的博士同门，认识了诸多优秀的同门师兄、师弟、师姐、师妹；在老师的教诲下，我的求学之路通畅顺遂，少走了许多弯路。师恩于我，恩重如山；我于老师，回报甚少。值此老师八十岁大寿之年，祝吾师身体康健，万事如意！

既是专业导师，更是生活导师*

朱莲美

我从2002年认识王老师，至今整整20年。王老师不仅是我的专业导师，更是像我的生活导师。

一、王老师的专业鼓励让我经历三次考博，终于梦想成真

1994年7月，我从中央财经大学研究生毕业后来到中国矿业大学（北京）任教，2000年晋升为副教授，教学水平深受学生好评，不知不觉间，我躺在自己的舒适圈里，也很是享受和满足。2001年的一天，我跟身为高校老师的同学一起逛大街，她谈起她正在中财读博并跟我说，时代进步很快，你是不是也该考虑读博深造一下了？我一愣，我年近不惑，从未想过要读博，并且英语基础差，估计也考不上。她说你先去新东方补补英语，准备一两年应该没有问题。我说万一要读跟谁读呢？她把中财的导师捋了一遍，建议我跟王君彩老师读。她说王老师既有学问为人又好。同学的提醒让我事后认真想了又想，觉得试一试也未尚不可。接下来的日子我便真的去了新东方补习英语，认真准备起来。

2002年我到中财报考时顺便拜访王老师。记得当时我忐忑不安地轻轻敲门，心里想着王老师是博导而且还是校长夫人，会不会很高冷？正当我胡思乱想的时候，里面的王老师一声“请进”，我便推门进去，看到王老师从座位站起来，一边问“你是?”一边请我坐下来。我紧张地做了自我介绍，王老师认真地听着，之后跟我讲了一些读博的要求并鼓励我好好准备。这一次的见面王老师的平易近人和温文尔雅给我留下深刻的印象。

---

* 本文作者朱莲美为王君彩教授2004—2007年指导的博士研究生，现为中国矿业大学管理学院教授、博士生导师。

转眼间，2002 年考博成绩揭晓，当然是名落孙山，不过这结果也符合我自己的打分预期。我给王老师打电话报告了我的考试情况，她说你准备时间比较短，英语能有这样的成绩还不错，就差几分，接下来继续准备，明年应该没有什么问题。于是我继续准备，信心满满地希望 2003 年能够成为王老师的正式弟子。2003 年报考后了解到报考的同行者中有几位是海归，他们的英语和母语一样好，还有几个年轻的、硕士毕业不久的考生。我想竞争对手这么厉害，这一年估计又没戏。我把我的担心告诉了王老师，王老师说不考怎么知道呢？你的专业课或许比他们强，再说反正已经报名了，那就好好考吧。这一年考完后，英语没有一点点感觉，连海归们都觉得难。等考试成绩揭晓后，我又不出所料地榜上无名。下一年还报吗？我有点心灰意冷，正当我决定放弃的时候，王老师给我打来电话，安慰我虽然没有上线，但这两年进步还是蛮大的，再辛苦一年，明年一定能考上，并且给我吃下定心丸“只要上线，一定优先录取”。于是我重拾信心，继续备战，果然 2004 年终于进入王门。

二、王老师的宽容体贴使我受益匪浅，慈母情深

进入王门之后，我跟王老师近距离接触的机会多了起来。除了上课，课下也经常一起讨论学术、聊天、吃饭。有时王老师还会抢着付款。王老师虽然从来滴酒不沾，但会给我们分酒，而且席间总是很公平、很快乐的气氛。她大体知道我们每个人的酒量，基本不会让我们喝多。有一次，我们几个和王老师、校长一起去青岛崂山玩，我当时顺便参加一个学术会议，因此吃饭时晚到了，他们几个便起哄要罚我酒，王老师坐在旁边微笑地看着，当我喝完第二杯红酒、一个师兄准备倒第三杯的时候，王老师站起来拦住了，笑着说行了，留着下次喝。

王老师指导学生论文温和而坚定。有一次王老师正在看一个在职研究生的毕业论文，我正好去办公室找她。她把论文递给我，我一看这论文思路不清，语句不通，修改难度较大。王老师也陷入沉思与念叨中，说跟他讲过几次了，还是改成这样，他有工作经验但就是不会表达，待会儿他来时还得跟他说。过会儿，这个学生敲门进来，王老师和颜悦色地让他坐下，拿着他的论文从思路到各章的内容安排，从选题背景铺垫的目的到具体一句话该如何表达，整个过程没有一句高言。学生离开时王老师站起来送到门口，一路叮嘱该学生，回去一定要修改，否

则外审过不去，今年毕不了业。王老师指导学生的这份耐心对我产生深远的影响，从此每当我看到学生逻辑混乱的论文心中火起的时候，我就会想到这一场景，也会像王老师一样和颜悦色地跟学生讲话。

博士在读期间，学生写文章一般都会挂老师的名。记得有一次我写好一篇文章请老师指点，老师接过去说我看一下过几天我们再聊。过了几天，王老师找我，手里拿着我的论文，指着上面圈了几处的地方，跟我一个点、一个点地讨论。她说这几个地方再仔细考虑一下，改完直接投稿试试，并说“后面你也面临职称评审的问题，不用挂我的名”。

可能说，我自己也是高校老师，从王老师身上可学到的东西更丰富、更切实。王老师的言传身教让我也学会了体谅，我现在自己在带博士的时候也从未要求学生写文章挂我的名，他们因论文写作不顺利而焦虑的时候，我总是安慰他们，尽自己的所能帮助他们。学生私下评价我时，誉我为我院最仁慈的导师之一。

三、王老师的齐家智慧让我收获友谊家庭幸福

王老师幸福的家庭令人羡慕。她一儿一女，均早已成家，并且人人事业有成、家庭和美，更重要的是孝顺老人。记得我们和王老师一起去青岛崂山时，她儿子和儿媳陪同，儿子有事先行回京，儿媳妇陪同到底，一路悉心照顾。王老师和校长去新疆旅游时，我没有参加，听说是她女婿陪同，处处安排周到。有一次跟王老师聊天，她说起有一次她与财政部一些大咖闲聊谁的家庭最幸福时，掰着指头数了一圈，大家一致认为王老师的家庭最幸福。我们每次聚会，王老师和校长坐一起，校长讲话时王老师总是坐在一旁微笑地听着，从未见过他们有意见不合的时候。我每次去她家里看到的是校长坐在沙发上看电视或报纸，王老师在一旁陪着或者忙着家务活。听她说每周末儿子一家回家吃团聚饭时，便是王老师最忙的一天，她要给儿子、儿媳、孙女做他们最喜欢吃的菜。有一次我请教王老师家庭幸福的秘密，王老师说家庭成员来自不同家庭，每个人的生活习惯、理念存在差异，我们要求同存异，对待别人包括老公、子女、儿媳、女婿，要用放大镜去看对方的优点并赞美他们，忽视他们的缺点，这样不仅自己快乐也能让别人快乐。这句话让我受益终生，我把它应用在我的家庭生活以及与他人相处中，我的家庭更和睦，跟朋友相处更愉快。

遇见王老师是我的幸运，她像灯塔一样永远照耀着我前行的道路。

良师重训迪，杏坛盛桃李*

王淑芳

与王君彩老师的缘分，可能是一种注定，她的教诲更是一番深刻的人生启迪与至理名言。老师多年来一直使用的那件蓝色帆布书包、茶杯和眼镜一直不能忘怀，而老师“踏踏实实做事，认认真真做人”的言传身教，则更加铭刻在心。俗话话，向下扎实了根，才能更好地向上生长。毫无疑问，老师对我们的这种师恩就是人生的春风喜雨，好雨知时节，当春乃发生，顺风潜入夜，润物细无声。以下是断断续续的片断记忆，期待能够多少记录一点我心中的恩师。

一、久远而清晰的本科岁月，渊博的知识教诲充满我的空间

我是 1988 年考入中央财政金融学院财政系农业财政与信用专门化专业的，1990 年有缘和王君彩老师相识，这一缘分对我的人生影响巨大。作为通过高考而进入到首都北京进入大学学习的江苏学子，这个跨度既是青年学子的学业升级与职业转型的起点，也是人生生活环境根本性变化的光辉历程。

1990 年中央财政金融学院还隶属于财政部，为提高教学质量，财政部每两年组织一次部属八所院校的统考，每次科目不一，统考班级随机抽取。1990 年的《企业会计》统考抽中了我所在的班级农财 88 级，学校对这次统考非常重视，王柯敬校长主抓这项工作。当时我们已经学过《会计学基础》和《工业企业会计》，学校按照统考的标准对我们班进行了一次摸底考试，由于学过就忘记了，摸底的成绩惨不忍睹，和学校对我们的期望相差甚大。在不影响正常学习的基础上，学校组织会计系教学经验丰富的优秀教师为我们班补课，王君彩老师是带队老师。

---

* 本文作者王淑芳为王君彩教授 2003—2005 年指导的博士研究生，现为中央财经大学会计学院审计系主任，副教授。

老师们非常辛苦，上午为我们梳理知识，下午答疑，晚上测试，连夜改出来看看大家的学习成果，以及还有哪些没有掌握的重难点，第二天再给大家讲解。通过老师和同学的不懈努力，我们班没有辜负学校的期望，取得了平均分非常好的成绩，全班33名同学有多名进了财政部前十名，我也属于其中之一。这次统考使我对会计学产生了浓厚的兴趣，也认识了我的恩师王君彩老师，老师的博学通识和循循善诱的教学风格给我留下的极深印象。我决定今后进一步学习会计学，通过努力，我大学毕业时考上了会计系研究生，有幸成为王老师的第一个硕士研究生。作为王老师的第一个硕士研究生，踏实、执着，并没有听到老师怎么敲打我，但却始终能看到老师一直这样专著实践、以身作则。从本科生到研究生，变的是学习方式，不变的则是自觉自愿、主动钻研、持续进取的精神。

1992 年 9 月—1995 年 3 月，我在中央财政金融学院会计系攻读硕士研究生。当时正值国家对会计制度进行重大改革，是建立适应市场经济发展的会计体系的关键时期。1992 年财政部先后颁布了《企业会计准则》（基本准则）和《企业财务通则》，以及 13 个行业会计制度与 10 个行业财务制度。当时本科教学及实务界急需与之配套的应用指南，王老师勇挑重担，在人民出版社出版了《工业企业会计》等一系列教材，为我国的会计改革做出了突出贡献。

二、实在而勤勉的硕博阶段，低调的学术胸怀启迪我的事业

读研期间，老师对我的要求非常严格，要求我多读书，认真读书。在老师的严格要求下，我顺利地通过了论文答辩，获得了硕士学位，并留在当时的投资系会计教研室。老师不仅督促我认真学习，对我的生活也给予了很多帮助。我刚上研究生不久，父母相继病逝，生活困难，老师对我非常关心，给我提供了不少勤工俭学的机会和物质上的帮助。

1999 年中央财经大学院系调整，我从投资系回到了会计系，和老师又多了层同事关系。1999—2005 年参与老师的多项关于知识产权和无形资产的相关课题，使我对企业研究开发的财务及激励问题产生了浓厚兴趣。2003 年 9 月再次投入老师门下，攻读博士研究生，博士论文《企业的研究开发问题研究》2010 年获北京市社会科学理论著作出版基金资助，在北京师范大学出版社出版。同在会计学院，对老师的认识又多了一层，老师对知识的好奇心和探索精神让我敬佩不已。

当时会计学院为提高教师们的实证研究能力，请信息学院的董承章教授为老师们讲授计量经济学的课程，老师认真学习的劲头和领悟能力让我们这些年轻人也自愧弗如。

三、贯穿前后的交往启示我，理论与实践同进更加神圣可敬

记得导师时常教育我们这一代的青年教师，“理论”与“实践”表面上看可能是矛盾的，而长久的深入观察就能发现它们才是科学和谐的。“理论”肯定不仅是那些晦涩的概念、生硬的释义。导师曾经反复说，那些概念、定义、分类方法、体系结构、分析框架，统统都不是理论，真正的“理论”讲的是规律和规律背后的道理，因此有很强的预测性。会计学是一门实操性极强的学科，理论与实践的关系更加重要，理论要应用于实践，要根据实践结果来修正理论。理论的价值，在于指导实践应用。会计学术研究本应该是如胶似漆的理论与实践，为什么在现实中好像形同陌路呢？“Theoretical Contribution”（理论贡献）和“Practical Implications”（实践价值）要合二为一，彼此共进。这样的要求其实非常非常高。现如今许多研究生一般都缺乏实践经验，更别提“大量”的实践经验，其基于文献提出的“理论贡献”，可能可以满足“创新”的要求，但却脱离了实际，很难真正的形成理论。老师也时常为此担忧。

相应地，导师对学术研究的标准务实而严谨。她在研究的技术方法上尽量与时俱进，而对学术思想尤其是博士学位的研究更强调批判性思维。跨越多个技术经济时代，尤其是21世纪的信息爆炸和互联网的普及，使人们每天都要应对如汪洋大海般浩瀚的信息量，听到或看到来自不同地方、不同身份的人群所发出的各种声音。导师坚信：如果一个学者不具备批判性思维的能力，那么他可能会被情绪冲昏头脑而不对问题加以理智思考，也可能会被一边倒的声音、断章取义甚至别有用心的言论左右自己的观点，也可能为面对如此复杂多变的事态而感到无所适从，终究无法成为一个能将时代优势为我所用的有独立见解、批判眼光、反思智慧的优秀人才。在导师心目中，挑战主流的勇气是可贵的，具有批判性思维的人才能从事实践活动或解决问题。会计学术研究的“积极主动探索”的过程才能通过演绎和论证，用自己选择的材料来印证、捍卫自己真正认可的观点，并通过课后反思来促进自我批判性思维品质的不断内化。批准性思维，也让我不论是自

己的博士学术研究，还是对新一代学生教育思维，都用足够的思维能力、开放又谨慎的心性去谋求进步。

大家知道，会计是中国经济发展事业中的一个核算工具，与会计结缘，并两度拜师于王君彩教授门下，定当是我此生的一种不解之缘。从本科学习开始，身份的外套已经经历了多次嬗变，但是会计的信念，从会计学子到会计学者，一级又一级会计人，为会计新知的传播、探索，奉献着自己的青春，分享着老师的恩泽。时隔许多个春夏秋冬，虽然我的身份从“徒弟”变成了“师傅”，但我依然感激我的第一个“师傅”。扎根中财会计教学，也是我们这一代会计学子的传承与坚守，我们将弘扬好、传承好、践行好“中财会计精神”，在教学中成长，在科研上奋斗，在财务亚太地区与会计领域，为中国财会教育事业贡献几代会计人的绵薄之力。

总之，从 1988 年入大学，我和老师已经相识 30 多年，师恩如山，从老师那里学到的不仅仅是知识，老师教书育人、治学严谨、谦虚朴实、淡泊名利的品格都对我的影响颇深，使我终身受益匪浅。可能说，师恩如夜空中的北斗星，给我指明了前进之路。

后　记

不论是在中财学院路总部校区的学习时光，还是后来的南北各地工作期间，也不论是财会理论的持续关注还是实际问题的操作解决，始终没有能够忘怀中央财经大学跟随王君彩教授跨进会计这一职业的命运之门。毫无疑问，过去三十多年的中国会计，经历了极大的改革浪潮与发展创新。王君彩教授生逢其时，很好地契合着整个中国改革开放春天所带来的会计事业大发展的激情岁月，从传统计划经济背景下的会计核算转向市场经济、国际经济一体化之下的会计准则趋同，会计学术的研究热点、研究范式，一切的一切都发生了巨大的变化，不过，一个时代有一个时代的脚印，难能可贵的就是可以追溯到这些时代的学术足迹。

记录学术、感恩教诲，我们正是基于这样的理念，梳理汇集了这册名为《财会纵论——王君彩教授会计学术实录》的文集，书中收集了王君彩教授自20世纪80年代初期开始的会计教研期间的论文，也包括一些导师指点下的部分师生合作论文。主要选择了发表在《会计研究》《审计研究》《投资研究》《财经研究》以及《财务与会计》《会计之友》《财会月刊》等会计核心类的文章，共计41篇。对于更早时期发表的但散落于纸质期刊的文章，未能收集，多少有些遗憾。年代久远，史料失传，也没有办法。也有一些近些年的研究论文，或因篇幅过大，或因其他原因，同样没有收集。我们知道，由于都是业余时间操持具体事务的，文集可能并不是十全十美的，但它应该可以记录导师这么多年来教会计尤其是研究会计的基本足迹与总体回忆吧！

在资料搜集过程当中，罗乐、夏鹏、邱小兵以及王保平、柳元首等承担了相应的具体工作和配套服务，王保平花时间收集文稿、转换格式，再分别与部分作者联系文章内容，并对文稿进行了大量甄别校正工作。在文集即将出版之际，谨对以上各位表示衷心感谢。

编者

2023年5月28日